SYRIE CENTRALE

ARCHITECTURE

CIVILE ET RELIGIEUSE

DU Iᴱᴿ AU VIIᴱ SIÈCLE

PAR

Le Cᵗᵉ DE VOGÜÉ

MEMBRE DE L'INSTITUT (ACADÉMIE DES INSCRIPTIONS ET BELLES-LETTRES)
ET DE LA SOCIÉTÉ DES ANTIQUAIRES DE FRANCE

TOME PREMIER

TEXTE

PARIS

J. BAUDRY, LIBRAIRE-ÉDITEUR

15, RUE DES SAINTS-PÈRES, 15

1865-1877

SYRIE CENTRALE

ARCHITECTURE

CIVILE ET RELIGIEUSE

TOME PREMIER

PARIS

TYPOGRAPHIE GEORGES CHAMEROT

19, RUE DES SAINTS-PÈRES, 19

SYRIE CENTRALE

ARCHITECTURE

CIVILE ET RELIGIEUSE

DU Iᴱᴿ AU VIIᴱ SIÈCLE

PAR

Le Cᵗᵉ DE VOGÜÉ

MEMBRE DE L'INSTITUT (ACADÉMIE DES INSCRIPTIONS ET BELLES-LETTRES)
ET DE LA SOCIÉTÉ DES ANTIQUAIRES DE FRANCE

TOME PREMIER

TEXTE

PARIS

J. BAUDRY, LIBRAIRE-ÉDITEUR

15, RUE DES SAINTS-PÈRES, 15

1865-1877

Alexandrette

Kalal Seman

Antioche   ALEP

El Barah

Apamée

Île de Chypre

C   E   N   T   R   A   L   E

Hamah

Homs

Tripoli   Palmyre

D   É   S   E   R   T

Beyrouth   Baalbek

Sidon

DAMAS   Sba

S   Y   R   I   E   Nemara

Cnoappe

Nablous

Omm-el-Djemâl

Naplouse

Jéricho   Aracq-el-Emir

JÉRUSALEM

Hébron

Gaza

Masada   Korak

SYRIE CENTRALE.

CARTE D'ENSEMBLE.

$\frac{1}{2400000}$

Principaux itinéraires de
M. de Vogüé et de M. W. H. Waddington.

AVERTISSEMENT

Plusieurs années se sont écoulées depuis la publication de la première livraison du présent ouvrage ; en donnant aujourd'hui le complément, longtemps différé, de ce travail, l'auteur fait appel à la bienveillante indulgence du public spécial auquel il s'adresse ; il espère qu'on lui pardonnera de longs délais, dont il n'est pas seul responsable ; les événements politiques, peu favorables aux travaux de longue haleine, l'influence qu'ils ont eue sur sa propre vie, lui serviront d'excuse ; plus que personne il regrette des retards dont il serait le premier à souffrir s'ils devaient avoir pour effet de diminuer l'intérêt sur lequel il croyait pouvoir compter, et de nuire à la propagation des faits nouveaux qu'il offre à l'étude des archéologues et des artistes.

Pendant ce long intervalle, le plan même de l'ouvrage s'est transformé. L'intention primitive de l'auteur et de M. W. Waddington, son ami et son compagnon de voyage, était de réunir dans une seule publication d'ensemble les résultats scientifiques de leur commune exploration de la Syrie centrale. Ce projet a dû être abandonné, ou du moins changé, quant au mode de publication. Les études d'épigraphie, d'archéologie et d'histoire, qui relevaient de la compétence spéciale de M. Waddington, ont fait l'objet de mémoires séparés, insérés par lui dans divers recueils ; le plus important de ces travaux est le commentaire des nombreuses inscriptions grecques et latines de la Syrie, commentaire qui a été compris dans la continuation du grand voyage épigraphique de Le Bas[1] : on trouvera, dans les pages qui vont suivre, de fréquentes mentions de cette œuvre considérable, qui a reçu du monde

[1]. Un tirage à part a été publié sous le titre de *Inscriptions grecques et latines de la Syrie*, par M. W. H. Waddington. F. Didot, 1870. Nos citations se rapporteront à ce volume et les textes y seront désignés par leur numéro d'ordre.

I

savant l'accueil qu'elle méritait. Il ne reste donc désormais, sous ce titre de *Syrie centrale*, que les études d'architecture et d'épigraphie sémitique personnelles à celui qui écrit ces lignes.

Les volumes qu'il offre aujourd'hui au public sont consacrés à l'architecture ; leur principal intérêt réside donc dans les planches qui les accompagnent ; l'auteur se sent d'autant plus à l'aise pour les recommander à l'attention du lecteur compétent, qu'il sait tout ce qu'elles doivent au crayon élégant de M. E. Duthoit, architecte habile et instruit, dont la collaboration a autant ajouté au charme du voyage qu'elle a contribué à ses résultats.

Deux cartes sont jointes à ces volumes. Elles ont pour base les travaux antérieurs à 1862 ; l'auteur, n'ayant fait lui-même aucune observation géodésique, s'est borné à relier, à des points déjà fixés, ses levés sommaires faits à l'aide de la boussole et de la montre. Les seuls tracés qui lui soient personnels sont, dans la carte du nord, le triangle compris entre Alep, Antioche et Apamée, dans celle du centre, la zone située à l'est du méridien de Tell-Hisch. Dans le premier cas, les trois sommets du triangle étaient antérieurement déterminés astronomiquement ; on n'a eu qu'à remplir l'intervalle, travail qui, même par les méthodes rapides du voyageur, peut se faire avec une exactitude suffisante ; dans le second cas, l'itinéraire ne rencontrant, ni du côté du nord, ni du côté de l'est, aucun point astronomiquement fixé, les chances d'erreur étaient beaucoup plus grandes et l'auteur ne saurait se flatter de les avoir évitées ; néanmoins il a pensé qu'il y avait un certain intérêt à publier les seuls documents qui aient encore été recueillis, par des voyageurs français, sur une région peu visitée et d'un accès assez difficile. La seule carte de cette contrée qui ait été antérieurement publiée est celle que Kiepert a dressée en 1859, d'après les itinéraires de M. Wetzstein ; le tracé qu'elle donne de la région du désert ne repose pas sur des observations plus rigoureuses que celles de l'auteur. Il y a place encore pour un travail définitif qui se fera le jour où un géologue sérieux étudiera le système si curieux et si frappant des volcans éteints du Safa.

L'auteur tient à remercier spécialement M. E. G. Rey qui, pour la confection des deux cartes, lui a prêté le concours de son expérience et de son amitié.

Vienne, 15 avril 1876.

INTRODUCTION

Nous avons donné le nom de *Syrie centrale* à la région qui s'étend du nord au sud, depuis les frontières de l'Asie Mineure jusqu'à celles de l'Arabie Pétrée, et qui est bornée à l'est par le grand désert, à l'ouest par la ligne des fleuves qui courent parallèlement à la mer, le Jourdain, le Léontès, l'Oronte.

Géographiquement et politiquement, cette région se distingue par des caractères spéciaux.

La Syrie est coupée par des chaînes de montagnes, dont la direction générale est nord et sud, et qui laissent entre elles des vallées intermédiaires. Cette formation occupe un espace dont la largeur moyenne, à partir de la mer, est de trente lieues et qui, sur un grand nombre de points, est borné du côté de l'orient par une chaîne de volcans éteints. Aussitôt après cette zone commencent les grands plateaux qui s'étendent, du côté de l'est, jusqu'à l'Euphrate et au golfe Persique.

Les montagnes du littoral et les premières vallées sont habitées par une population assez nombreuse, industrieuse et agricole, soumise, au moins de nom, à la domination ottomane, accessible au commerce et à l'influence de l'Europe ; la région extrême, au contraire, livrée à la vaine pâture et à la barbarie, n'est habitée que par les tribus errantes et insoumises des Bédouins : c'est le désert.

La région intermédiaire, celle qui nous occupe, participe à la fois de la nature des deux régions qui l'enserrent : elle est formée de montagnes parallèles à la mer et de plaines fertiles ; ses habitants sont à la fois sédentaires et nomades, cultivateurs et pâtres, indépendants et soumis, suivant les alternatives de paix ou d'anarchie, de force ou de faiblesse de la part du gouvernement, de crainte ou de hardiesse de la part des Arabes du désert. Les limites de cette zone ne sont donc pas rigoureusement déterminées ; elles dépendent de la politique plus que de la géographie, surtout du côté de l'orient, car le désert, que nous avons indiqué comme étant sa frontière orientale, est une expression plus économique que géographique. Le désert de Syrie n'est pas nécessairement une plaine aride et sablonneuse dépourvue de végétation et impropre à la culture ; c'est, à proprement parler, l'espace parcouru par le nomade et dévasté par ses troupeaux. Quand, par suite de la faiblesse du gouvernement turc, les tribus envahissent le territoire cultivé, la population et la culture disparaissent, les villages abandonnés tombent en ruine, les champs se couvrent d'une végétation parasite, le désert gagne : le jour où un pouvoir plus fort et plus soucieux de ses véritables intérêts aura succédé à l'administration actuelle, le désert reculera devant la civilisation.

De ces trois zones, qui se partagent la Syrie, la plus connue et la mieux étudiée est celle qui occupe le bord de la Méditerranée ; le littoral, depuis Alexandrette jusqu'à Ascalon, les montagnes du Liban, de la Galilée et de la Judée, la plaine de la Célésyrie et la vallée du Jourdain ont été parcourus et décrits par de nombreux voyageurs. La zone centrale, au contraire, est très-peu visitée ; certains points, certaines grandes villes, comme Damas ou Palmyre, sont connus, mais au nord et au sud, le champ est pour ainsi dire inexploré ; les voyageurs qui l'ont traversé se comptent. Au sud, ce sont Burkhardt, Seetzen, MM. de Laborde, Wetzstein et Guillaume Rey ; leurs travaux, excellents sous beaucoup de rapports, sont loin d'avoir épuisé la matière. Au nord, excepté quelques pages de Pococke et de Burkhardt reproduites par M. Porter, il n'a rien été écrit sur une des contrées les plus riches qui existent en monuments antiques de toute nature.

Cet abandon s'explique par la situation même du pays ; le courant des voyageurs européens n'était pas attiré vers des régions réputées dangereuses ou inaccessibles et qui sont comme abandonnées par leurs propres habitants ; une population clair-semée dispute à ses ennemis les maigres récoltes d'un sol mal cultivé ; sans cesse exposée aux exactions des autorités ou aux déprédations des nomades, elle ne fonde rien de durable ; elle s'installe provisoirement dans les ruines antiques, sans rien planter ni construire qui puisse la retenir ou l'attacher au sol, le jour où il faudra fuir devant un envahisseur. Cet état de choses dure presque depuis l'invasion musulmane. S'il est pénible pour l'observateur chrétien et civilisé, il offre à l'archéologue des bonnes fortunes inespérées ; l'antiquaire oublie pour un instant les misères du présent en contemplant les splendeurs du passé, sans renoncer à demander aux ruines un enseignement pour l'avenir, et comme le secret des grandeurs déchues et des prospérités écroulées.

En effet, tandis que sur le littoral et dans les grands centres de l'intérieur les monuments antiques, utilisés comme carrières, ont été livrés à une destruction d'autant plus active que la prospérité était plus grande, dans la région centrale, au contraire, les édifices ont été sauvés de la ruine par l'abandon et la misère. Restés debout quand tout disparaissait dans les autres parties de la Syrie, ils nous font connaître l'état de cette province pendant les premiers siècles de notre ère, comme ces témoins géologiques qui nous indiquent l'état du globe terrestre avant les révolutions qui en ont modifié la surface. Sur certains points, leur état de conservation est vraiment remarquable ; la main du temps, moins destructive que celle de l'homme dans ces beaux climats, les effleurant à peine, a, par des accidents de détail, ajouté le charme du pittoresque à l'intérêt scientifique ; sans les secousses des tremblements de terre qui ont ébranlé les murs, il ne manquerait souvent aux édifices que les toits et les charpentes, et nous aurions pu contempler souvent le spectacle presque inaltéré d'une ville syrienne du septième siècle.

Deux régions surtout offrent le phénomène archéologique que nous venons de signaler, et se font remarquer par le nombre et la conservation des monuments : l'une au nord, l'autre vers le centre de la contrée que nous nous sommes proposé d'étudier.

La région méridionale est moins riche en monuments bien conservés : si l'on excepte Pétra et ses merveilles de pierre, Djérash et ses longues colonnades, les ensembles complets y sont fort rares, les inscriptions peu communes, les formes nouvelles peu répandues : les ruines les plus intéressantes qu'elle contient ont d'ailleurs été décrites et photographiées ; sans vouloir déprécier ni décourager en rien les recherches dont cette région pourrait être l'objet, surtout dans le champ très-vaste des antiquités bibliques, nous croyons pouvoir dire que, au point de vue spécial de l'architecture, elle ne réserve plus de très-grandes surprises. Obligés de mesurer notre temps et nos forces, nous l'avons peu explorée ; nous avons cru devoir réserver, pour des contrées mieux partagées qu'elle, les moyens dont nous pouvions disposer : un seul de ses monuments a été, de notre part, l'objet d'une étude spéciale ; celui d'Araq-El-Emir, situé à l'est du Jourdain, curieux palais du deuxième siècle avant notre ère, dont j'ai pour la première fois dessiné et publié les ruines intéressantes (*Temple de Jérusalem*, ch. IV). La région méridionale ne figurera donc pas dans le travail qui va suivre, uniquement consacré aux deux régions du centre et du nord.

La première comprend les environs de Damas, et spécialement le Haouran, nom moderne sous lequel nous désignerons, pour abréger, les anciennes provinces d'Auranitide, de Batanée, de Trachonitide et une partie de l'Iturée.

La seconde est le groupe de montagnes situé dans un grand triangle dont les villes d'Antioche, d'Alep et d'Apamée occupent les sommets ; elle correspond à une partie des provinces antiques de Séleucide, d'Antiochène, de Chalcidène.

C'est sur ces deux contrées que nous concentrerons notre attention, avec d'autant plus d'intérêt et de profit que, par une heureuse circonstance, l'enchaînement des faits matériels est tel qu'il nous permet de préciser, avec une rigueur mathématique, la date des édifices qui couvrent le sol.

L'espace de temps pendant lequel ont été construits les monuments que nous étudierons s'étend du premier au septième siècle de notre ère. Dans les deux groupes spéciaux du nord et du centre, nous n'avons pas rencontré de constructions plus anciennes [1] ; soit que les édifices antérieurs aient disparu dans la grande fièvre de reconstruction qui suivit l'établissement de l'empire romain, soit qu'avant cette époque une civilisation peu avancée n'ait produit, dans ces contrées, que des monuments peu durables. Cette dernière hypothèse est la plus probable ; les mœurs du désert ont toujours été les mêmes, elles sont de nos jours ce qu'elles étaient à l'époque d'Abraham ou d'Alexandre ; nous pouvons donc juger, par le spectacle d'aujourd'hui, des conditions dans lesquelles la civilisation a pu se développer sur la limite du désert. Or, la première de ces conditions, c'est la sécurité, la protection du pays contre les déprédations des nomades, c'est-à-dire l'existence d'un pouvoir fort et respecté, qui sache tenir les

---

1. Les rares monuments antérieurs à l'ère chrétienne que renferme la région du centre sont sur la frontière indécise qui la sépare de la zone du littoral. Telles sont les grandes substructions de Baalbeck, qui mériteraient une étude spéciale, et quelques ruines disséminées dans l'Anti-Liban et la vallée de l'Oronte, comme le curieux, et mal connu, monument de Hermel.

Bédouins à distance et leur défendre l'accès des terres cultivées. Or je doute que cette
condition ait été complétement remplie avant l'intervention des Romains dans les affaires
de Syrie. L'administration grecque, établie par les successeurs d'Alexandre, était elle-
même impuissante à une certaine distance des côtes de la mer; les Romains, au contraire, soit directement, soit par leurs tributaires, surent faire la police du désert;
je n'en veux pour preuve que cette ligne de postes fortifiés dont ils couvrirent leur
frontière orientale, et dont nous avons nous-mêmes constaté l'existence sur plusieurs
points parfaitement choisis pour obliger les Bédouins à la soumission; ils se trouvent
aujourd'hui au milieu du désert, à plusieurs journées de marche de la limite des terres
cultivées.

Une preuve plus directe, pour le groupe du Haouran, de la barbarie qui précéda
l'empire romain, est le fragment de décret retrouvé par M. Waddington à Qennaouât
(l'ancienne Qanatha), et dans lequel le roi Agrippa, reprochant aux habitants leur vie
sauvage, semble les appeler à la vie civilisée.

Ce décret est le point de départ de l'histoire architecturale du Haouran; et, en effet,
le plus ancien monument de tout le groupe est le temple de Siah, bâti précisément à la
porte de Qanatha, sous les deux Agrippa; édifice d'un style étrange, dans lequel sont
confondus les enseignements de l'art grec et le reflet des traditions orientales.

L'impulsion, une fois donnée, se propagea rapidement; dès la fin du premier
siècle, le pays se peupla et se bâtit, et quand, en 105 après J.-C., il eut été réduit en
province romaine, l'introduction de l'administration impériale, la création des colonies,
la permanence des légions, la sécurité rétablie, imprimèrent au mouvement architectural
une activité qui ne se ralentit plus. De tous côtés s'élevèrent maisons, palais, bains,
temples, théâtres, aqueducs, arcs de triomphe; des villes sortirent de terre en quelques
années avec cette disposition régulière, ces colonnades symétriques qui signalent les
villes sans passé, et sont comme l'uniforme obligé de toutes les cités construites en Syrie
pendant l'époque impériale.

Le style de tous ces édifices est le style bien connu des colonies romaines, c'est-à-
dire le style grec modifié par certaines influences locales, par le souvenir des arts antérieurs ou la nature des matériaux employés. Le trait particulier de l'architecture du
Haouran, c'est que la pierre est le seul élément de la construction. Le pays ne produit
pas de bois, et la seule roche utilisable est un basalte très-dur et très-difficile à tailler.
Réduits à cette seule matière, les architectes surent en tirer un parti extraordinaire
et satisfaire à tous les besoins d'une civilisation avancée. Par d'ingénieuses combinaisons que nous étudierons en grand détail, ils surent construire des temples, des
édifices publics et privés, dans lesquels tout est de pierre, les murs, les solivages, les
portes, les fenêtres, les armoires. Cette nécessité toute matérielle, en exerçant leur
sagacité et leur savoir, leur fit trouver des principes nouveaux. Ainsi, l'arc, seule
combinaison capable de relier à l'aide de pierres deux supports éloignés, devint le
principal élément de la construction; des séries d'arcs parallèles supportant les dalles
du plafond servirent à couvrir la plupart des salles; quand l'espace à couvrir était trop
grand pour la longueur des dalles ordinaires, on eut recours à la coupole. On conçoit
les profondes modifications que l'introduction de ces éléments apporta dans l'art de
bâtir; les arcs, par leur poussée, appelèrent des contre-forts extérieurs destinés à en

contre-balancer l'effet; il en résulta que l'ensemble des arcs, des dalles et des contre-forts forma comme une ossature, qui, dans beaucoup de cas, réduisit les murs latéraux au simple rôle de murs de remplissage, et permit de donner une grande indépendance aux diverses parties d'une même construction. Dans un pays soumis aux terribles chances des tremblements de terre, cette combinaison était excellente. Elle se retrouve plusieurs siècles plus tard, avec les perfectionnements apportés par l'expérience et l'art, dans les principes gothiques de nos cathédrales françaises. De même la nécessité de poser une coupole sur un plan carré amena les architectes à trouver la forme des pendentifs sphériques, trait particulier au style dit byzantin; mais ils ne surent pas y arriver du premier coup et y parvinrent par une série de tâtonnements intéressants à étudier. Ici encore, c'est le Haouran qui nous donnera la clef et l'histoire de ces curieux essais.

C'est sous le haut empire romain, et pour les besoins d'une société païenne, que ce mouvement fécond et original prit naissance. Quand cette société et l'empire lui-même furent devenus chrétiens, le mouvement, loin de s'arrêter, se continua et se développa. Non-seulement on transforma en sanctuaires chrétiens les sanctuaires du paganisme, mais on éleva des églises nouvelles appropriées au culte nouveau; on construisit des maisons, des palais, des tombeaux; on fonda même des villes entières. Mais, pour mieux étudier cet art rajeuni par le christianisme, il nous faut quitter le Haouran et nous transporter dans la région du Nord, au milieu de ce groupe de monuments dont nous avons signalé l'existence entre Antioche, Alep et Apamée. Ce groupe est plus intéressant encore que le groupe du Sud, car il est plus homogène, mieux conservé, et appartient à une époque moins connue. Il est essentiellement chrétien, les monuments antérieurs au quatrième siècle y sont fort rares, la plupart ont été démolis pour servir à la construction des édifices chrétiens; ceux-ci, au contraire, sont innombrables.

Je ne crois pas qu'il existe dans toute la Syrie un ensemble que l'on puisse comparer à celui que présentent les ruines de ces contrées. Je serais presque tenté de refuser le nom de ruines à une série de villes presque intactes, ou, du moins, dont tous les éléments se retrouvent, renversés quelquefois, jamais dispersés, dont la vue transporte le voyageur au milieu d'une civilisation perdue, et lui en révèle, pour ainsi dire, tous les secrets; en parcourant ces rues désertes, ces cours abandonnées, ces portiques où la vigne s'enroule autour des colonnes mutilées, on ressent une impression analogue à celle que l'on éprouve à Pompéi, moins complète, car le climat de la Syrie n'a pas défendu ses trésors comme les cendres du Vésuve, mais plus nouvelle, car la civilisation que l'on contemple est moins connue que celle du siècle d'Auguste. En effet, toutes ces cités, qui sont au nombre de plus de cent sur un espace de trente à quarante lieues, forment un ensemble dont il est impossible de rien détacher, où tout se lie, s'enchaîne, appartient au même style, au même système, à la même époque enfin, et cette époque est l'époque chrétienne primitive, et la plus inconnue jusqu'à présent au point de vue de l'art, celle qui s'étend du quatrième au septième siècle de notre ère. On est transporté au milieu de la société chrétienne; on surprend sa vie, non pas la vie cachée des catacombes, ni l'existence humiliée, timide, souffrante, qu'on se représente généralement, mais une vie large, opulente, artistique, dans de grandes maisons bâties en grosses pierres de taille, parfaitement aménagées, avec galeries et balcons couverts, beaux jardins plantés de vigne, pressoirs pour faire le vin, cuves et tonneaux de pierre pour le conserver, larges cuisines souterraines, écuries pour les chevaux; — belles places bordées de portiques,

bains élégants, — magnifiques églises à colonnes, flanquées de tours, entourées de splendides tombeaux. Des croix, des monogrammes du Christ, sont sculptés en relief sur la
plupart des portes; de nombreuses inscriptions se lisent sur les monuments: par un sentiment d'humilité chrétienne qui contraste avec la vaniteuse emphase des inscriptions
païennes, elles ne renferment presque pas de noms propres : mais des sentences pieuses,
des passages de l'Écriture, des symboles, des dates ; le choix des textes indique une
époque voisine du triomphe de l'Église : il y règne un accent de victoire qui relève
encore l'humilité de l'individu et qui anime la moindre ligne, depuis le verset du Psalmiste, gravé en belles lettres rouges sur un linteau chargé de sculptures, jusqu'au
graffito d'un peintre obscur qui, décorant un tombeau, a, pour essayer son pinceau,
tracé sur la paroi du rocher des monogrammes du Christ, et, dans son enthousiasme de chrétien émancipé, écrit, en paraphrasant le labarum : Τοῦτο νικᾷ. « Ceci
triomphe ! »

Par un de ces phénomènes dont l'Orient offre de fréquents exemples, toutes ces
villes chrétiennes ont été abandonnées le même jour, probablement à l'époque de l'invasion musulmane, et, depuis lors, elles n'ont pas été touchées. Sans les tremblements de
terre qui ont jeté par terre beaucoup de murs et de colonnes, il ne manquerait rien que
les charpentes et les planchers des édifices.

Après avoir rapidement indiqué les limites de région et de temps dans lesquelles se
renfermera notre étude, il nous reste à donner les preuves de la vérité de nos attributions,
à établir, par quelques faits, la légitimité de la classification chronologique que nous avons
adoptée.

La date des constructions de l'époque romaine est donnée non-seulement par le style
de l'architecture, mais par des inscriptions en nombre considérable qui forment une
chaîne presque continue depuis le premier siècle jusqu'au quatrième. C'est dans le groupe
du Haouran que se trouve cette précieuse collection épigraphique : le texte le plus intéressant au point de vue de l'architecture est celui de la *Kalybé* d'Omm-ez-Zeitoun. Les
inscriptions désignent, sous le nom de *Kalybé*, une sorte de chapelle très-fréquente dans
le Haouran, et qui se compose d'une chambre carrée, ouverte d'un côté par une grande
arcade et flanquée de deux murs percés de niches : on arrive à l'arcade centrale par un
perron; la chambre carrée, trop grande pour être couverte à l'aide de dalles de pierre,
l'est par une coupole de blocage. Nous avons déjà signalé les curieux tâtonnements par
lesquels les architectes, voulant poser une coupole sur un plan carré, passèrent avant de
trouver les pendentifs sphériques : la coupole d'Omm-ez-Zeitoun est le plus ancien exemple
daté de ces tâtonnements, et elle est assez bien conservée pour que tout le système de la
construction puisse être observé. Or, d'après une inscription gravée sur la façade du
monument, elle a été achevée dans la septième année du règne de l'empereur Probus,
c'est-à-dire dans l'été de l'année 282 après J.-C. (Planche 6.)

Le grand palais de Chaqqa, désigné par les Arabes sous le nom de Qaisarieh, est le
plus beau monument à coupole de l'époque impériale; aucune inscription ne l'accompagne, néanmoins il porte sa date en lui-même. Sa coupole était construite dans le même
système que la précédente; de plus un fait tout matériel prouve qu'il est antérieur au
quatrième siècle : les symboles païens qui décoraient une fenêtre et une porte extérieures

ont été martelés par les chrétiens et transformés par eux en symboles chrétiens grossièrement réservés dans la masse. (Planche 10.)

Ainsi, quand les inscriptions nous font défaut, les circonstances matérielles et la comparaison des édifices avec les monuments datés nous permettent d'arriver à une grande
certitude ; il en est de même des monuments chrétiens du Haouran. La collection des inscriptions chrétiennes, relevée par M. Waddington dans cette région, est au moins aussi
riche que celle des inscriptions antérieures à Constantin ; presque toutes sont relatives à
la construction ou à la réparation d'édifices religieux ; elles témoignent du grand mouvement architectural qui suivit le triomphe de l'Église et dura jusqu'à l'invasion musulmane ; elles nous permettent de classer chronologiquement les monuments, soit directement, soit par analogie. Les premières églises sont bâties dans le système des basiliques
païennes du pays ; les dernières, au contraire, dérivent de la coupole et font déjà pressentir la forme des grandes églises byzantines de Constantinople. Les deux plus intéressants monuments de cette série sont la grande cathédrale de Bosra et Saint-Georges
d'Ezra ; leur date est certaine ; une grande inscription gravée sur le linteau de la porte
principale l'indique d'une manière positive : l'une est de 512 et l'autre de 515 après J.-C.
(Planches 21-23.)

Le groupe du Nord offre un enchaînement de dates non moins remarquable. A la
rigueur, une seule suffirait, car, ainsi que je l'ai déjà fait observer, ce groupe est
d'une telle homogénéité qu'on n'en peut rien détacher ; l'uniformité du style, des procédés, des profils, l'enchaînement logique des formes architecturales, tout concourt à
démontrer que ces monuments ont été construits pendant une période assez courte : en
connaissant la date d'un seul, il serait facile de déterminer celle de tous les autres. Or
c'est plus de trente dates que nous avons relevées sur les édifices : des dates claires, précises, ne laissant aucune place à l'équivoque ni au doute ; de plus, l'abondance des symboles chrétiens, dont chaque maison, pour ainsi dire, est signée, la forme des édifices
religieux qui n'ont jamais pu être et n'ont été que des églises chrétiennes, cent autres
preuves qu'il est inutile de citer, viennent ajouter leur autorité à celle des inscriptions et
nous placent dans cette situation, rare en archéologie, où l'esprit se repose dans une
certitude absolue.

Les monuments païens, nous l'avons déjà dit, sont fort rares dans cette région ;
les restes dispersés et réemployés d'un temple, quelques tombeaux creusés dans le roc,
c'est tout. Les dates de ces tombeaux vont depuis le 6 avril 130 jusqu'au 3 mars 324.
L'année suivante, se tenait le concile de Nicée qui, par la condamnation d'Arius et la
promulgation du symbole, assurait le triomphe de la région nouvelle ; toute trace de
paganisme disparaît alors dans la région qui nous occupe. L'an 331, dans le bourg de
Refadi, un chrétien, nommé Thalasis, se bâtit une maison et, sur la porte, il grave sa
profession de foi : « Christ, aie pitié de nous, il n'y a qu'un seul Dieu ! » Χρίστε βοήθει, εἷς
θεὸς μόνος. Cette maison et celles qui s'élèvent alors de toutes parts sont bâties en pierre,
suivant un système qui ressemble beaucoup à celui du Haouran, avec cette seule différence que les toits sont en charpente. La proximité des forêts du mont Amanus rendait
inutiles les efforts faits par les architectes du Sud pour suppléer à l'absence des bois.
Néanmoins, comme le transport de ces bois coûtait probablement assez cher, on s'en

servait le moins possible; on les réservait pour les toits, quelquefois pour les planchers ; le reste était construit en pierre.

C'étaient de hardis et habiles tailleurs de pierre que les architectes de ce temps et de ce pays; rarement, si ce n'est en Égypte et dans les civilisations primitives de l'Orient, on a vu attaquer le rocher avec cette vigueur. Une maison était-elle à bâtir, on creusait l'étage inférieur dans la roche vive, l'étage supérieur était construit avec les matériaux extraits de cette carrière improvisée; le plus souvent, pour ne pas perdre de temps, chaque bloc était employé avec les dimensions que lui donnaient les hasards de l'extraction, d'où il résulte que l'appareil est très-irrégulier, qu'il offre des décrochements nombreux, souvent même des joints polygonaux qui rappellent, à s'y tromper, les formes compliquées des constructions cyclopéennes. On taillait, pour les colonnes, les piliers, les architraves, de puissants monolithes qui atteignent souvent une longueur de cinq mètres. De pareils ouvriers ne reculaient devant aucune difficulté de ce genre. Aussi tous les tombeaux de quelque importance sont-ils creusés dans le roc. Nous avons là de ces hypogées qu'ailleurs on s'est trop hâté d'attribuer à des époques très-reculées, avec des salles souterraines entourées de sarcophages, précédées de portiques réservés dans la masse du rocher, fermées à l'aide de portes en basalte. Ici le doute n'est pas permis; ces vantaux de basalte sont ornés de monogrammes chrétiens, la croix paraît dans tous les éléments de la décoration; enfin les inscriptions sont positives et donnent des dates précises.

On lit au-dessus de l'entrée d'un hypogée à Hûss : « Ceci a été achevé (ἐτελειώθη) par les soins d'Agrippa et de sa femme, le 5 Artemisius de l'année 689 » (de l'ère des Séleucides, c'est-à-dire le 5 mai 378 après J.-C.), et, plus bas, la formule chrétienne : « Il n'y a qu'un seul Dieu ! »

Les beaux tombeaux de Deïr-Sanbil à portes de basalte sont du 24 août 399, de l'an 409 et du mois de juillet 420. Celui de Kherbet-Hâss, si bien conservé, a été achevé le 20 avril 430, la 13ᵉ indiction. (Planches 81-83.)

Les dates de construction de maisons ne sont pas moins précises ; on en trouve du quatrième, du cinquième et du sixième siècle ; quelquefois même l'architecte a signé son œuvre en se qualifiant de τεχνίτης. Nous trouvons ainsi un Damas le 29 janvier 378, un Domnos le 1ᵉʳ août 431, un Airamis le 13 août 510.

Par une circonstance assez particulière, les églises ne portent ni date, ni nom propre, comme si un sentiment d'humilité chrétienne avait porté les architectes à effacer toute trace de personnalité humaine devant la majesté du saint lieu. Mais par la comparaison de ces monuments avec les édifices datés qui les entourent, nous avons pu arriver à une classification rigoureuse. Les monuments religieux sont nombreux et variés; quelques-uns, comme les églises de Qalb-Louzé, de Tourmanin, de Kalat-Sema'n, sont des chefs-d'œuvre que les architectes de nos jours pourront étudier avec profit. Ils ont été élevés entre le quatrième et le septième siècle de notre ère.

La dernière date inscrite sur un monument est de l'année 565. Peu après, tout s'arrête, non-seulement on ne bâtit plus, mais la population elle-même paraît avoir brusquement abandonné ces montagnes pour se concentrer dans quelques villes. Cette révolution subite ne peut avoir été amenée que par l'invasion musulmane. L'islamisme, ici comme partout, nous apparaît comme un fléau qui tarit les sources de la vie intellectuelle et morale, et jette toute une société hors de ses voies naturelles.

Nous nous arrêterons à cette date fatale, limite imposée par l'histoire à notre sujet.

L'ensemble architectural dont nous venons de poser les limites est un des plus vastes qui existe : il comprend sept siècles et des milliers de monuments. On conçoit que nous n'ayons pu en épuiser toutes les parties. Tout voir eût été difficile, tout décrire impossible : faire graver même tous les dessins que nous avons rapportés, c'eût été dépasser les bornes ordinaires d'une publication comme celle que nous entreprenons. Obligés de faire un choix, nous nous sommes attachés aux régions et aux édifices qui nous paraissaient offrir un intérêt spécial. Ainsi, dans la période plus spécialement antique, nous avons laissé de côté les monuments d'un type connu, ces magnifiques productions de l'art impérial, temples, théâtres, portiques, aqueducs, les uns déjà décrits, les autres certainement dignes de l'être, mais dont la description n'ajouterait pas beaucoup à l'ensemble de nos connaissances. Nous avons concentré nos efforts sur les monuments plus nouveaux ou moins connus, qui pouvaient, par leur destination, leurs formes, leur mode de construction, ajouter à l'histoire de l'art, combler des lacunes dans l'inventaire architectural des générations disparues : c'est surtout dans le domaine de la vie privée que nous avons puisé nos exemples : partout ailleurs, si ce n'est à Pompéi, la vie privée des anciens n'a pour ainsi dire pas laissé de traces ; en Grèce, en Assyrie, en Égypte, la demeure de l'individu a disparu ; c'est à la littérature, à la sculpture, à la peinture que nous devons les quelques notions que nous possédons sur l'habitation humaine ; c'est par un effort spéculatif que nous en reconstruisons les lignes ; le contact immédiat nous fait défaut ; la perception directe nous manque. Dans la Syrie centrale, au contraire, la vie privée apparaît dans tous ses détails matériels. La demeure subsiste, à tous les degrés de l'échelle sociale, avec ses accessoires somptueux ou modestes, dans toutes ses relations soit avec la vie publique, soit avec la vie religieuse, soit enfin avec la mort. Sous ce rapport nos dessins sont aussi complets que possible, et nous espérons n'avoir omis aucun type intéressant.

Tout en décrivant les monuments, j'aurais voulu aussi décrire leurs habitants ; j'aurais voulu animer ces solitudes, replacer chacun de ces édifices dans le cadre social pour lequel il avait été conçu, faire revivre par la pensée les sociétés dont ils étaient l'expression muette. Cette étude m'aurait entraîné trop loin. Le temps m'a manqué pour l'entreprendre, et, sans y renoncer pour l'avenir, je l'ajourne à une époque de loisirs plus assurés. Je me contenterai de rappeler aujourd'hui brièvement quelques noms et quelques dates, points de repère de l'histoire que je ne saurais commencer.

Je laisse de côté les époques antérieures à notre ère, et qui sont, je l'ai déjà dit, peu représentées dans ces contrées. Ce sol, qui a porté l'enfance des plus vieilles races de la terre, qui a assisté au choc des plus anciennes monarchies, qui a vu passer Abraham et Moïse, Sésostris et Nabuchodonosor, a à peine conservé la trace des grands événements historiques et religieux dont il a été le théâtre. Les populations qui l'habitaient, Syriens, Hébreux ou Phéniciens, fractions diverses de la famille sémitique, si profondément originales dans le domaine des idées et des croyances, n'avaient en fait d'art aucune originalité : elles ont tour à tour emprunté le plan de leurs temples et les modèles de leurs sculptures aux puissantes unités qui les ont successivement entourées, subjuguées, pénétrées, aux écoles de l'Égypte, de la Syrie, de la Perse. Conquises en dernier lieu par l'école grecque, elles lui sont restées définitivement soumises; depuis cette époque, c'est le génie grec qui a inspiré leurs artistes, quels que fussent d'ailleurs, dans l'ordre politique ou économique, les faits qui ont pu favoriser, retarder ou modifier le développement de l'art. C'est à la suite de la conquête d'Alexandre, pendant les trois siècles de la domination macédonienne, que l'invasion intellectuelle s'accomplit, que la culture grecque pénétra les vieilles couches indigènes; cette première période de l'éducation hellénique a laissé peu de vestiges matériels; c'est d'ailleurs sur le littoral qu'elle a concentré son activité; dans la zone centrale, les monuments n'apparaissent guère qu'avec l'avénement des petits États indigènes, nés à la fois sous l'influence d'un fait politique, l'affaiblissement des dynasties macédoniennes, et d'un fait économique, le développement des échanges entre l'Occident et l'extrême Orient.

Palmyre au nord, Pétra au sud, étaient devenues les entrepôts du commerce de l'Europe avec l'Inde, la Chine et l'Arabie. A ces deux villes aboutissaient les caravanes qui apportaient les parfums, les épices, les soieries, toutes ces productions de luxe que le monde romain demandait de plus en plus à l'industrie asiatique. J'ai donné, dans la partie épigraphique de cet ouvrage[1], les textes qui établissent le tracé et prouvent la coexistence nécessaire des deux routes qui, partant de Palmyre et de Pétra, venaient se rejoindre à Forath, sur le golfe Persique. Les chameaux seuls pouvaient suivre ces itinéraires, ce qui explique la création de deux entrepôts sur la limite du désert, aux points où les chameaux laissaient leurs charges et où s'arrêtaient les tribus errantes qui louaient leurs services.

L'extension rapide que prit ce commerce enrichit subitement les deux villes qui en avaient le monopole : l'aristocratie commerciale qui se créa à Palmyre et la dynastie nabatéenne qui surgit à Pétra consacrèrent, à l'embellissement de leur cité, les capitaux considérables qu'elles avaient accumulés et la puissance qu'elles s'étaient acquise. Leur influence s'étendit sur presque toute la région centrale et suscita sur divers points des constructions nouvelles : au même moment, la dynastie iduméenne qui s'était, elle aussi, élevée sur les débris de la puissance séleucide, faisait de Jérusalem un foyer artistique dont les rayons s'étendaient jusqu'aux environs de Damas. Lorsque l'empire romain eut, au commencement du deuxième siècle, achevé l'absorption de toutes ces autonomies, loin de tarir la source de leurs richesses, il l'accrut considérablement; loin d'interrompre la tradition grecque, il lui donna une impulsion nouvelle; profondément imbu lui-même, au point de vue de l'art et de la culture intellectuelle, de l'esprit hellénique, il ne put qu'ajouter aux éléments qui, sous ce rapport, préexistaient dans les pays conquis; l'art grec domina dans les constructions, il devint l'art officiel, comme la langue grecque devint la langue officielle de l'administration impériale. Néanmoins, tout en faisant participer les populations conquises aux avantages de sa vigoureuse centralisation, l'empire fit une large place à l'esprit local, à l'initiative des municipalités, des corporations, des individus. Il n'avait pu d'ailleurs enlever complétement à chaque groupe son originalité : les races indigènes n'avaient pas disparu; leurs religions, tout en transformant leurs manifestations extérieures ou le style de leurs temples, n'avaient pas toutes péri; leurs langues s'étaient conservées, et, par un travail de fusion très-intéressant à suivre, s'étaient peu à peu ramenées à un seul idiome, le dialecte araméen ou syriaque, qui, parlé avec des nuances légères

---

1. *Syrie centrale. Inscriptions sémitiques*, p. 9.

dans toute la Syrie, avait secondé l'unification politique. On ne saurait donc s'étonner de trouver sous la grande uniformité gréco-romaine des nuances de détail, des caractères spéciaux qui représentent, dans le domaine de l'art, l'esprit hybride qui, dans l'ordre social, politique ou religieux, animait la population de la contrée.

Un élément, dont il convient également de tenir compte, est l'élément arabe proprement dit qui peu à peu s'infiltra dans la société syrienne. Au point de vue de l'art, l'influence des tribus nomades a dû être nulle, et ceux des chefs de tente qui vinrent se mêler à la civilisation brillante des villes ne purent que lui emprunter momentanément ses usages ; ainsi le monument le plus purement grec de tout le Haouran est le tombeau construit par un émir arabe. (Planche 1.) Mais les nomades, ou semi-nomades, Benou-Samayda, Benou-Mesaïd et autres, ne furent pas les seuls Arabes en contact avec les habitants de la Syrie centrale ; les tribus sédentaires de l'Arabie méridionale vinrent à leur tour faire auprès d'eux des établissements fixes ; les migrations sabéennes, dès le deuxième siècle de notre ère, préludèrent au grand courant d'invasion qui accompagna la naissance de l'islamisme : mais, loin d'être destructeur comme celui de Mahomet, le mouvement des Sabéens fut pacifique et fécond ; agriculteurs et constructeurs, les Sabéens apportaient avec eux les habitudes d'une vie sédentaire et luxueuse ; en relations avec les civilisations raffinées de l'extrême Orient, ils avaient comme elles le goût des matières précieuses, des ameublements élégants ; la plus importante des migrations qu'ils dirigèrent sur la Syrie centrale fut celle des Djefnides, qui quitta le Yemen vers l'an 104 de notre ère, à la suite de la rupture des digues de Mareb ; elle fonda la dynastie des Ghassanides, qui accepta la suzeraineté romaine, embrassa le christianisme et, pendant cinq siècles, défendit, du côté du désert, la frontière de l'empire.

C'est autour de Damas et dans le Haouran qu'était le centre de leur gouvernement ; les traditions, les inscriptions, les historiens attribuent à leurs rois, aux Almoundhir et aux Harith la construction de nombreux monuments ; ils ont donc exercé sur l'art local une influence qu'il serait intéressant de déterminer ; nous avons cru la reconnaître dans les ruines du palais de Kharbet-el-Beïda. (Planche 24.)

Malgré l'action de ces causes locales et étrangères, agissant dans le sens asiatique, le fond de la culture, nous l'avons déjà dit, était resté grec. Le triomphe définitif du christianisme ne modifia pas sensiblement cet état de choses. Devenue le principal organisme de l'État, l'Église s'en appropria les rouages plus qu'elle ne les transforma ; le cadre général resta grec comme le texte de l'évangile ; c'est au grec que l'Église emprunta la langue de sa liturgie, la nomenclature de sa hiérarchie, enfin c'est à l'art grec qu'elle demanda l'exécution des programmes nouveaux qu'inspirait la religion nouvelle.

Nous avons déjà rapidement esquissé le tableau de l'expansion architecturale qui suivit la paix de l'Église, et dont les solitudes de la Syrie centrale nous révèlent les traits. C'est dans le nord surtout que l'activité fut la plus féconde, la plus originale, et que ses œuvres sont restées le mieux conservées. Le centre de ce mouvement, le foyer duquel émana la vie qui l'animait, fut la ville d'Antioche, la capitale de l'hellénisme syrien, la cité de Séleucus, de Libanius et de Chrysostome, Antioche « la belle », comme l'appellent les auteurs enthousiastes qui, dans l'antiquité, ont célébré ses attraits. On la nommait aussi « la troisième ville du monde » ; elle ne le cédait qu'à Rome et à Alexandrie en étendue, en population, en richesse. Tour à tour capitale de l'empire séleucide et de la province romaine, elle régnait au nom de la politique, de la philosophie et des arts ; la beauté de son site, la douceur de son climat, l'abondance de ses eaux, n'attiraient pas moins que la grandeur de ses monuments, l'éloquence de ses rhéteurs et les mœurs hospitalières de ses habitants ; les races se rencontraient dans ses murs, dans ses écoles, dans ses temples ; les croyances s'y mélangeaient et s'y pénétraient l'une l'autre, abdiquant leur originalité sous l'uniformité gréco-romaine ; les sombres cultes de l'Orient s'assouplissaient au contact des rites élégants de la Grèce ; le dieu caché dans la flamme des vieux autels cananéens prenait les traits d'un Jupiter tonnant ; la farouche Anaïtis empruntait à Diane sa chaste élégance ; les généalogistes mythologues trouvaient aux dieux locaux, même aux dieux montagnes, tels que le Casius, des ancêtres en Attique, en Béotie ou dans l'Archipel ; un élève de Lysippe était chargé de représenter la personnification déifiée de la ville, il sculptait un chef-d'œuvre dont le type, reproduit à l'infini, colporté par le monnayage, par le commerce artistique, devenait populaire dans le monde entier. Sous l'action de ces causes diverses, sous l'influence de la discipline grecque et des molles inspirations de l'Orient, se forma, à Antioche, une société polie, riche, raffinée, d'hommes diserts et de femmes aimables, recherchant la parure et les spectacles, aimant les conversations subtiles à l'ombre des longs portiques, au bord des fontaines jaillissantes, sous les mystérieux bosquets de Daphné. Dans ce milieu élégant, cultivé et tempéré, se développa l'art de bien dire, le goût de la beauté plastique, une certaine tolérance railleuse qui ne dépassait pas l'épigramme et modérait l'esprit de controverse par le sens des réalités pratiques et l'habitude du bien-vivre.

Les étrangers étaient bien accueillis à Antioche, les Juifs surtout ; leur roi Hérode avait contribué aux embellissements de la cité par la construction d'un portique ; ils formaient une communauté distincte qui reçut la première visite des apôtres de Jésus-Christ et leur donna ce nom de *Christiani* qui est resté. La nouvelle religion se développa rapidement dans ce milieu favorable, malgré la persécution qui d'ailleurs ne fut jamais très-sanglante ; le nombre des chrétiens était déjà de 100,000 lorsque la volonté de Constantin leur donna à la fois la liberté et la prépondérance.

Comme ville chrétienne, Antioche n'eut pas un moindre rôle que comme ville païenne ; siége du premier patriarcat de l'Église d'Orient, elle contre-balança l'influence du siége d'Alexandrie. Son école d'exégèse était plus sobre, plus pratique. Elle fut aussi visitée par l'hérésie ; mais l'arianisme, avec son monothéisme étroit et stérile, avait plus de chances de s'y établir que le gnosticisme Alexandrin avec sa mythologie subtile et confuse ; il y régna quelque temps en maître, y tint des conciles et ne disparut qu'avec l'édit de Théodose (384). Le triomphe de la foi chrétienne ne modifia d'ailleurs pas profondément les conditions de la vie sociale ; l'Église dut s'accommoder des habitudes de luxe et d'élégance ; saint Jean Chrysostome s'emporta en vain contre les exagérations du costume et de la parure ; ses saintes colères échouèrent contre l'empire de la mode ; les femmes se pressaient à ses sermons, mais gardaient leurs faux cheveux et leur rouge ; les hommes acceptaient sa direction, mais ne renonçaient ni aux conversations du bois de Daphné, ni aux émotions du cirque.

Il est juste d'ajouter que ces travers d'une société élégante ne diminuaient pas le caractère profondément chrétien des pensées et des œuvres ; il suffit de parcourir les

ouvrages de saint Jean Chrysostome lui-même pour en être convaincu; la maison chrétienne était marquée du signe de la croix; le symbole rédempteur était sculpté sur les
portes et les fenêtres, peint sur les murs, brodé sur les vêtements; « non-seulement nous
ne rougissons plus de ce signe autrefois abhorré, dit-il, mais nous nous en glorifions. »
Des institutions nombreuses répondaient aux devoirs de piété, de charité, que l'esprit nouveau avait introduits dans l'organisation sociale; l'Église donnait l'exemple en appliquant,
non-seulement à la construction des sanctuaires, mais aux œuvres actives, le produit de
ses vastes domaines, de ses maisons de ville, de ses champs cultivés, de ses bêtes de
somme; à Antioche, plus de trois mille veuves et vierges étaient nourries par l'Église;
des hôpitaux ou hospices, *Xenodocheia* ou *Pandocheia,* recevaient les malades, les pèlerins;
des distributions de vivres, des repas publics mêlaient les fidèles de toute condition; des
écoles monastiques appelaient les enfants pour les instruire et les discipliner; des asiles
s'ouvraient aux âmes éprises de méditation, de silence et de solitude. Quant aux sanctuaires proprement dits, aux temples de Dieu, ils s'élevaient en foule, autour de cette
grande église octogonale, décrite par Eusèbe, que l'empereur Constantin avait fait construire au centre de la ville conquise au christianisme. Les détails relevés dans les sermons
de saint Jean Chrysostome font repasser devant nos yeux ces édifices sacrés; ils nous
montrent la foule des fidèles qui venaient y participer aux saints mystères, s'arrêtant
d'abord à la fontaine qui précède l'église, pour y laver « les mains que la prière devait
élever vers Dieu », s'inclinant devant la porte d'entrée pour en baiser le seuil, se rangeant
silencieusement sous les colonnades intérieures, sous les plafonds peints et dorés, les
hommes d'un côté, les femmes de l'autre, dans les enceintes auxquelles Chrysostome
recommande de mettre « au moins des barrières de bois ». Ailleurs la foule se porte aux
nécropoles extérieures, pour y cultiver de chers souvenirs, pour y rechercher les tombes
des martyrs au milieu des sépulcres pressés, pour y recueillir les saintes reliques afin
de les placer sur les autels.

   Les dessins que nous avons rassemblés dans les montagnes qui entourent Antioche
sont le commentaire de ces témoignages; la société gourmandée ou dirigée par le saint
prédicateur revit tout entière dans les monuments que nous allons décrire, avec ses élé-
gances et ses humilités, ses œuvres d'art et ses œuvres de charité, son luxe de bon
aloi et sa foi sincère; à côté de la riche villa nous trouverons l'école, à côté du bain
public l'église, à côté du somptueux tombeau l'hôtellerie ecclésiastique, et partout la
croix, sculptée sur la pierre ou peinte sur la paroi, attestera l'esprit chrétien qui animait
les habitants de ces demeures; partout aussi le profil grec, la feuille d'acanthe, et plus
encore la sûreté de la méthode accuseront l'éducation grecque, la culture grecque de
leurs constructeurs.

   Est-ce à dire que ces monuments soient la copie des temples grecs et la répétition
identique à elle-même de types indéfiniment reproduits? Non certes : copier ou se re-
copier est le propre d'un art immobilisé ou éclectique; mais un art vivant, c'est-à-dire
un art qui, procédant d'un principe qui lui est propre, est l'expression vivante d'un
organisme social original, un art vivant, dis-je, participe aux conditions de la vie;
il se transforme sous l'influence des milieux, sous l'action des causes internes ou ex-
ternes; comme le langage et l'écriture, au même titre qu'eux, il a ses évolutions nécessaires; l'art grec, l'art vivant par excellence, a eu ses évolutions pendant les longs siècles où il a suffi presque tout seul aux besoins artistiques du monde connu; l'école

syrienne représente une de ces évolutions. Pour bien en faire comprendre la nature, on nous permettra encore quelques réflexions.

L'art grec, comme tout art, se compose d'un ensemble d'éléments plastiques et de principes abstraits; les premiers se résument dans les Ordres, les seconds sont la logique et la sincérité; l'évolution porte plus sur les uns que sur les autres, sur les formes que sur les méthodes. Les premières écoles grecques, n'employant ni mortier, ni artifice de construction, n'ayant pas recours à l'équilibre savant de la voûte, ne s'écartaient jamais de l'observation stricte des lois de la stabilité; de là une méthode rationnelle, subordonnée à la clarté du but, à l'expression sincère des moyens, méthode qui peut survivre à l'altération des formes. Transporté à Rome, l'architecte grec fit, il est vrai, sur certains points, fléchir la rigueur de ses principes; les Romains étaient des ingénieurs hardis et utilitaires qui avaient compris les ressources qu'offrent à l'exécution de vastes programmes l'emploi des matières artificielles agglomérées, de la voûte, de la coupole; qu'ils aient trouvé eux-mêmes les propriétés de ces formes cylindriques et sphériques, ou plutôt qu'ils les aient apprises de l'Asie, peu importe; ils les ont comprises, agrandies, développées, propagées; l'architecte grec, appelé à décorer ces masses, ne pouvait guère s'occuper que de leur surface; il la couvrit d'ornements empruntés à ses ordres, la dissimula sous un placage plus ou moins artificiel, sans se préoccuper, plus que ses imitateurs italiens du seizième siècle, de la fonction initiale des éléments d'emprunt ainsi appliqués, ni de l'échelle qui devait accuser les dimensions de l'ensemble. Une simple formule de proportions lui suffisait pour adapter par voie de grossissement ou de réduction, les mêmes formes aux monuments les plus dissemblables. Tout grandissait ou diminuait à la fois, colonnes, moulures, jusqu'aux portes et aux fenêtres; les éléments de l'ordre adopté étaient rigoureusement appliqués, même s'ils étaient inutiles ou en opposition avec la fonction à laquelle ils étaient assujettis; c'est ainsi que dans les monuments romains on voit des fragments d'architrave s'interposer entre les arcs et le chapiteau des colonnes, des corniches très-saillantes se profiler à l'intérieur des édifices. Mais tout en faisant, sur certains points, des concessions aux idées romaines, tout en subissant la loi commune de la décadence, les artistes grecs n'avaient pas perdu la tradition de leur origine; dans le domaine de la sculpture, de la peinture, de la glyptique, de l'orfèvrerie, ils restaient les maîtres; dans le domaine de l'architecture, quoique moins libres peut-être, ils n'avaient pas complétement ni partout abdiqué; le jour où la liberté leur revint, et dans les régions où la séve n'était pas épuisée, la tradition se renoua; l'évolution de l'art reprit sa marche naturelle. C'est du moins ce que nous constatons dans la Syrie centrale.

Les architectes qui élevèrent les monuments innombrables de cette contrée appartenaient à la bonne tradition grecque, moins par les formes qu'ils ont adoptées que par les principes qu'ils ont appliqués. On ne retrouve plus dans leurs œuvres la délicatesse de goût, ni l'exquise perfection de l'époque classique, mais on y constate l'esprit logique, pratique et sincère qui a inspiré les premières productions de la Grèce. Ennemis, eux aussi, de tout artifice de construction, rejetant l'emploi du mortier, ils demandaient aux lois de la stabilité les conditions de solidité de leurs œuvres et le principe de leurs tracés; s'ils empruntaient aux ordres grecs les motifs de leurs décorations, s'ils prenaient en même temps aux romains l'arc et la voûte, ils employaient ces éléments avec un grand discernement, retranchant les membres inutiles et subordonnant leurs dimensions non pas à une règle uniforme de proportion, mais à la dimension et à la nature des matériaux mis à leur disposition et au programme qu'ils avaient à remplir ; ne voulant se servir pour les supports que de monolithes, ils n'excédaient jamais une certaine hauteur, et donnaient à leurs ouvertures des dimensions presque invariables, quelle que fût d'ailleurs la grandeur de l'édifice. Si la colonne n'était pas assez haute pour le but proposé, ils la plaçaient sur un piédestal ou surhaussaient l'arc qu'elle était destinée à porter ; quant aux arcs eux-mêmes, ils les appuyaient directement et sans intermédiaire sur le chapiteau. Si la portée de l'espace à couvrir excédait la longueur de leurs dalles ou de leurs poutres, ils la diminuaient par l'emploi de corbeaux, ou par des combinaisons de corbeaux et de colonnettes hardiment posées en encorbellement. Ils déterminaient la saillie et le profil des corniches extérieures non plus d'après des modèles consacrés, mais d'après l'inclinaison des toits, l'écoulement des eaux, ou toute autre condition pratique. Enfin ils faisaient de la bonne et solide architecture, dans laquelle chaque membre était appelé par une fonction franchement accusée, dont la décoration était sobre et originale, et qui, essentiellement logique et raisonnée, ne manquait ni d'élégance ni de fermeté.

Ainsi, tandis qu'en Occident le sentiment de l'art s'éteignait peu à peu sous la rude étreinte des barbares, en Orient, en Syrie du moins, il existait une école intelligente qui maintenait les bonnes traditions et les rajeunissait par d'heureuses innovations. Dans quelles limites s'exerça l'influence de cette école? dans quelle mesure ses enseignements ou ses exemples contribuèrent-ils à la renaissance occidentale du onzième siècle? quelle part enfin l'Orient byzantin eut-il dans la formation de notre art français du moyen âge? Je ne prétends pas résoudre définitivement ces problèmes ; on trouvera du moins dans nos dessins les principaux éléments de la solution.

Mais avant d'indiquer quel est aujourd'hui l'opinion à laquelle je me suis personnellement attaché, je demande à dire un mot de la coupole, ce trait distinctif et caractéristique de la dernière évolution de l'art grec.

Dans la région et pendant la période que je me suis proposé de décrire, c'est-à-dire dans la Syrie centrale du premier au septième siècle, il existait une école intelligente qui maintenait les bonnes traditions et les rajeunissait par d'heureuses innovations. Pour assister à la solution définitive du problème et à la naissance du système général qu'enfanta la découverte de la coupole sur pendentifs, il faut sortir des limites que nous nous sommes tracées : il faut aller à Constantinople, à Sainte-Sophie. La cathédrale de Justinien procède d'un principe tout autre que les monuments de la Syrie centrale. Ce n'est pas une construction à joints vifs, à membres apparents et stables : c'est une vaste concrétion de briques, de mortier, de blocages, disposée en arcs, voûtes, coupoles, demi-coupoles, dont les poussées, réparties sur des points fixes, contre-buttées l'une par l'autre, se ramènent à un équilibre parfait. La surface est dissimulée sous des placages de marbre ou des mosaïques. Le principe général de la constructon n'est autre que le système de la bâtisse romaine, développé, agrandi, allégé par la hardiesse de deux architectes de génie : Anthémius de Tralles et Isidore de Milet ; l'un et l'autre étaient Grecs, et leur œuvre est grecque en ce sens qu'elle est le produit de l'application de l'esprit logique de l'école grecque à un principe étranger : application féconde en résultats ultérieurs. L'idée des deux artistes de Byzance, développée à son tour, produisit une école qui supplanta complé-

3

tement la précédente dans tous les pays encore soumis au sceptre byzantin ; les facilités
qu'elle donnait à l'emploi d'ouvriers médiocres, à l'utilisation de matériaux grossiers,
de la brique et de la chaux, l'invasion graduelle du goût oriental assurèrent son succès :
elle caractérise la période byzantine proprement dite, dernière évolution de l'art grec,
destinée à se fondre à son tour dans l'art arabe.

Je reviens à la question qui s'est posée plus haut, à savoir, quelle fut l'influence de cette
école byzantine sur notre architecture du moyen âge? Je ne saurais traiter incidemment un
sujet aussi vaste ; mais pour résoudre un des côtés du problème, celui qui touche aux
monuments de la Syrie centrale, il suffit de jeter un coup d'œil sur nos dessins ; on
ne saurait parcourir la série qui se rapporte à la région du Nord sans être frappé des
analogies qui se révèlent à chaque instant. On reconnaît, dans un grand nombre de
formes caractéristiques, le prototype des éléments importants de notre architecture occidentale. Les églises de Kalat-Semn'n, de Qalb-Louzé, de Tourmanin, sont, à cet égard,
les plus curieuses à consulter. Que si l'on descend dans les détails, on remarque des coïn-
cidences encore plus frappantes ; les profils offrent les points de comparaison les plus intéressants ; je signalerai surtout les planches 31, 33, 65, 71, 84, 121, et la vignette n° 40 ;
on y verra que le profil essentiel de la région, celui qui engendre, pour ainsi dire, toutes
les combinaisons en usage, est une sorte de doucine allongée par le haut et renflée par le
bas, qui dérive de la doucine terminale des corniches romaines, mais qui a reçu par une
inflexion particulière un caractère très-marqué : ce profil se retrouve dans un grand
nombre d'édifices romans de France ; il est, en outre, facile de démontrer [1] que c'est
de lui que dérive, par une suite de transformations régulières, le profil *gothique* par excellence. C'est surtout dans le midi de la France que cette importation directe s'est produite :
les planches du beau livre de M. Révoil [2] en fournissent des preuves multipliées; non-
seulement les profils, mais la sculpture ornementale elle-même et la disposition de certaines lignes établissent un lien de parenté entre les monuments romans du midi de la
France et les monuments gréco-romains de la Syrie centrale.

L'influence des écoles orientales s'est donc étendue en Occident ; j'ajoute que ce fait
aurait pu être admis *à priori*, même en dehors de la démonstration nouvelle que les monuments nous fournissent. La part considérable qui revient à l'Orient dans la genèse des
arts occidentaux a été contestée, mais elle n'est plus contestable; depuis les travaux de
M. Vitet, de M. J. Labarthe surtout, il n'est plus permis de la nier. Ce dernier savant a
démontré que, du cinquième au onzième siècle, Constantinople a été un grand foyer de
production artistique : les arts du dessin, la peinture, la glyptique, y étaient en grand
honneur ; non-seulement l'habileté de la main, mais le sentiment de la forme et de la couleur, s'y étaient conservés; la tradition antique s'y continuait, bien qu'en se transformant sous l'influence de l'esprit nouveau ; des artistes nombreux produisaient des œuvres
considérables pour les besoins d'une société riche, lettrée, intelligente, raffinée, sous
l'impulsion d'une cour qui avait le goût du faste et les habitudes d'une magnificence qui
n'a pas été dépassée depuis. Pendant la même période, l'Occident était absorbé par la
laborieuse et sanglante assimilation des barbares : la force des choses le rendait, au point
de vue de l'art, tributaire de l'Orient. C'est d'Orient qu'il tirait les étoffes, les bijoux, les

1. C'est ce qu'a fait M. Viollet-le-Duc dans son *Dictionnaire raisonné de l'architecture française*, VII, 493.
2. *Architecture romane du midi de la France*, par Henry Révoil. Paris, Morel, 1807.

ivoires sculptés, tous les objets de luxe dont il sentait peu à peu le besoin, et qu'il ne savait pas encore produire; c'est à l'Orient enfin qu'il demanda des maîtres lorsqu'il voulut produire à son tour. A chacun des grands efforts artistiques dont l'histoire a conservé le souvenir, à chacune des « renaissances » signalées entre le huitième et le onzième siècle, celle de Charlemagne en France, celle d'Othon II en Allemagne, celle de l'abbé Didier du Mont-Cassin en Italie, correspond une émigration directe d'artistes byzantins. Ces artistes, il est vrai, étaient plutôt des peintres, des graveurs, des orfévres, des mosaïstes, que des architectes ou des constructeurs; néanmoins ils influèrent aussi sur l'art de bâtir; tous les arts se tiennent, et, si les textes manquent, les monuments sont là pour suppléer à leur silence. Saint-Marc de Venise, Saint-Front de Périgueux, sont les témoignages les plus connus des emprunts directs faits par l'Occident à l'Orient.

Les monuments que nous avons découverts dans la Syrie centrale nous révèlent des influences d'une autre nature, mais non moins certaines; il nous reste à rechercher l'époque à laquelle ces dernières se sont produites et la mesure dans laquelle elles ont contribué à la formation de notre art national.

M. Viollet-le-Duc [1] s'est déjà occupé de cette question. A ses yeux, c'est pendant le premier quart du douzième siècle et à la suite de la première croisade que le courant d'imitation s'est établi. On sait qu'Antioche fut prise par les croisés en 1098 et qu'elle devint la capitale d'une principauté franque qui se maintint pendant plus d'un siècle dans la famille de Bohémond, fils de Robert Guiscard. M. Viollet-le-Duc suppose que des clercs attachés à l'armée se fixèrent dans la principauté, au milieu des ruines innombrables que son territoire renferme, qu'ils retournèrent ensuite en Provence, dans le Languedoc, et qu'ils s'efforcèrent d'y appliquer les notes et les dessins qu'ils avaient recueillis outre-mer; il pense même que la vue des basiliques à arcs et à dalles de pierre comme celle de Chaqqa dans le Haouran, contribua à inspirer aux architectes français la forme des arcs-doubleaux parallèles et le système de voûtes rudimentaire qui couvre les basiliques de la fin du onzième siècle. En un mot, c'est à la première croisade et aux relations qu'elle créa entre Antioche et le midi de la France qu'il rapporte l'influence de la Syrie et l'impulsion féconde que reçut l'art occidental au commencement du douzième siècle.

Quelle que soit l'autorité qui s'attache à tout ce qui sort de la plume de M. Viollet-le-Duc, je ne saurais souscrire sans réserve à l'opinion qu'il a émise. Je commence d'abord par écarter l'hypothèse relative à la basilique de Chaqqa; les croisés n'ayant jamais pénétré dans le Haouran, il n'est pas probable qu'ils aient eu sous les yeux un modèle de basilique qui paraît être spécial à cette contrée. Quant à la ville d'Antioche, il est bien certain que, dès la fin du onzième siècle, elle servit de centre à une principauté puissante; j'ajouterai même aux détails donnés par M. Viollet-le-Duc, que la ville d'El-Barah, bicoque turque élevée au milieu des ruines merveilleuses que nous avons signalées, a été prise par les croisés cette même année 1098, et devint le siége d'un évêché latin dont le titulaire fut un prêtre de Narbonne; je reconnais donc que la région la plus riche en monuments du cinquième et du sixième siècle a été fortement occupée par les premiers croisés; j'admets que des rapports fréquents se soient établis entre la principauté nouvelle et

1. *Dictionnaire raisonné de l'architecture française*, aux mots Porte, Porche, Profil, Sculpture, Voûte, etc., etc.

le midi de la France, rapports auxquels ont pu contribuer les relations suivies des princes
d'Antioche avec les comtes de Tripoli, de la maison de Toulouse. Je ne conteste donc pas
les résultats de la première croisade, surtout si on les réduit, avec M. Viollet-le-Duc, à
l'adoption de certains profils, à l'imitation de certains motifs de sculpture, à l'impulsion
donnée à l'imagination de quelques artistes par la contemplation de monuments ruinés
d'une ordonnance ingénieuse, d'une ornementation sobre et délicate.

Mais si l'on veut admettre avec moi que la question doive être élargie ; si l'on veut
reconnaître que parmi les facteurs de notre art occidental se trouve un contingent
important d'idées orientales, que l'Orient a fourni non-seulement le modèle de quelques
détails d'ornementation, mais aussi le prototype d'une série importante d'éléments essentiels du style roman ; si l'on veut, dis-je, comprendre ainsi l'influence orientale, on est
bien obligé, pour en trouver la source, de remonter au-delà des croisades.

A l'époque des guerres saintes, j'ai essayé de le démontrer ailleurs, et M. Viollet-le-
Duc lui-même ne le conteste pas, l'architecture française avait déjà trouvé sa voie définitive ;
la meilleure preuve qu'on puisse en donner, c'est qu'elle pénétra en Palestine à la suite des
armées des Croisés et y régna presque sans partage aussi longtemps que dura la domination franque ; elle inspira les monuments sans nombre construits pendant cette courte
période, monuments d'une telle uniformité, d'une telle homogénéité de style, qu'il est
impossible de ne pas les attribuer à des écoles fortement constituées, en possession de méthodes définies.

Ces écoles ont pu faire certains emprunts au pays au milieu duquel elles étaient
transplantées ; elles lui ont pris notamment l'ogive, la coupole sur tambour, des procédés
de structure : mais ces emprunts ont été faits à l'art vivant des architectes arabes contemporains, non à l'art mort des monuments ruinés d'El-Barah, et le tout a été fondu dans la
vigoureuse originalité importée d'outre-mer et imposée aux vaincus.

Pour avoir pu obtenir d'aussi importants résultats, à une aussi grande distance de la
patrie, avec des moyens improvisés, il a fallu que ces écoles eussent déjà un certain temps
d'existence ; le chœur du Saint-Sépulcre, leur œuvre capitale, a été achevé en 1149 ; or
c'est un monument qui, sauf quelques détails locaux, est absolument français, comme
plan, comme structure et comme composition générale ; il est aussi français que l'église
bâtie à Saint-Denis par Suger, sa contemporaine ; le bas-côté contournant à chapelles rayon-
nantes, le triforium à jour, la voûte à *arcs-ogives* ou nervures[1], les portes et fenêtres à
ébrasements moulurés et à colonnettes cantonnées, sont des traits absolument étrangers à
l'art oriental, et qui renferment en puissance tous les éléments caractéristiques de l'art qui
a pris naissance, dans l'Ile de France vers 1160, de l'art dit gothique. Or on ne saurait
croire que le chœur du Saint-Sépulcre fût le coup d'essai des architectes qui l'ont bâti ; une
œuvre aussi fortement conçue a été nécessairement précédée d'une période de tâtonnements
et de progrès successifs ; cette période s'étend au moins jusqu'au commencement du
douzième siècle ; car, à cette époque, les méthodes étaient déjà assez fixées pour qu'on ait

---

1. Par suite d'une erreur matérielle, les planches VIII et IX des *Églises de la Terre sainte*, qui donnent le plan et la
coupe du Saint-Sépulcre, ne mentionnent pas ce détail important ; mais lors de mon second voyage, en 1862, j'ai constaté
moi-même la présence des *arcs-ogives* aux voûtes d'arêtes du chœur et des deux bras du transsept. La voûte du bas-côté
contournant n'en a pas ; c'est un berceau interrompu par des pénétrations irrégulières.

pu bâtir des églises comme celle de la Charité-sur-Loire en France et celle de Beyrouth en Syrie. Si donc l'on suppose que ces méthodes doivent leurs éléments orientaux aux souvenirs des clercs revenus de la première croisade, il faut admettre, qu'en quelques années à peine, ces pèlerins aient eu le temps de faire le voyage d'aller et de retour et de répandre leurs documents sur toute l'étendue de la France et de l'Allemagne. Pour ma part je ne saurais croire à une influence aussi subite ni à une propagation aussi rapide; à mon sens l'enseignement oriental a été plus ancien et plus direct; il a précédé les croisades, il a préparé de longue main le mouvement architectural qui s'est produit au onzième et au douzième siècle en Occident sous l'influence déterminante de causes toutes locales.

Je n'ai pas à rappeler ici les caractères de cette dernière évolution. Des maîtres tels que M. Viollet-le-Duc et M. Quicherat ont démontré qu'elle était née de la recherche d'un problème de construction, — l'application de la voûte à la basilique, — et qu'elle s'était développée avec les solutions successives de ce problème. Or ce problème, l'Orient ne l'a jamais abordé; le jour où, lui aussi, il a généralisé l'emploi de la voûte, il l'a appliquée à des plans spéciaux où le carré, le cercle, les formes polygonales dominaient; il s'est attaché à la coupole, en a fait le principe générateur de ses combinaisons et s'est engagé par là même dans une voie qui l'éloignait de plus en plus de l'Occident. Quant aux écoles occidentales, en revenant à la voûte, elles reprenaient la tradition romaine; c'est dans la voûte romaine qu'il faut chercher le principe de leurs méthodes, et même, suivant moi, le germe des transformations *gothiques* ultérieures. M. Choisy[1], dans un livre excellent, a prouvé que les grandes constructions voûtées, bâties par les Romains, n'étaient pas des masses concrètes et homogènes, mais qu'elles étaient formées d'une ossature indépendante, de compartiments distincts, complétés après coup par un remplissage secondaire; tout le système du moyen âge sur la répartition des poussées est là en germe; il suffit de faire saillir de la maçonnerie, dans laquelle ils sont noyés, les arcs doubleaux et les nervures des arêtes, il suffit d'appareiller en pierre ces membres devenus saillants et indépendants, il suffit enfin d'agrandir le rôle des contre-forts, pour tirer de la construction romaine le principe de la structure gothique; l'enchaînement est logique; l'évolution est rationnelle, surtout si on la suppose conduite par des esprits méthodiques et réfléchis. Les architectes du douzième siècle avaient ces qualités; néanmoins, quelque avisés qu'on les suppose, ils n'ont pu tout tirer de leur propre fonds; ils n'auraient pas su à eux tous seuls renouer la tradition interrompue, surtout au point de vue de la décoration. L'imitation intelligente des ruines romaines ne suffit pas à expliquer leurs rapides progrès. Ils ont trouvé le terrain préparé par trois siècles d'efforts peu connus, de tâtonnements multipliés, d'emprunts faits au seul pays qui pût alors fournir des maîtres, à l'Orient. C'est dans cette période préparatoire et obscure que, pour ma part, je placerais l'action directe des écoles orientales sur l'art de l'Occident, action qui s'est exercée non-seulement par les relations commerciales et l'importation des objets de luxe, mais par l'émigration des artistes chassés par les iconoclastes, ou appelés par les protecteurs éclairés de l'art.

Les édifices élevés pendant cette période et sous cette action directe ont généralement disparu; ceux qui ont subsisté, comme le dôme d'Aix-la-Chapelle, ou Saint-Vital de Ravenne, construits entièrement en maçonnerie, doivent leur durée à des conditions exceptionnelles de solidité; mais les grandes basiliques, comme celles de Tours, de Saint-Denis,

[1]. *L'Art de bâtir chez les Romains*. Paris, Ducher, 1873.

de Saint-Gall et tant d'autres, avaient des charpentes de bois; elles ont été détruites, et, si l'on veut se faire une idée de leur style, il faut avoir recours aux conjectures. Serait-il téméraire de penser qu'elles ressemblaient, dans une certaine mesure, aux grandes basiliques de Syrie, qu'elles avaient comme elles des porches à frontons triangulaires, des absides à colonnes extérieures, des façades à tours, sinon semblables à celles de Tourmanin ou de Kalat-Sém'an, du moins inspirées par le même esprit et constituant des types intermédiaires entre les prototypes orientaux et les formes occidentales des onzième et douzième siècles?

Pour expliquer cette similitude, il ne serait pas nécessaire de supposer un contact direct entre l'Occident et les écoles de Syrie. Nous donnons à ces écoles le nom de syriennes parce que la Syrie est aujourd'hui le seul pays où leurs œuvres aient survécu, sauvées par la solitude et la dépopulation; mais rien ne prouve qu'elles n'aient travaillé qu'en Syrie; tout porte à croire au contraire qu'elles ont rayonné au dehors, que leurs principes ont été appliqués sur plus d'un point de l'empire Byzantin. Quelques faits épars peuvent être cités à l'appui de cette hypothèse; ainsi, il existe encore, en France et en Italie, quelques rares exemples de constructions en arcs parallèles et dalles, comme celles du Haouran. M. Choisy les a réunis sur la planche XVI de son ouvrage déjà cité; ce sont les bains de Diane à Nismes, une arche du pont de Narni, un corridor des arènes d'Arles. Le tombeau de Théodoric, à Ravenne, construit vers l'an 500, est un grand cylindre de maçonnerie à deux étages, recouvert d'une calotte monolithe de 10 mètres environ de diamètre; l'appareil de ce monument est absolument celui d'un grand nombre des édifices des environs d'Antioche; il se compose de blocs énormes à joints vifs, de hauteur inégale, offrant des décrochements nombreux; les voussoirs de l'étage inférieur sont munis de harpes; le profil du bandeau qui couronne le cylindre, et que je reproduis ci-contre, a pour élément principal la même doucine allongée qui caractérise les profils de la Syrie centrale; pour moi, le tombeau de Théodoric appartient au même système que les monuments de Déir-Séta ou de Kokanaya.

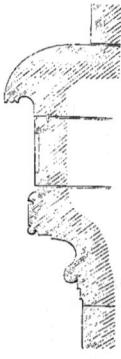

1. — Corniche du Tombeau de Théodoric.

Il est donc permis de supposer que, sans aller jusqu'en Syrie, les constructeurs inexpérimentés des huitième, neuvième et dixième siècles ont pu avoir connaissance des méthodes qui y étaient ou y avaient été en usage, des formes qui y avaient prévalu; on peut croire que les premiers artistes venus d'Orient, à l'appel des barbares couronnés, étaient les élèves ou les héritiers des écoles fécondes dont la Syrie seule aujourd'hui a conservé les œuvres, mais dont l'influence, à l'époque de leur grande activité, a dû sortir des étroites limites d'une province.

Ainsi s'expliquerait, suivant moi, la présence de profils et de détails semblables à ceux de la Syrie dans des monuments français du neuvième siècle comme Saint-Gabriel de Tarascon, le porche de Notre-Dame des Doms à Avignon et celui de Saint-Sauveur à Aix[1]; ainsi s'expliquerait surtout l'importation en Occident des formes que nous avons

1. Révoil, *Architecture romane du midi de la France*, I, pl. IX-XII, LII-LIV; III, pl. XXIII.

considérées comme le prototype des formes adoptées ultérieurement par les écoles romanes des bords du Rhin et de la France méridionale.

Cette dernière importation aurait été, au dixième et au onzième siècle, suivie d'une seconde, fournie non plus par les écoles de la Syrie ou leurs élèves, mais par les écoles qui les avaient remplacées dans l'empire byzantin et qui faisaient de la voûte et de la coupole la base de leurs combinaisons ; je n'ai pas à m'occuper ici de l'influence que ce second apport d'éléments orientaux en Occident a pu exercer, car son point de départ n'était pas la Syrie centrale, alors soumise aux musulmans ; c'est à Constantinople et dans le voisinage de la capitale qu'il faut le chercher, c'est-à-dire en dehors de la région qui seule doit nous occuper ici.

Tel est le rôle que je crois devoir assigner aux écoles de la Syrie centrale : il se résume pour moi en deux périodes d'action, l'une directe, l'autre indirecte. La première aurait eu lieu lors des premiers efforts de l'Occident pour sortir de la barbarie ; elle se serait exercée par l'intervention directe des artistes orientaux, par l'importation des modèles, par l'ascendant d'une société civilisée sur une société en formation. La seconde se serait produite dans des conditions toutes différentes, au commencement du douzième siècle, par l'intermédiaire de pèlerins ou de croisés occidentaux utilisant leurs impressions de voyage et imitant les œuvres mortes d'une société disparue ; cette action indirecte, par sa nature même, a beaucoup plus influé sur la décoration, l'ornementation ou la sculpture, que sur la construction proprement dite ; sous le rapport de la structure les architectes du douzième siècle ont peu emprunté à la Syrie centrale ; quand ils l'ont imitée, ils ont agi avec une grande liberté, s'attachant plus à l'idée qu'à la forme, traduisant les motifs d'emprunt suivant les habitudes de l'art qu'ils créaient. Leurs imitations, ainsi limitées, ont produit des faits locaux, accidentels, qui ont contribué sur certains points à donner de la finesse aux détails, de la variété aux compositions, mais qui, à tout prendre, n'ont pas influé profondément sur la marche générale de l'art en Occident.

Pour faire apprécier la nature de ces imitations faites en France, au douzième siècle, de nos monuments de la Syrie centrale, je demande la permission de terminer par trois exemples.

Le premier est emprunté à M. Viollet-le-Duc[1]. C'est une porte de l'église de Namps-au-Val, près d'Amiens. La baie, en plein cintre, est entourée d'une moulure continue dont le profil a la plus grande analogie avec ceux de la Syrie ; mais ce qui est plus caractéristique encore, c'est une archivolte qui couronne la baie et qui se termine de chaque côté, à hauteur du linteau, par une volute ; le linteau lui-même offre une disposition analogue ; le tympan est orné d'une série d'arcatures qui n'appartient plus au même art. On peut comparer cette porte aux détails qui sont figurés sur nos planches nᵒˢ 110, 120 et 127.

Le second exemple est emprunté au livre de M. Révoil[2] ; c'est la nef de l'église de Silvacanne. Ce monument, comme plan, structure et style, appartient à l'école romane du Midi ; il a été bâti vers 1195. La nef est supportée par trois larges arcades de chaque côté ; elle est voûtée en berceau ogival ; des arcs doubleaux, correspondant à chaque pilier, s'appuient sur des colonnettes qui reposent elles-mêmes sur des consoles en encorbellement.

1. *Dictionnaire raisonné de l'architecture française*, VII, p. 308.
2. *Architecture romane du midi de la France*, II, pl. XX.

Si l'on compare cette disposition à celle de Qalb-Louzé (Pl. 122, 126), il est impossible de
ne pas être frappé de leur ressemblance, au style près. L'architecte provençal n'a pris en
Syrie qu'une idée, mais, cette idée, il l'a traduite selon ses propres habitudes, remplaçant
le plafond de bois par la voûte, les grandes poutres par les doubleaux, l'ornementation du
sixième siècle par celle du douzième.

Le troisième exemple est pris sur nature : c'est la façade de l'église de Pontorson,
sur la limite de la Normandie et de la Bretagne ; en voici un croquis coté en pieds-de-roi.

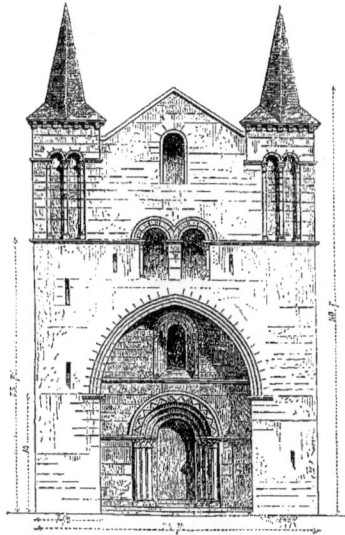

2. — Église de Pontorson.

Si l'on compare ce dessin à nos planches 124 et 132, aux façades de Qalb-Louzé et de
Tourmanin, l'analogie saute aux yeux : l'une des dispositions est la traduction de l'autre,
en langage roman de la deuxième moitié du douzième siècle. La grande baie centrale, si
rare dans les églises romanes, les deux rudiments de tours, sont des réminiscences évi-
dentes des traits caractéristiques de la façade syrienne ; il n'est pas jusqu'à la *loggia* qui ne
soit rappelée par l'arcature qui surmonte la baie centrale.

Je crois en avoir assez dit pour avoir fait comprendre le rôle joué par les monuments
que nous avons découverts ; il me reste à les décrire ; mais, avant d'aborder ce travail, je
dois dire un mot d'un sujet qui m'a vivement occupé, mais que je n'ai pu qu'effleurer,

me contentant de fournir des matériaux nombreux à ceux qui voudront l'approfondir. Je veux parler de l'emploi des nombres et des figures géométriques dans le tracé des monuments. Depuis quelque temps l'attention des archéologues est dirigée de ce côté; on connaît les théories de M. Aurès, celles de M. Viollet-le-Duc ; le premier[1] a démontré que les dimensions principales d'un monument antique, exprimées à l'aide de l'unité métrique qui avait servi à le bâtir, donnaient des séries de nombres qui n'étaient pas le produit du hasard, qui généralement étaient entre eux dans des rapports simples et définis, et qui répondaient parfois à des lois mathématiques, plus souvent à un certain symbolisme mystique. Il a enfin découvert la véritable théorie du *module* en prouvant que dans l'ordre grec le module était le diamètre moyen de la colonne. M. Viollet-le-Duc[2], de son côté, tout en confirmant les découvertes de M. Aurès, les a développées dans une autre direction ; il a démontré que les tracés antiques répondaient non-seulement à certaines combinaisons de nombres, mais aussi à des combinaisons de lignes ; il a trouvé que la plupart des tracés importants étaient engendrés par des triangles déterminés , soit que leurs sommets coïncidassent avec les points essentiels, soit que l'inclinaison de leurs côtés donnât la direction des principales lignes de la construction. Parmi ces figures géométriques, celles qui jouent le rôle le plus considérable sont le triangle *équilatéral* et le triangle dit *égyptien*, celui dont la base est à la hauteur comme 8 est à 5. M. Viollet-le-Duc a retrouvé ces deux triangles dans le tracé d'un grand nombre de monuments antiques ; il a prouvé même qu'ils avaient servi à la composition de nos grandes cathédrales du moyen âge, fait excessivement intéressant qui révèle la force de l'enseignement traditionnel et semble démontrer que les formules antiques se sont transmises de génération en génération, dans le sein des corporations ouvrières, par une sorte d'initiation maçonnique.

Les monuments de la Syrie centrale n'échappent pas à cette loi des formules, soit sous le rapport des nombres, soit sous le rapport des triangles. J'ai fait un certain nombre d'observations concluantes; elles pourront être poussées beaucoup plus loin à l'aide des cotes que nous avons rapportées. La première condition des recherches de cette nature est la détermination exacte de l'unité métrique employée par les architectes du monument à étudier. Dans la région qui nous occupe, à l'exception d'un seul édifice, le temple de Siah, monument exceptionnel à tous égards, toutes les constructions que nous avons relevées ont été bâties à l'aide du pied grec. La longueur théorique moyenne de ce pied est de 0^m,308; mais dans la pratique il est bien rare que cette dimension ait été constamment obtenue; ou elle est légèrement dépassée, ou elle n'est pas complétement atteinte; M. Aurès a démontré que ces variations étaient normales et qu'aux époques classiques la longueur du pied grec oscillait entre 306 et 310 millimètres. Dans la Syrie centrale l'unité métrique ne s'écarte guère de la longueur moyenne de 0^m,308; le pied était divisé en 4 palmes de 0^m,077 ou 16 dactyles de 0^m,0192.

Les quelques observations que nous avons faites dans cet ordre d'idées, celles dont nos planches pourront être l'occasion, achèveront de démontrer la place considérable que tenaient les mathématiques dans les préoccupations des architectes de l'antiquité. Plus on étudiera leurs œuvres, plus on en pénétrera le sens intime, plus on y constatera la trace d'une profonde science des nombres et des figures ; le monument antique le plus parfait,

---

1. *Nouvelle Théorie du module. — Étude sur les dimensions du Parthénon. — Études sur la métrologie gauloise*, etc., etc.
2. *Neuvième Entretien sur l'architecture. — Dictionnaire rais. de l'Arch. fr.*, art. Proportion et passim.

le Parthénon d'Athènes, est en même temps celui où la recherche des combinaisons est poussée le plus loin. Il semble que les Grecs aient admis l'existence d'un lien nécessaire entre la beauté plastique et la satisfaction de certaines lois mathématiques ; pour ma part je suis bien tenté de leur donner raison ; non que je prétende ramener l'art à des formules, ni que je croie possible d'obtenir l'équation du beau par l'analyse géométrique : ce serait méconnaître le côté vivant de l'art ; mais je suis convaincu que l'harmonie des lignes a, comme celle des sons, certaines règles qu'on ne saurait violer impunément. Telle était aussi la conviction de Vitruve qui, dans ses conseils aux architectes, place en première ligne l'étude des mathématiques et celle de la musique. C'est par la géométrie et l'arithmétique, dit-il, que les rapports des dimensions se déterminent, que les plus difficiles questions de proportions se résolvent, que les opérations graphiques sont mises au service de l'imagination et de la réflexion : c'est par la musique que les architectes acquièrent le sens des règles harmoniques et de la note mathématique (*canonicam rationem et notam mathematicam*) ; Vitruve recommande alors l'usage de certains nombres symboliques, de certains triangles déterminés, l'emploi d'une commune mesure (*commodulatio*), il nomme même les nombres 10 et 6, le triangle équilatéral et le triangle rectangle pythagoricien ; enfin, dans toutes les explications dont il accompagne ses conseils, on reconnaît, au milieu des observations les plus variées, à côté de l'appréciation la plus fine et la plus pratique des conditions de l'art de bâtir et des qualités nécessaires à l'architecte, à travers même les obscurités d'un langage technique, on reconnaît, dis-je, chez l'écrivain artiste, la constante préoccupation des côtés scientifiques de sa profession. Néanmoins, pour Vitruve comme pour nous, la formule géométrique n'est pas tout l'art, comme la prosodie n'est pas toute la poésie, comme les règles de l'harmonie ne sont pas toute la musique ; le dernier mot appartient à l'inspiration, au goût, au bon sens, à l'accord de la théorie et de la pratique (*ratiocinatio et fabrica*), à l'art des transactions opportunes (*temperaturæ*), à toutes les qualités que la science ne remplace pas, mais qui ne sauraient se passer de son concours.

PREMIÈRE PARTIE

RÉGION DU CENTRE

SYRIE CENTRALE
RÉGION DU CENTRE

Échelle de 500.000.

Itinéraire de MM. de Vogüé et Waddington.
1862

CHAPITRE PREMIER

HAOURAN

TOMBEAU DE HAMRATH A SOUEIDEH.

Grand massif de maçonnerie dont la base est un carré de 9 mètres de côté, décoré de demi-colonnes engagées de 0^m,89 de diamètre à la base, et de 4^m,61 de hauteur. L'appareil est très-beau, mais il présente des joints *obliques*, caractère qui, dans la contrée qui nous occupe, n'appartient pas exclusivement à la haute antiquité, car on trouve dans la Syrie centrale des appareils semblables jusque pendant la période chrétienne. Dans les entre-colonnements, sont sculptées des armes en haut relief : au centre un casque macédonien, à garde-joues pendants, à droite et à gauche une cuirasse et un long bouclier ovale, aux deux extrémités un bouclier rond.

Au dessus de l'entablement s'élevait autrefois une pyramide à degrés dont il ne reste que l'assise inférieure. Aucune porte n'est apparente; les efforts des Arabes pour découvrir une entrée sont restés infructueux, et pourtant ce monument est un tombeau qui a dû renfermer ou recouvrir une chambre sépulcrale; une inscription bilingue grecque et araméenne [1] nous apprend qu'il a été construit pour une femme du nom de Hamrath, par Odainath fils d'Annel son mari, sans doute le phylarque ou émir d'une des grandes tribus arabes qui vivaient dans le pays vers l'ère chrétienne. C'est la date qu'indiquent les caractères paléographiques du texte; c'est aussi celle qui convient à l'architecture du monument, d'un style dorique grec encore assez beau, mais déjà trop altéré pour appartenir aux grandes époques de l'art. Les colonnes ne sont pas cannelées, la courbe des chapiteaux n'a aucune finesse; l'architrave est étroite, la corniche, sans mutules, a le profil adopté par les architectes romains. Néanmoins le monument est certainement antérieur à la conquête impériale. La disposition des triglyphes d'angle et le rétrécissement des entre-colonnements extrêmes est contraire aux habitudes romaines et

---

1. *Syrie centrale. Inscriptions sémitiques*, p. 88. — Waddington. *Inscriptions grecques et latines de la Syrie*, n° 2320.

conforme aux anciennes traditions. Le casque sculpté au centre de la façade rappelle, avec son fleuron et ses garde-joues pendants, celui qui se voit sur les monnaies du roi Hérode. (Saulcy, *Numism. Jud.*, pl. VI, n° 1.) En résumé, je considère ce tombeau comme ayant été construit à la fin du 1ᵉʳ siècle avant notre ère.

L'unité de mesure à l'aide de laquelle les plans ont été tracés est le pied grec [1] de 308 millimètres, divisé en 4 palmes de 0ᵐ,077 ou 16 doigts de 0ᵐ,0192 : on peut s'en convaincre par le tableau suivant où j'ai placé, en regard des cotes relevées par moi, leur valeur théorique en pieds grecs.

Longueur de la marche supérieure. . .	10ᵐ,12 ou 33 pieds	= 10ᵐ,165.
Diamètre inférieur de la colonne. . . .	0ᵐ,89 ou 11 palmes 1/2 =	0ᵐ,885.
Diamètre supérieur de la colonne. . . .	0ᵐ,65 ou 8 palmes 1/2 =	0ᵐ,654.
Diamètre moyen de la colonne.	0ᵐ,77 ou exactement 10 palmes.	
Hauteur totale de la colonne.	4ᵐ,61 ou 15 pieds	= 4ᵐ,620.
Hauteur de l'entablement.	1ᵐ,23 ou 4 pieds	= 1ᵐ,232.

Les trois entre-axes du centre sont sensiblement égaux entre eux et mesurent un peu plus de 1ᵐ,80, soit 6 pieds (longueur théorique 1ᵐ,84). A chacun d'eux correspondent 3 métopes et 3 triglyphes ou 6 divisions sensiblement égales entre elles, ayant chacune un peu plus de 0ᵐ,30 de largeur, c'est-à-dire 1 pied.

Les deux entre-axes extrêmes sont un peu plus étroits que les autres, mais de quelques centimètres seulement : leur valeur théorique est de 5 pieds 3 palmes. Les métopes qui leur correspondent ont dû être élargies afin de remplir tout l'espace compris entre l'axe de l'avant-dernière colonne et l'angle de l'entablement : la plus grande a 0ᵐ,38 ou exactement 5 palmes.

On remarquera, qu'à l'exception des deux diamètres de la colonne, tous ces nombres sont entiers et choisis avec intention. Mais si ces deux diamètres sont exprimés par des nombres fractionnaires, leur moyenne est un nombre entier et d'une valeur toute particulière, le nombre 10. Selon la théorie de M. Aurès, qui trouve ici une nouvelle confirmation, la moitié de ce diamètre moyen serait *le module* : il vaudrait ici 5 palmes ou 1ᴾ 1ᴾ = 0,385.

Si nous appliquons ce module à la hauteur totale de la colonne, équivalente à 15ᴾ, nous voyons qu'elle mesure exactement 12 modules ou 6 diamètres moyens, tandis qu'il est impossible de l'exprimer en fonction du diamètre inférieur.

Nous constatons encore l'usage de cette même mesure de 0ᵐ,38 ou *module* dans la hauteur de la corniche, dans la largeur de la dernière métope; mais nous ne la rencontrons pas dans les entre-colonnements et entre-axes qui ont été réglés à l'aide du pied.

La longueur totale de la façade est de 9ᵐ,96 ou 32 pieds et demi (longueur théorique 10ᵐ,01) : la longueur de la marche supérieure étant de 33 pieds, il reste, entre le pied de la colonne extrême et l'arête de cette marche, une distance de 1 palme de chaque côté, soit 0ᵐ,077 : la cote que nous avons rapportée est 0,08, ce qui correspond évidemment à la même mesure.

1. Dans tout le cours de cet ouvrage, quand nous parlerons de *pieds*, il s'agira, à moins d'indication contraire, du *pied grec* dont la longueur oscille dans la pratique entre 306 et 310 millimètres : nous désignerons en abrégé les *pieds*, *palmes* et *doigts* grecs par les lettres P. p. et d.

J'ai lieu de penser que le monument était couronné par une pyramide, inscrite dans un triangle rectangle dont les côtés étaient inclinés à 45°. Si cette hypothèse est juste, la hauteur de la pyramide eût été de 17 pieds. Dans ce cas la hauteur totale du monument au-dessus du soubassement eût été de 36 pieds divisés par la ligne supérieure de la corniche en deux parties inégales, l'une de 17, l'autre de 19 pieds. Cette division est tout à fait conforme aux habitudes antiques. Les nombres qui expriment ces hauteurs ne sont pas moins caractéristiques : 17 et 19 sont impairs et premiers, et quant à leur somme, elle est le produit des deux premiers carrés : $17 + 19 = 36 = 2^2 \times 3^2$

Si à cette hauteur on ajoute celle des deux marches qui est de 3^p, on a pour hauteur totale 39^p ou 3×13. La longueur de la marche extrême est de 36^p ce qui donne au soubassement un périmètre de $144^p = 12 \times 12 = 3^2 \times 4^2$.

Nous pourrions pousser plus loin cette analyse et ces rapprochements, mais nous croyons en avoir assez dit pour faire comprendre le rôle que les combinaisons géométriques et arithmétiques ont joué dans la composition du tombeau d'Hamrath.

PLANCHES 2, 3, 4.

TEMPLE DE BAALSAMIN A SIAH.

Les ruines de Siah occupent un plateau escarpé situé à 3 kilomètres environ au sud-est de Qennaouat. Elles couvrent un assez grand espace de terrain de débris accumulés, au milieu desquels se distingue un grand ensemble architectural dont le croquis ci-joint (voyez page suivante) indique la disposition générale.

Trois enceintes se succèdent dans la direction de l'Est à l'Ouest. On pénètre dans la première par une porte monumentale A, à trois baies, très-ornée, en style du haut empire romain : les chambranles des trois baies et les pilastres qui décorent les trumeaux sont couverts de rinceaux en haut-relief, à larges feuilles, flanqués de colonnes, de demi-colonnes, de quart de colonnes à chapiteaux corinthiens. Dans le monceau de débris qui encombre l'entrée, on reconnaît les éléments d'un entablement orné de guirlandes de feuillages et de bustes, d'un grand fronton triangulaire, d'une corniche formée de la série normale de moulures, de palmettes, de modillons, d'oves, le tout sculpté vigoureusement dans le basalte. La première cour B, longue de 40 mètres environ sur 16 de large, pavée en dalles de pierre volcanique, est soutenue à droite par une terrasse, et creusée à gauche dans l'escarpement de la montagne ; des exèdres e sont évidées dans le rocher. Sur la déclivité de droite, sous la terrasse, s'étend un vaste ensemble de constructions ruinées, entouré d'un mur muni d'une porte spéciale C; il paraît avoir servi de logement au personnel attaché au service du temple.

Une seconde porte monumentale D conduit dans la deuxième enceinte, d'une largeur égale à la précédente et longue de 55 mètres. Cette porte a beaucoup souffert et ses éléments sont entassés en désordre. Dans cet amas confus de pierres sculptées, on remarque

des chapiteaux corinthiens d'un fort bon travail, dont l'astragale repose sur un anneau
de méandres et d'étoiles très-élégant, — des fragments de frises et d'archivoltes, où les
rinceaux entremêlés de figures, les médaillons, les victoires sont d'un bon style, d'une
exécution fine et ferme ; à côté de ces détails qui attestent la même époque que la porte A,
on reconnaît des fragments d'un style tout différent, restes sans doute d'une construction antérieure dont les profils étranges et l'ornementation insolite annoncent le curieux
monument que nous décrirons plus loin. La porte G, également ruinée, est tout entière

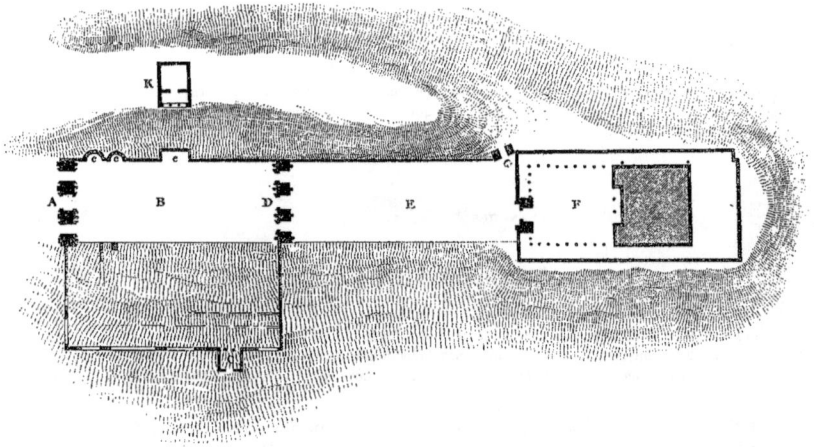

3. — Plan d'ensemble du temple de Siah.

conçue dans ce style particulier ; elle servait, sans doute, avant les additions de l'époque
impériale, d'entrée principale au temple ; on l'atteignait par un étroit sentier qui gra-
vit le flanc de la montagne ; elle s'appuie contre le mur de la troisième enceinte F ou
temple proprement dit, qui occupe exactement l'extrémité du plateau escarpé de Siah.

La planche 2, fig. 1, donne un plan détaillé de ce monument. Il se compose d'un vaste
péribole, élevé de plusieurs marches au-dessus du niveau de la cour précédente, et renfermant lui-même un temple construit à un niveau plus élevé. Tout cet ensemble est renversé ; mais les ruines, protégées par leur situation même contre les emprunts des architectes chrétiens et contre l'envahissement de la terre végétale, n'ont été ni dispersées, ni
enfouies ; les matériaux gisent amoncelés, et il nous a suffi de les écarter pour mettre à
découvert toute la partie de la façade qui reste encore debout, telle que notre figure 2 la
représente. Une semaine de travail, à bras d'hommes, avec l'outillage imparfait que pos-
sèdent les Druses, a produit ce résultat. Les simples matériaux de construction, les pierres

qui ne portaient ni sculptures, ni moulures, ni inscriptions, étaient par nous roulées en bas de la montagne ; les autres étaient rangées avec soin devant le monument où elles resteront, je l'espère, à la disposition des explorateurs futurs du pays. Quant à l'intérieur du temple, nous avons dû renoncer à le déblayer ; les pierres, serrées les unes contre les autres, formaient un massif d'autant plus difficile à entamer, qu'il avait été recouvert à une époque récente d'une plate-forme maçonnée et avait servi d'assiette à un petit poste fortifié. Les faibles moyens mécaniques dont nous disposions ne nous ont pas permis d'attaquer ce blocage solide, mais nous avons pu entièrement dégager l'extérieur de l'édifice et nous avons eu la rare bonne fortune de contempler le spectacle, nouveau dans l'archéologie, d'une façade de temple antique encore garnie de son ameublement primitif.

4. — Vue restaurée du temple de Siah.

La disposition architecturale de cette façade n'est pas moins intéressante : elle se composait de deux étages superposés ; d'un rez-de-chaussée formé d'un portique de deux colonnes compris entre deux pavillons carrés, et d'un étage supérieur décoré de pilastres peu saillants. Les principaux éléments de cette composition, gisant sur le sol, nous en ont révélé l'ordonnance ; la vignette ci-dessus n° 4, dans laquelle nous avons essayé de raccorder tous ses membres épars, donne une idée de l'aspect général du monument, tel que nous le comprenons. L'ordonnance n'est pas celle que nous sommes habitués à rencontrer dans un temple antique ; l'ornementation n'est pas moins originale ; toutes les lignes sont surchargées de sculptures distribuées sans beaucoup de mesure ; l'agencement des détails, la forme donnée aux membres principaux, les profils, tout accuse un art étrange, où la tradition grecque se mêle à je ne sais quelle exubérance orientale, où la grossièreté et le défaut de goût se rencontrent avec l'habileté de la main et la vivacité de l'imagination.

La planche 3 donne les principaux détails de l'étage inférieur de la façade ; je ne saurais les décrire un à un ; je me bornerai à faire remarquer la forme insolite des chapiteaux et des bases des deux colonnes B ; le chapiteau, sorte de corinthien à galbe évasé dont les

5

élégantes acanthes sont remplacées par de lourdes et larges feuilles, les volutes par des cordes tressées, le fleuron central par une figure d'enfant assez grossière; la base, sorte de chapiteau retourné, formé d'un double rang de feuilles d'acanthe groupées en sens inverse autour d'une sorte de corbeille.

La branche de vigne qui orne le chambranle de la porte A, celle qui se déroule sur l'architrave, sont sculptées avec une rare vigueur et un relief très-considérable dans le dur basalte; une tête solaire radiée occupe le centre du linteau : c'est la figure de Baalsamin, la divinité adorée à Siah, identifiée avec Apollon; elle ne manque pas de style[1]. Un aigle D, symbole solaire, est sculpté sur le soffite de l'architrave et plane au-dessus de l'entrée : il est assez grossièrement exécuté. La pierre E, par sa coupe et son ornementation, est une pierre de centre qui ne pouvait, je crois, occuper une autre place que celle que je lui ai assignée; elle faisait partie d'une sorte de frise, dont nous avons retrouvé de nombreux fragments et qui portait une longue inscription grecque mentionnant le nom des deux fondateurs de l'édifice. L'ajustement des pierres F, G, H, quoique hypothétique, me paraît imposé par leur forme et par la place où elles ont été trouvées. Le chapiteau d'ante, imitation grossière de l'ionique, porte sur sa face interne un balustre dont le centre est remplacé par un nœud. Le buste représente une divinité bienfaisante, dont la tête est ceinte d'une couronne de laurier et qui porte une corne d'abondance[2]. Une tige de fer, scellée au plomb, sort du sommet du crâne; elle supportait des attributs dont l'encastrement F indique le contour général.

J'ai réuni sur la planche 4 un certain nombre de fragments provenant de l'étage supérieur : la figure 1 représente le chapiteau et la base du pilastre d'angle; le bandeau A (profil 2) régnait sur toute la longueur de l'édifice; nous en avons trouvé de nombreux débris; l'un d'eux (fig. 3) portait la représentation en ronde-bosse d'un lion vu de face. La fig. 4 reproduit le chapiteau de l'un des pilastres intermédiaires. Au-dessus de ce chapiteau régnait un entablement dont les éléments gisent à terre : c'est d'abord une architrave couverte d'une série de losanges en relief, dont la place nous a été indiquée par le temple de Soueideh (planche 4), monument de même style que celui de Siah. C'est ensuite un bandeau, sorte de frise, décorée d'une branche de vigne qui s'enroule autour d'une tige; l'exécution est pareille à celle du bandeau reproduit à la planche précédente; un grand aigle, en relief, les ailes éployées, occupe le centre de la composition; des animaux, oiseaux, sauterelles, lézards, sont sculptés sur la tige. Une corniche peu saillante couronnait le tout; des aigles, dont nous avons retrouvé les débris, paraissent avoir été posés sur le sommet de l'édifice.

La hauteur totale du monument peut se déterminer avec une certaine exactitude par le calcul suivant.

Chacune des colonnes du portique était formée de trois tambours de longueur inégale. En les groupant de manière à constituer deux fûts d'égale dimension, on trouve que chaque fût avait $3^m,15$. En divisant ce nombre par 6, on obtient pour résultat $0^m,525$, chiffre qui est, à quelques millimètres près, équivalent au diamètre moyen de la colonne, et

---

1. Elle était détachée de la pierre; nous l'avons rapportée et donnée au Musée du Louvre.
2. Ce buste a été, après notre départ, porté par les Druses de Qennaouât au consul anglais de Damas, qui l'a envoyé au Musée britannique, à Londres, où il est exposé.

qui est en même temps égal à une coudée égyptienne ou à un pied philétérien et demi. La colonne de l'ordre inférieur avait donc une hauteur égale à 6 diamètres moyens. En appliquant cette proportion aux pilastres de l'étage supérieur dont le diamètre moyen est compris entre 0ᵐ,40 et 0ᵐ,45, on trouve que leur hauteur devait être d'environ 2ᵐ,60, soit très-probablement 2ᵐ,625 ou 5 coudées (7ᵖ 1/2). Si l'on ajoute à ces chiffres la somme des hauteurs des divers éléments de la façade mesurés directement, on obtient le tableau suivant :

Étage inférieur	Colonne...	base.... 0,64 fût..... 3,13 chapiteau. 0,80	4ᵐ,59	soit	13 pieds.
	Entablement	architrave. 0,44 frise.... 0,52 bandeau(?). 0,10	1ᵐ,06	soit	3 —
Étage supérieur	Pilastre...	base.... 0,45 fût..... 2,62 chapiteau. 0,45	3ᵐ,52	soit	10 —
	Entablement........ 1,34		1ᵐ,34	soit	4 —
		TOTAL.......	10ᵐ,51	soit	30 pieds ou 20 coudées.

L'entre-colonnement des deux colonnes du portique, mesuré d'axe en axe, est de 3ᵐ,42 ou exactement 6 coudées et demie, ou 13 *modules,* si l'on prend avec M. Aurès pour module le demi-diamètre moyen de la colonne : dans ce cas, le fût de la colonne aurait 12 modules.

On pourrait encore pousser plus loin les rapprochements qui tendent à prouver que le système métrique employé dans la construction est le système philétérien, avec une demi-coudée pour *module.*

Sous le portique sont rangés quatre piédestaux qui portaient des statues aujourd'hui brisées en morceaux ; des inscriptions grecques et nabatéennes nous font au moins connaître le nom des personnages qu'elles représentaient ; nous avons commenté ces textes dans la partie épigraphique de cet ouvrage[1], et nous renvoyons le lecteur à ce travail, ainsi qu'au commentaire que M. Waddington a consacré aux textes grecs[2]. La première statue à gauche *a* était celle de Malcikath, fils de Moaierou, qui avait bâti l'étage supérieur du temple ; la seconde *b*, celle de son grand-père, Malcikath, fils d'Ausou, le fondateur du temple. Le troisième piédestal *c* supportait la statue du roi Hérode le Grand ; le quatrième n'a pas d'inscription. Les deux premières statues étaient plus petites que nature ; nous avons retrouvé leurs têtes, qui sont au musée du Louvre, sculptures rudes comme la matière dans laquelle elles sont taillées et comme les chefs arabes dont elles reproduisent les traits. La statue d'Hérode était grande comme nature ; il n'en reste que le pied droit, encore attenant à la base sur laquelle est gravée l'inscription ; le torse gisait plus loin, très-mutilé ; il avait été brisé à dessein ; le piédestal lui-même était renversé ; tout indiquait que cette statue avait été l'objet de violences intentionnelles, sans doute de la part des premiers chrétiens.

1. *Syrie centrale. Inscriptions sémitiques,* p. 92 et suiv.
2. *Inscriptions grecques,* etc. Nº 2364 et suiv.

Au bas des marches en *e*, était l'autel des sacrifices : bloc de pierre flanqué de deux bouquetins en haut-relief, animaux consacrés à la Vénus orientale. On en trouvera la figure sur notre planche 2.

Une série de petits monuments votifs ou religieux concouraient, avec les précédents, à la décoration de la façade, mais leur place absolue est difficile à déterminer; nous avons trouvé leurs débris mêlés aux fragments que nous venons de décrire; nous citerons les principaux :

1° Un bas-relief que nous reproduisons à la planche 2, fig. 4 et 5, et qui donne sur le costume des hommes à cette époque, et sur le harnachement des chevaux, de curieux renseignements.

2° Une pierre longue de 3ᵐ,67, d'un profil assez barbare, reproduisant grossièrement les éléments d'un entablement grec; sur les trois *faces* de la partie qui répond à l'architrave est gravée une inscription grecque (Waddington, n° 2365) qui attribue la construction du monument dont elle provient à un affranchi du nom d'Aphareus sous le règne d'Agrippa II (48-100 ap. J.-C.). Le style de cet édicule et des ornements qui le décorent, est celui du fragment que reproduit ci-après la vignette n° 7.

3° Un petit bas-relief, représentant la Vénus orientale dans une attitude qui remonte à la plus haute antiquité. (Vignette n° 5.)

B. — Vénus orientale.   C. — Autel.

4° Un petit autel, d'un style non moins étrange, dont la base porte une tête de taureau, symbole qui se rapporte également au culte de la Vénus orientale. (Vign. n° 6.)

5° Une statuette en marbre, d'une époque plus récente et représentant un Jupiter.

6° Plusieurs bases de petites statues, portant des noms propres nabatéens (*Inscr. sémitiques*, pp. 96, 97), elles sont aujourd'hui au musée du Louvre.

7° Un fragment d'un vase de basalte dont le bord, décoré d'un rinceau de vigne, portait une inscription nabatéenne (*id., ibid.*); il est également au musée du Louvre.

8° Un fragment de porte d'armoire en basalte, des clous de bronze, des feuilles de vigne en bronze de grandeur naturelle, qui décoraient sans doute les vantaux de la porte centrale. Ces objets font aujourd'hui partie de ma collection.

Devant la façade du temple s'étend une cour parfaitement dallée et qu'entourait un portique actuellement écroulé. Nous reproduisons pl. 4, fig. 5 et 6, le détail de deux de ces colonnes, d'un style non moins étrange que le reste du monument. Sur l'entablement est gravée une longue inscription nabatéenne qui attribue la construction au premier Maleikath et apprend le nom de la divinité « Baalsamin » à laquelle le temple était consacré. Une porte monumentale M donnait accès dans cet atrium ou péribole sacré : elle n'est pas dans l'axe du monument ; les pilastres étaient couverts d'une sorte d'imbrications et supportaient une archivolte ornée d'un rinceau où les grenades alternent avec les pommes. Le chambranle et le linteau sont décorés de moulures grossières chargées d'ornements dans le style de l'édicule contemporain d'Agrippa II. La vignette suivante en reproduit la disposition. Sous le linteau est sculpté un aigle aux ailes éployées.

7. — Linteau de la porte d'entrée.

En avant de la porte, un perron de plusieurs marches descendait à la deuxième enceinte; il était flanqué de deux aigles colossaux de près de deux mètres d'élévation.

Nous avons déjà dit qu'une porte du même style s'ouvrait sur le flanc de cette seconde enceinte; un autre petit monument, appartenant à la même série, était construit au sommet de l'escarpement latéral (désigné par la lettre K sur le croquis de la page 32). C'est une petite cella avec deux antes et deux colonnes dont les chapiteaux ont le même caractère que ceux du temple proprement dit.

Le véritable intérêt de ce grand et curieux ensemble architectural est d'avoir une date certaine. Nous avons expliqué l'enchaînement des inscriptions qui la fixent; il résulte de la comparaison de ces textes que le monument principal fut élevé en deux fois, d'abord par Maleikath I qui le fonda, sans doute dans les environs de l'année 23 avant J.-C., puis par Maleikath II qui le suréleva et l'acheva avant la mort d'Hérode le Grand, c'est-à-dire avant l'année 4. Les constructions complémentaires furent ajoutées à l'époque des deux Agrippa, c'est-à-dire avant l'an 100 de notre ère. Je ne parle pas des deux enceintes qui précèdent le péribole sacré et qui ont été, ainsi que leurs portes monumentales, disposées et ornées lorsque la province était directement soumise à l'administration romaine. Le sanctuaire proprement dit, que les inscriptions grecques nomment *hiéron* et les inscriptions nabatéennes *birtha*, est donc un monument authentique de cette dynastie Iduméenne qui joua un rôle si important dans l'histoire politique et même dans l'histoire architecturale de ces régions. L'art auquel il appartient est le produit de la traduction des enseignements grecs par des artistes orientaux, enclins à l'exagération, prodigues de détails ornés; leur goût n'avait pas encore été discipliné par l'école officielle de la Rome impériale; c'étaient des indigènes, comme le prouvent les inscriptions qui mentionnent un Kaddou, un Soûdou, noms nabatéens ou arabes. Le plan de leur temple est d'ailleurs absolument original et ne répond à aucune des données de l'architecture religieuse des Grecs; il était sans doute conforme aux prescriptions hiératiques d'un culte local que l'uniformité romaine n'avait pas encore plié aux habitudes banales qui prévalurent au siècle suivant.

A ce point de vue, il est regrettable que nous n'ayons pas pu déblayer l'intérieur du sanctuaire ni en déterminer la distribution; réduits aux indications fournies par l'aspect extérieur, nous ne pouvons nous rendre compte que de la disposition générale. L'étage supérieur, trait caractéristique de la façade, ne paraît pas s'être étendu sur tout l'ensemble de la construction; il formait, je crois, une sorte de pylone contre lequel s'appuyaient une nef centrale et deux bas-côtés. Au centre était sans doute le sanctuaire du dieu, l'*adyton* mystérieux où résidait le symbole de la divinité; à l'entour se succédaient des chambres latérales. Il m'est impossible de ne pas rapprocher cette disposition caractéristique de celle du temple de Jérusalem élevé au Dieu d'Israël absolument à la même époque et sous le même patronage que le temple dédié à Baalsamin sur le plateau de Siah. Des considérations tirées des descriptions de Josèphe et des traditions salomoniennes nous ont conduit[1] à donner au temple construit par Hérode sur le Moriah la forme que nous retrouvons ici. Cette analogie, s'appliquant surtout à des données peu communes, ne saurait être fortuite, et, si nous entrons dans les détails, nous reconnaîtrons encore des points de ressemblance qui confirmeront notre opinion. Cette succession d'enceintes et de plans différents ne rappelle-t-elle pas la composition caractéristique des architectes du temple juif? La porte monumentale qui conduit dans l'enceinte dernière, n'est-ce pas la « porte de Nicanor », la *porta speciosa*? Ce vestibule couvert soutenu par deux colonnes, sous une façade à deux étages, n'est-ce pas le *pronaos* de Josèphe, transformation de l'*oulam* de Salomon, soutenu lui aussi par les deux colonnes de Yakin et de Boaz? La branche de vigne en relief qui décore le chambranle de la porte du sanctuaire ne diffère que par la matière de celle qui entourait l'entrée du « Saint », et si à Jérusalem nous ne retrouvons pas le luxe de figures sculptées qui donne au monument de Siah une physionomie si originale, c'est qu'à Jérusalem nous sommes en présence des prescriptions de la loi mosaïque et d'un culte épuré, tandis qu'à Siah nous avons affaire aux manifestations naturalistes du polythéisme oriental. Mais, à l'exception de ce détail qui tient aux différences profondes qui séparent le culte juif des autres religions de l'antiquité, je suis convaincu que le temple de Siah donne une idée assez exacte du style du dernier temple de Jérusalem. A ce point de vue, comme à ceux que nous avons déjà signalés, il mérite de fixer l'attention des archéologues, et je fais des vœux pour que de nouveaux explorateurs, disposant de moyens plus puissants que ceux que nous avons pu employer, achèvent les fouilles que nous avons commencées et complètent les informations que ce curieux monument nous a fournies.

1. *Le Temple de Jérusalem*, p. 56, 58.

TEMPLE DE SOUEIDEH.

Monument appartenant à la même famille que le précédent, mais plus pur et d'un plan plus conforme à la tradition grecque. L'unité est la même, le pied philétérien.

Le temple est périptère, avec six colonnes sur la façade, sept sur les côtés, en comptant deux fois les colonnes d'angle; treize fûts sont encore debout; ils sont désignés sur le plan par une teinte plus foncée. La cella est formée d'un mur épais de 6", décoré de pilastres au droit de chaque colonne; un portique intérieur de trois colonnes sur six supportait les poutres du plafond; on pénétrait dans la cella par une grande porte flanquée de deux niches rectangulaires que surmonte un fronton.

Le chapiteau et la base sont presque semblables à ceux de Siah, mais la proportion des colonnes est plus élancée; le fût de celles de Soueideh a une hauteur de 5m,66, ou 16"; le diamètre moyen est de 0m,695, ou 2", ce qui fait 8 diamètres moyens ou 16 modules de hauteur, tandis qu'à Siah nous n'en avons trouvé que 12.

Les entre-colonnements de la façade décroissent du centre aux extrémités d'un module, ou d'un pied, par intervalle : ils sont très-larges et auraient été condamnés par Vitruve; celui du centre a 11" d'axe en axe, le suivant 10", le dernier 9". Le système de la façade est celui que cet auteur (III, 4) appelle *aréostyle,* et qu'il réprouve comme étant trop lourd et comme exposant les architraves à se rompre. Vitruve encourage plutôt l'emploi du système qu'il nomme *eustyle,* et dans lequel l'entre-colonnement du milieu, plus large que les autres, n'excède pourtant pas 3 modules. Ce système n'était pas employé à Rome de son temps, ajoute-t-il, mais était très-répandu en Asie : nous verrons en effet que ce large entre-colonnement central est le trait caractéristique des temples construits en Syrie pendant la période romaine.

L'architrave du temple de Soueideh est du style particulier que nous avons remarqué à Siah; la corniche a malheureusement disparu dans un remaniement postérieur, lorsqu'à l'époque chrétienne le monument a été transformé en église. Vers le même temps, les figurines des chapiteaux ont été, sauf une, martelées et transformées en rosaces.

Les moulures des chambranles et des niches qui décorent la façade sont comprises et ornées comme l'architrave; néanmoins leurs éléments, empruntés à l'ornementation grecque, sont plus correctement agencés qu'à Siah; nous retrouvons les rinceaux plats de vigne et de grenades, les oves, les torsades, une feuille d'eau hors de proportions, une imitation assez maladroite des canaux et méandres grecs, mais en même temps nous constatons plus de sobriété et un sentiment plus juste de la forme générale.

Le temple de Soueideh clôt pour nous la série des monuments antérieurs à l'installation définitive de l'administration romaine et à la période féconde qu'elle inaugure.

THÉATRE DE BOSRA.

Construit à l'époque romaine, sans doute au deuxième siècle de notre ère, de dimensions colossales, ce monument est d'une admirable conservation, et, s'il pouvait être débarrassé des bâtisses modernes qui l'encombrent, il nous rendrait, mieux qu'aucune des ruines encore existantes soit en Orient, soit en Occident, la physionomie intérieure d'un théâtre antique.

Les gradins, en belle pierre de taille, sont presque tous en place. La scène est complète, avec *proscenium*, *postscenia* et dépendances; elle est décorée de niches, de portes monumentales ornées de moulures. Un portique régnait tout autour de la salle, au sommet des gradins, et formait une galerie couverte qui couronnait tout l'édifice; cette disposition se rencontrait dans tous les amphithéâtres romains, mais elle a partout disparu; la galerie supérieure, ou promenoir couvert, était la seule partie de la salle qui fût ouverte aux femmes; dans les théâtres, elle était moins nécessaire. Je ne crois pas qu'il en existe ailleurs qu'à Bosra un exemple conservé; ici plusieurs colonnes sont encore debout, avec leur architrave; elles sont d'ordre dorique romain; la ligne que formait cette colonnade se continuait sur le mur de la scène par une série de demi-colonnes engagées.

Une des précinctions de la salle est encore visible; elle se confond avec le sol actuel : on voit au centre de notre dessin l'entrée d'un vomitoire et le double escalier qui mettaient le palier de la précinction en communication soit avec le dehors, soit avec les gradins supérieurs.

Les sultans ayoubites transformèrent le théâtre de Bosra en forteresse; ils le revêtirent extérieurement d'un mur épais flanqué de tours gigantesques, ils comblèrent la cavité formée par l'orchestre, la scène et les premières précinctions, de deux étages de magasins voûtés[1]; sur la plate-forme ainsi obtenue, ils établirent le sol artificiel de la cour intérieure que représente notre dessin. En outre, une foule de constructions secondaires, aujourd'hui en partie ruinées, s'élevèrent sur les gradins autour de cette cour; on remarquera l'appareil *à bossages* de l'édifice situé à l'angle inférieur, et dont l'origine musulmane est incontestable. Les tours arabes sont construites en blocs de très-grand appareil, généralement arrachés aux ruines de la ville romaine de Bosra. J'ai mesuré, au sommet d'un de ces ouvrages, une pierre de 5 mètres de longueur, ce qui permet d'apprécier la puissance des moyens dont disposaient les architectes du treizième siècle, et met en garde contre les attributions d'âge qui n'auraient d'autre base que la dimension des matériaux.

Les inscriptions arabes indiquent la première moitié du septième siècle de l'Hégire comme date de la construction de la forteresse.

1. Voir l'excellente coupe donnée par M. E.-G. Rey, *Voyage dans le Haouran*, Pl. XIII.

PLANCHE 6.

KALYBÉ

J'ai désigné sous le nom de *kalybé* un genre de monuments très-répandu dans le Haouran, et auquel une inscription, reproduite ci-dessous, donne le nom de ἱερὰ καλύβη : à défaut d'expression propre pour traduire cette dénomination, j'ai préféré la conserver et la transcrire simplement en lettres françaises. Καλύβη signifie : « une habitation rustique, une cabane, *tugurium* » ; c'est la hutte des habitants primitifs de la Grèce, c'est en outre la demeure des bergers et des nymphes. Avec l'épithète ἱερὰ, « sainte », que lui donne notre inscription, elle désigne probablement un édifice religieux considéré comme la demeure de la divinité. On sait que la *cella* des temples païens était regardée comme le séjour même d'un dieu représenté par une statue, un symbole mystique ou un oracle invisible. Primitivement l'édifice sacré était l'image de la demeure céleste, comme le symbole qui l'habitait était l'image de la personnalité divine. Le prêtre étrusque qui bâtissait un sanctuaire traçait d'abord sur le ciel avec son lituus les fondations qu'il reproduisait ensuite sur le sol ; il transportait pour ainsi dire, sur la terre, une partie du ciel pour en faire la demeure terrestre de la divinité. Cette même idée se retrouve dans tous les pays, quoiqu'elle n'y soit pas aussi formellement exprimée. Quand les développements du polythéisme eurent fractionné la divinité en une foule de dieux locaux, topiques et nationaux, l'idée de l'habitation divine des temples reçut nécessairement un développement analogue et une interprétation encore plus étroite. De là, cette multitude d'édifices désignés sous le nom d'*ædes*, ναός, « demeure » ; la kalybé rentre dans le même ordre de constructions, et sa forme même confirme notre interprétation. Son élément principal est une chambre carrée ou plutôt cubique, puisque sa hauteur est égale à sa largeur, recouverte par une coupole hémisphérique. Le cube est une forme essentiellement mystique, que l'on retrouve dans la cella des temples égyptiens, dans celle du temple de Jérusalem ; la demi-sphère est l'image de la voûte céleste. Cette chambre, demeure divine, renfermait sans doute la statue ou le symbole du dieu qu'on y adorait ; peut-être même y rendait-on des oracles, car la plupart de ces *kalybé* ont un étage souterrain dans lequel pouvait se tenir l'interprète attitré de la volonté divine. Des statues secondaires et nombreuses étaient placées soit sur des consoles saillantes, soit dans de grandes niches disposées de chaque côté de l'arcade principale ; souvent des passages et escaliers ménagés dans l'épaisseur des murs mettent ces niches en communication avec l'intérieur de l'édifice.

Ne pouvant reproduire toutes les kalybé du pays, je donne ici les deux principales, celles qui m'ont paru offrir le plus d'intérêt.

Fig. 1, 2, 3. KALYBÉ DE CHAQQA. — Sanctuaire antique flanqué de deux ailes décorées de deux étages de niches, et de petites bases de statues. La coupe fait voir la porte qui, de chaque côté, donne accès dans la niche supérieure. Le plancher était formé de dalles posées sur un système souterrain d'arcs parallèles, à trois niveaux différents, afin d'exhausser le fond du sanctuaire. Un perron de trois marches précède l'entrée du milieu.

La couverture centrale est tombée, ainsi qu'une partie de l'aile de gauche; néanmoins on reconnaît que la chambre cubique était recouverte par une coupole portée sur des dalles disposées en octogone suivant une méthode dont le monument d'Omm-es-Zeitoun nous offre un exemple plus complet: nous renvoyons donc à la page suivante l'exposé du système de construction. L'appareil est assez beau, quoique irrégulier; chaque pierre est entourée d'une ciselure sans profondeur de 0ᵐ03 ou deux dactyles de large. Le profil de la corniche est une doucine allongée, semblable à celle de la planche 8, fig. 5.

Voici les principales dimensions du monument :

Côté du cube intérieur.	8ᵐ,15 ou 26ᵖ.
Largeur de la baie centrale.	5ᵐ,55 ou 18ᵖ.
Largeur des niches.	2ᵐ,55 ou 8ᵖ. 4ᵖ, = 33ᵖ.
Longueur totale de la façade.	20ᵐ,35 ou 66ᵖ.
Épaisseur des murs.	0ᵐ,90 ou 3ᵖ.
Hauteur sous-clef de l'arcade centrale.	6ᵐ,30 ou 21ᵖ.
Hauteur de la corniche au-dessus du sol.	7ᵐ,60 ou 2½ᵖ, 3ₚ = 99ᵖ.

Cette dernière dimension est exactement égale aux $\frac{3}{8}$ de la longueur totale de la façade, en effet :

$$66^p = 264^p \quad \text{et} \quad \frac{264 \times 3}{8} = 99,$$

il en résulte que les lignes principales de la façade sont comprises dans un triangle dont la hauteur est les $\frac{3}{8}$ de la base : je reproduis ici cette figure parce que nous la verrons souvent jouer un rôle dans le tracé des façades; le triangle A B C est tel que :

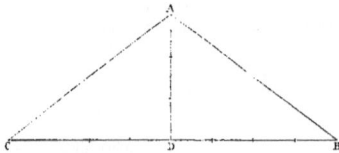

$$AD = \frac{3\,BC}{8}, \quad \text{d'où} \quad AD = \frac{3\,CD}{4}.$$

Il est donc formé de la juxtaposition de deux triangles rectangles A D C et A D B, dans lesquels les deux côtés qui comprennent l'angle droit sont représentés par les nombres 3 et 4, et l'hypoténuse par le nombre 5. Ce triangle rectangle formé des nombres 3, 4 et 5, était très-connu dans l'antiquité; les Égyptiens l'appelaient le triangle *parfait* : pour eux, il représentait tout le système divin du monde, le côté 3 étant le symbole de la puissance passive femelle, le côté 4 celui de la puissance mâle active, et l'hypoténuse 5 le symbole du fruit de leur éternelle union; c'était l'interprétation pythagoricienne de la formule :

$$3^2 + 4^2 = 5^2.$$

Vitruve (IX, 1) vante l'emploi de cette figure qu'il dit être *in multis rebus et mensuris utilis.* Nous verrons que les architectes gréco-syriens ont suivi ce conseil, ou plutôt appartenaient à l'école dont Vitruve a résumé les enseignements.

On remarquera en outre que tous les nombres qui expriment les dimensions principales de notre monument sont des multiples de 3.

Après la chute du paganisme les chrétiens transformèrent la kalybé de Chaqqa en une chapelle dédiée aux saints martyrs Georges et ses compagnons. L'autel fut placé sous la coupole derrière une barrière de bois dont on voit encore les trous de scellement dans les pieds-droits de l'arcade; en avant, fut ajoutée une construction dont j'ai indiqué le plan par une teinte grise (fig. 4); l'entrée était précédée d'un porche et de trois marches. Tout cet ensemble s'est écroulé; le linteau de la porte gît à terre à quelques pas de là. Il porte une inscription qui attribue à l'évêque Tibérinus la construction du sanctuaire, et place en l'année 263 de l'ère locale l'achèvement des travaux. M. Waddington (*Inscr. Syr.*, n° 2158) n'a pas pu déterminer le commencement de cette ère; il est probable qu'elle différait peu de l'ère de Bosra, ce qui fixe à la fin du quatrième siècle l'époque des travaux d'appropriation. L'inscription désigne sous les noms de ἱερατεῖον, « sanctuaire », ναός, « nef », et προσθήκη, « porche », les trois parties de l'édifice sacré.

Fig. 4 et 5. Kalybé d'Omm-es-Zeitoun. Ce sanctuaire diffère peu, dans ses dispositions générales, de celui que nous venons d'étudier; en voici les principales dimensions :

Cube intérieur.	5ᵐ,80	ou 19ᴾ.
Largeur de la baie centrale	4ᵐ,30	ou 14ᴾ.
Longueur totale de la façade.	13ᵐ,28	ou 45ᴾ.
Hauteur sous-clef de l'arcade.	5ᵐ,29	ou 17ᴾ.
Épaisseur des ailes latérales.	2ᵐ,12	ou 7ᴾ.
Épaisseur des murs du fond.	0ᵐ,90	ou 3ᴾ.

Il est difficile de saisir la relation exacte de ces nombres entre eux; on remarquera pourtant que la baie centrale occupe sensiblement le tiers de la façade, et que le rapport de la hauteur totale à la longueur totale de cette même façade est sensiblement égal à $\frac{3}{7}$. La prédominance des nombres impairs est aussi à noter.

Le principal intérêt de cet édifice réside dans la coupole centrale et dans les inscriptions qui en fixent la date; ces deux textes sont gravés sur la façade, de chaque côté de l'arcade, dans des cadres à queue d'aronde. Je les reproduis à cause de leur importance spéciale.

Ἀγαθῇ τύχῃ.

Τὸ κοινὸν τῆς κώμης καὶ
τοῦ θεοῦ τὴν ἱερὰν καλύβην
ἔκτισεν διὰ Οὐλπίου
Κασσιανοῦ Οὐιτρανικοῦ
καὶ Γαδδαίου Σαούρου
βουλευτοῦ καὶ [Κα]πρείνου
Μαρρίνου Οὐιτρανικοῦ προνοητῶν.

Ἀγαθῇ τύχῃ.

Ὑπὲρ σωτηρίας καὶ νείκης
τοῦ Κυρίου ἡμῶν Μ. Αὐρ.
Πρόβου Σεβ(αστοῦ), ἔτους Ζ
ἐκτίσθη ἡ ἱερὰ καλύβη ὑπὸ
κοινοῦ τῆς κώμης εὐτυχῶς.

Il résulte de ces deux textes que la sainte kalybé fut construite aux frais de la communauté du village et du collège attaché au service du dieu local, par les soins des magistrats municipaux Ulpius Cassianus Vitranicus, Gaddou fils de Saour, et Kaprinus Marrinus Vitranicus, pour la santé et la victoire de l'empereur M. Aur. Probus Auguste, la septième année de son règne, c'est-à-dire dans l'année 282 de l'ère chrétienne.

La coupole est en partie tombée, ainsi que l'aile gauche du monument, et les débris de la construction ont complétement recouvert le perron de la façade; néanmoins il en reste assez pour indiquer la méthode suivie par les architectes.

Le problème consistait à recouvrir un espace carré à l'aide d'une calotte hémisphérique en maçonnerie ; on sait que ce problème ne fut définitivement résolu qu'au sixième siècle par les architectes de Sainte-Sophie de Constantinople, Anthémius de Tralles et Isidore de Milet, par la découverte qu'ils firent des pendentifs en segment de sphère ; mais l'exemple que nous apportons aujourd'hui prouve que, plusieurs siècles avant Justinien, le problème était à l'étude, et que de nombreux tâtonnements avaient précédé et amené la solution définitive. Je donne ici un dessin qui fera comprendre le procédé employé dans le Haouran au troisième siècle.

9. — Vue intérieure de la kalybé.

On commençait par couvrir chacun des angles du carré de dalles qui ramenaient le vide intérieur à la forme octogonale ; puis sur cet octogone on montait une assise de pierres appareillées, en plaçant une pierre à cheval sur chacun des angles. Deux assises posées d'après le même procédé transformaient le carré primitif en un polygone de trente-deux côtés, trop peu différent d'un cercle, dans la pratique, pour qu'il ne fût pas facile d'en faire la base d'une coupole hémisphérique. Celle-ci, faite en blocage de béton, formait une calotte concrète qui reposait sur tous les points de son périmètre inférieur, et rentrait par conséquent dans les conditions de toutes les coupoles antiques posées sur un tambour cylindrique.

Ce système de pendentifs rudimentaires nous donne aussi la clef d'un ornement spécial au style arabe : je veux parler des pendentifs en alvéoles, dont les gracieuses combinaisons, variées à l'infini, ont été transportées aux autres membres des édifices orientaux, et constituent un des caractères dominants de l'architecture arabo-ottomane. Il suffit de supposer que l'on évide la portion de chaque voussoir qui surplombe chacun des angles de l'assise immédiatement inférieure. La vignette ci-jointe fait mieux comprendre qu'une description le système que je suppose avoir été suivi par les architectes arabes.

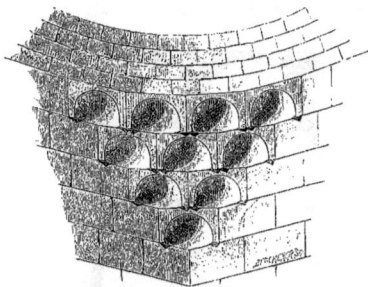

10. — Tracé hypothétique d'un pendentif.

PLANCHE 7.

PRÉTOIRE DE MOUSMIEH.

La ville de Phœna, aujourd'hui Mousmieh, située au point où la voie romaine de Damas à Bosra s'engageait dans les rochers du Ledja, servait de résidence à un fort détachement de troupes impériales. Ses ruines sont considérables. Le prétoire, dont nous donnons la vue intérieure, a été construit sous les empereurs Marc-Aurèle et Lucius Vérus (160-169), sous l'administration d'Avidius Cassius, le légat de Syrie célèbre par sa révolte, et sous la direction d'Egnatius Fuscus, centurion de la troisième légion Gallique. Cette origine s'établit par une série de curieuses inscriptions gravées sur les pierres du monument (Waddington, nᵒˢ 2524-2537). La construction paraît avoir été remaniée postérieurement à cette date. Originale ou non, la disposition est des plus intéressantes : elle se compose de huit arcs accouplés deux à deux et reposant sur quatre groupes de quatre colonnes chaque; chacun de ces couples d'arcs porte sur son extrados des dalles juxtaposées dont la continuité simule une voûte en berceau; le carré central était recouvert par une sorte de coupole à arêtes en blocage qui s'est écroulée.

Les consoles encastrées dans les murs latéraux portent des inscriptions qui démontrent qu'elles ont été destinées à recevoir les portraits de centurions des légions troisième Gallique et seizième Flavienne, qui ont tenu garnison dans la ville de Phæna sous les empereurs Marc-Aurèle et Commode; cette circonstance fixe la date de la construction des murs, de la tribune du fond avec sa large conque et ses niches latérales. Le remaniement des arcs paraît moins ancien; néanmoins il a nécessairement été effectué avant le quatrième siècle.

A cette époque le prétoire fut transformé en église chrétienne, ce qui occasionna encore quelques changements dans la disposition primitive.

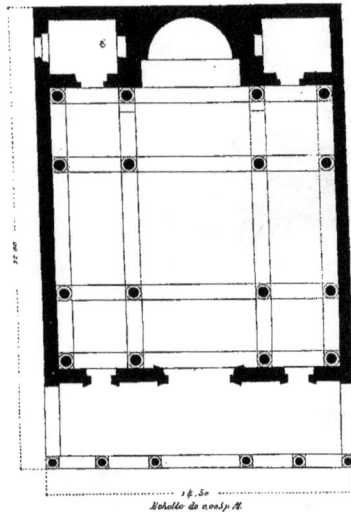

11. — Plan du prétoire de Mousmieh.

La façade, également remaniée, se composait d'un portique de six colonnes soutenant un fronton à arc central. Elle a beaucoup souffert. M. Rey (*Voy. dans le Haouran,* pl. 3) en a donné une bonne vue d'ensemble dans son état actuel [1].

Ce monument appartient à la série des édifices qui établissent l'histoire des tâtonnements par lesquels a été préparée et amenée la découverte de la coupole centrale posée sur plan carré.

---

1. Léon de Laborde a donné, sous le nom de Missemé, dans son grand ouvrage inachevé sur la Syrie, une planche représentant l'intérieur de notre monument. Exacte dans son ensemble, elle ne reproduit pas les curieux détails de construction que nous avons signalés : ils sont remplacés par un appareil de fantaisie dont le lithographe a couvert les surfaces. La voûte d'arêtes centrale n'était pas écroulée.

PLANCHES 8, 9, 10.

QAISARIEH DE CHAQQA.

Le nom de Qaisarieh, corruption de Cæsarea, désigne un grand édifice situé à Chaqqa, et qui servait sans doute autrefois de résidence à un fonctionnaire impérial romain. Ce n'est pas un bâtiment d'habitation, mais un ensemble de grandes salles destinées à des réunions, à l'expédition des affaires publiques ; j'ignore si, dans les ruines qui l'entourent et qui servent aujourd'hui de demeure au cheikh du village, il faut chercher les restes d'un palais romain, habitation temporaire du légat impérial ou du duc militaire; la transformation subie par les ruines et leur appropriation au séjour d'une famille nombreuse ne permettent guère les recherches : toujours est-il que les constructions figurées sur nos planches n'ont aucun caractère privé; elles appartenaient à un service public, et leur nom même les rattache à l'ancienne administration romaine.

Mais, avant de les décrire, il convient d'exposer rapidement, et une fois pour toutes, le système de construction suivi dans le Haouran. Nous avons déjà dit (page 6) que le

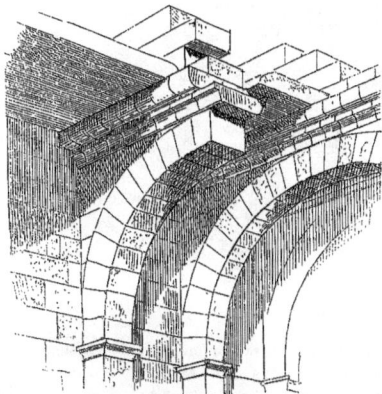

12. — Système des arcs et dalles.

manque absolu de bois de charpente obligea les architectes à chercher dans des combinaisons d'arcs en pierre le moyen de couvrir de grands espaces. La combinaison élémentaire est celle dont la Qaisarieh nous offre l'exemple, et que nos planches reproduisent. La vignette ci-jointe n° 12 en donne le détail; des arcs parallèles sont construits à une distance qui varie de 6 à 10ᵖ; sur les reins de ces arcs on bâtit des pans de mur que l'on arrase au même niveau, puis d'un mur à l'autre on pose des dalles parfaitement appareillées qui forment le plafond. Quand la portée est un peu grande, ou que la construction est très-soignée, on commence par poser sur chacune des arcades arrasées une ligne de corbeaux profilés de manière à former corniche, puis on appuie les dalles sur l'extrémité des corbeaux après avoir eu soin d'en charger le centre pour combattre l'effet de bascule. Quelquefois même la ligne de corbeaux est double, l'assise supérieure faisant encorbellement sur l'assise inférieure, de manière à donner à la corniche une ampleur plus grande. Telle est la disposition que reproduit la vignette n° 12.

Les inscriptions désignent cette arcade fondamentale sous le nom de ἀψίς, et la solive ou dalle de pierre sous le nom de στρωτήρ. C'est à l'aide de ces deux éléments, l'arcade et la dalle, que les architectes ont trouvé moyen de satisfaire à tous les besoins, variant l'écartement des arcs, leur rayon, leur superposition, suivant les programmes et les ressources; en guise de toit, ils battaient une couche de terre sur le plafond de dalles du dernier étage; dans des cas plus rares, ils montaient un pignon sur l'extrados de

13. — Dalles posées sur rampants.

l'arc et posaient ainsi un toit en dalles rampantes suivant le système que la vignette n° 13 reproduit. Enfin, nous avons déjà vu, par l'exemple des kalybé, et nous verrons encore par d'autres exemples, qu'ils avaient recours à la coupole pour couvrir des espaces carrés ou circulaires, ou des salles dont la destination spéciale et l'effet intérieur eussent été gênés par la multiplicité nécessaire des arcades parallèles.

Tel est en deux mots le système de construction employé dans le Haouran; il convient d'ajouter que la pierre, seul élément de la structure, est aussi seule employée pour les portes, les fenêtres, et jusqu'aux petits volets qui fermaient les armoires intérieures.

La partie conservée du palais de Chaqqa se compose de quatre salles, désignées sur notre plan par les lettres A, B, C, D. Les salles A, B, D sont antérieures au quatrième siècle, ainsi que le démontrent le style des sculptures et la présence de symboles païens; la salle C, ajoutée après coup, est de l'époque chrétienne, sans doute du cinquième siècle.

La salle A avait une destination semi-religieuse; de grandes niches pratiquées dans les murs latéraux et des consoles saillantes recevaient des statues et des bustes : c'est là sans doute qu'étaient placées les statues impériales et les enseignes militaires. La salle était couverte par une coupole barlongue, posée, comme celle des kalybé, sur des dalles angulaires. La calotte, mélange de blocage et de claveaux appareillés, s'est écroulée; ses débris obstruent l'intérieur. On avait accès dans la salle par une entrée monumentale ouverte sur la place publique, et dont nous donnons l'ensemble à la planche 9 et les détails planche 8, fig. 3 et 4. Le grand arc de décharge apparent, qui surmonte la porte centrale et se répète dans le bandeau, donne à cette façade une physionomie toute particulière, une tournure orientale que complétait encore la coupole quand son dôme arrondi venait couronner tout l'ensemble. Quant au style des sculptures, c'est celui de tous les monuments élevés en Syrie pendant la période impériale; c'est le style de Baalbeck, de Palmyre, avec un peu plus de sécheresse et de grossièreté dans l'exécution, à cause de la dureté de la pierre employée.

Dimensions de la salle A :

Largeur dans œuvre	8ᵐ,03	ou 20 ᴾ.
Longueur id.	10ᵐ,20	ou 32 ᴾ.
Hauteur sous corniche	7ᵐ,00	ou 23 ᴾ.
Largeur de la niche de droite	2ᵐ,25	ou 7ᴾ,1ᴾ. = 29ᴾ.
Largeur de la niche de gauche	2ᵐ,83	ou 9ᴾ,1ᴾ. = 47ᴾ.
Longueur totale de la façade	15ᵐ,40	ou 50ᴾ.
Porte principale, ouverture de la baie	2ᵐ,02	ou 6ᴾ,3ᴾ. = 27ᴾ.
Porte principale, hauteur de la baie	3ᵐ,40	ou 11ᴾ.
Portes latérales, ouverture de la baie	1ᵐ,22	ou 4ᴾ.
Portes latérales, hauteur de la baie	2ᵐ,05	ou 6ᴾ,3ᴾ. = 27ᴾ.

La recherche des nombres mystiques est évidente; les nombres impairs dominent, ils sont premiers, ou multiples de 3, 7, 9, 11. Les nombres pairs eux-mêmes sont choisis avec intention : ainsi 4 est un carré; 50, qui exprime la longueur de la façade, est aussi un nombre pair; mais il est à remarquer que les dimensions totales extérieures sont en général exprimées par des nombres pairs dans lesquels 100 tient une place considérable : 50 est la moitié de 100. De plus, ce nombre pair a été divisé suivant une méthode tout à fait conforme aux idées antiques en deux moitiés inégales et impaires : ainsi l'axe de cette façade de 50ᴾ est, suivant les cotes de mon carnet, à 7ᵐ,08 d'une extrémité, et à 8ᵐ,30 de l'autre; ces cotes correspondent mathématiquement à 23 et à 27ᴾ grecs dont la somme est 50. Ce chiffre de 23ᴾ représente également la hauteur de la corniche au-dessus du sol. Cette coïncidence nous révèle le procédé graphique qui a été employé pour tracer les lignes de la façade.

Soit (vig. nᵒ 14) un carré ABCD de 23ᴾ de côté : je divise chaque côté en 4 parties égales de 23ᴾ chacune, et je mène des lignes parallèles qui partagent le grand carré en petits carrés de 23ᴾ de côté; je mène ensuite la diagonale BD.

La ligne AD donne l'axe de la grande porte, H l'axe de la petite porte, G la hauteur de la grande porte, la diagonale BD inscrit les deux portes, le point D donne le centre

7

de l'archivolte du bandeau, laquelle se trouve elle-même inscrite dans deux carrés de 23ᵖ égaux aux précédents. En répétant cette opération symétriquement de l'autre côté de l'axe AE, on complète le tracé de la façade qui se trouve ainsi entièrement engendrée par le carré ; car le triangle BDF lui-même est la moitié d'un carré. Il est

14. — Tracé géométrique de la façade.

impossible que ces combinaisons soient l'effet du hasard ; il faut y voir l'application d'une de ces formules de nombres et de lignes, *symmetriarum rationes, geometricæ rationes*, que recommande Vitruve, tout en conseillant, après les avoir établies, d'apporter certaines modifications de détail, certains tempéraments, *temperaturæ*, dictés par le goût et le sentiment individuel.

La salle B est un grand parallélogramme de 37 mètres hors œuvre sur 11, c'est-à-dire de 120ᵖ sur 36, construit dans le système d'arcades et de dalles que nous avons décrit. Elle est portée, à cause de la déclivité du sol, sur une seconde salle demi-souterraine, aujourd'hui obstruée par les décombres, mais disposée d'une manière identique. Les arcades du premier étage se superposent exactement à celles du rez-de-chaussée ; pour contre-balancer l'effet de cette double poussée venant s'exercer sur les mêmes points, les architectes ont imaginé de construire des contre-forts *f* qui relient les pieds-droits des deux étages et s'opposent à ce qu'ils poussent au vide. C'est le plus ancien exemple que nous connaissions de l'emploi du contre-fort comme élément de résistance à la poussée des voûtes, et je n'ai pas besoin d'en signaler l'intérêt ; c'est le développement de cette fonction du contre-fort qui, dans les mains des architectes français du moyen âge, a donné à l'architecture gothique son principal caractère et a rendu possibles ses plus originales hardiesses. Il est curieux de voir dans un coin ignoré de l'Orient, et au troisième siècle de notre ère, le pas fait dans cette voie féconde par des constructeurs obligés de suppléer à l'absence de matériaux par des combinaisons nouvelles.

Je donne ici, sous le n° 15, le dessin d'un de ces contre-forts dont la planche 9 nous montre en *f* la disposition générale ; la coupe du mur contre lequel il s'appuie fait voir comment les assises se relient entre elles.

Au milieu de la salle, dans la paroi méridionale, est pratiquée une niche *d*, dont l'archivolte en arc outre-passé, ou fer-à-cheval, s'appuie sur deux pilastres corinthiens

et est décorée de rinceaux de vigne assez fouillés et de deux bustes humains qui paraissent être des génies.

A côté de cette niche est percée une fenêtre *g* (pl. 10, fig. 3) dont
la clôture, formée d'une dalle de basalte ajourée, est encore en
place.

La grande fenêtre *a* (pl. 9 et 10) qui éclaire l'extrémité de la salle
est assez remarquable; sa composition est originale, et je ne crois
l'avoir rencontrée encore dans aucun monument antique. Pour
trouver des ajustements analogues, il faut descendre jusqu'à
l'époque de la Renaissance, qui sans doute a eu sous les yeux des
modèles antiques aujourd'hui disparus; il n'est pas probable, en
effet, que le monument de Chaqqa soit le seul où les architectes
gréco-romains aient essayé de ces combinaisons de baies et de
pilastres superposés. Le linteau de la baie principale portait une
décoration païenne; quand, au quatrième siècle, l'édifice reçut une
destination chrétienne, les symboles idolâtriques furent grossièrement martelés, et l'on ménagea dans la masse une croix accostée
de deux X en relief et très-mal exécutés. La croix a la forme dite
immissa ou à branches inégales, improprement appelée *latine*; c'est
peut-être le plus ancien exemple qui en existe; le X, initiale de Χριστός, était au contraire en usage dès les premiers siècles de l'Église.

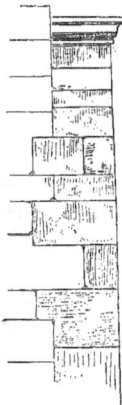

15. — Contre-fort.

Les portes qui de la salle B conduisent dans la cour intérieure sont disposées comme
cette fenêtre, avec un *oculus* flanqué de pilastres et placé au-dessus de la baie, mais séparé
d'elle par un arc de décharge très-surbaissé.

La salle C a été bâtie à l'époque où s'accomplissaient ces transformations; elle est construite dans le même système que la précédente, mais
avec moins de soin. La porte *e* que nous reproduisons ici est un bon spécimen des portes chrétiennes
du pays, avec son linteau soulagé par un arc de décharge, et ses monogrammes composés à l'aide de la
croix. Le profil du chambranle, formé d'éléments
antiques, peut aussi servir de terme de comparaison.

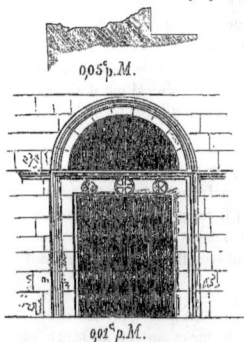

0,05 p. M.

0,01 p. M.

16. — Porte de la salle C.

La salle D est semblable aux autres comme construction; la porte *c* avait un linteau orné de l'aigle
romaine aux ailes éployées. Cette sculpture a été
martelée en même temps que celle de la grande
fenêtre; il ne reste plus que les deux extrémités des
ailes (pl. 9). La fenêtre *n* (pl. 9, fig. 2) offre aussi
un certain intérêt à cause du petit auvent de pierre
qui la surmonte et qui accuse encore le caractère
pratique de tout ce système d'architecture et de
décoration; la fenêtre est fermée à l'aide d'un volet de pierre encore en place.

PLANCHES 11 ET 12.

MAISONS ANTIQUES.

La plupart des maisons aujourd'hui habitées par les Druses du Haouran sont des maisons antiques; entièrement construites en pierre, elles ont mieux que toutes autres résisté au temps et aux tremblements de terre, et, quoique souvent écroulées en partie, elles offrent encore un abri suffisant à des populations simples et endurcies. Quelques grossières réparations, quelques trous bouchés avec de la boue, quelques terrasses refaites avec des fascines et de la terre battue, ce sont les seuls travaux d'architecture entrepris par les Druses; ils laissent aux ruines leur forme et leur physionomie.

Toutes ces maisons ne sont pas également anciennes, mais elles sont presque toutes antérieures à l'islamisme; le plus grand nombre est de l'époque chrétienne, ainsi que l'indiquent les inscriptions, non-seulement celles qui mentionnent la date de la construction, mais celles qui, arrachées aux monuments païens, ont été utilisées comme matériaux et accusent par leur présence le caractère relativement récent des murs. Les maisons de l'époque païenne sont néanmoins très-nombreuses; on les reconnaît à l'absence de symboles chrétiens ou de matériaux d'emprunt, à la plus grande homogénéité de la structure, à l'emploi des procédés de construction et des profils qui caractérisent les monuments évidemment antérieurs au quatrième siècle. Parmi ces maisons véritablement antiques, j'ai choisi pour les reproduire trois types différents, ayant servi à l'habitation des classes élevées et moyennes de la population contemporaine de l'empire romain; quant aux maisons de la classe dernière, des paysans, je ne les ai pas reproduites : ce sont des cabanes de pierre, des cubes couverts à l'aide de dalles qui s'appuient d'une part sur les murs latéraux, d'autre part sur un arc intérieur; une ou deux chambres ainsi construites en composent tout l'aménagement : c'est la maison de pierre élémentaire dont la disposition se comprend sans l'aide du dessin; il est d'ailleurs à remarquer que les plus belles habitations ne sont que l'agglomération raisonnée d'un nombre plus ou moins grand de ces unités structurales.

La maison habitée par le cheikh d'Amrah est peut-être la plus grande et la plus complète de toutes les maisons antiques du Haouran. Quand on a franchi la porte principale B, on se trouve dans une cour C de 10 mètres sur 10^m,65; il est probable que c'est un carré de 33^p de côté; à droite, elle est flanquée d'une tour à trois étages dont le rez-de-chaussée servait de loge au portier, *ostiarius*. Ces tours sont très-fréquentes et donnent aux villages du Haouran leur physionomie propre.

La cour est entourée de trois côtés par les deux étages du bâtiment principal. Au milieu de ce corps de logis se trouve une grande salle G de 21^p de long sur 24 de large et 24 de haut : supportée par une arcade de 18^p d'ouverture, elle occupe en hauteur les deux étages de la maison, et forme comme le centre de la composition du rez-de-chaussée; celui-ci comprend trois appartements identiques, composés chacun de deux pièces, dont une chambre à coucher *a* d'une disposition toute particulière; au fond de chacune de ces chambres *a* se trouve une estrade un peu exhaussée au-dessus du sol, couverte par une voûte en berceau très-soignée, avec une niche au centre : c'est une alcôve destinée au lit, et qui a 9ᵖ en tous sens ; à ce *cubiculum* est attenante une autre pièce entourée d'*armoires ;* j'appelle ainsi de petites niches pratiquées dans l'épaisseur des murs et divisées en rayons par des tablettes de pierre. Outre la grande salle et les trois appartements, il y a encore à côté de la loge du portier et donnant sur la cour une grande pièce destinée sans doute à la réception des étrangers : c'est le *hospitium* des maisons grecques, le *menzoul* des habitations arabes.

Un corridor *c* sépare cette partie de la maison des dépendances ; à l'extrémité de ce corridor, une porte de service P, précédée d'un vestibule ouvert, permettait l'introduction des paquets, des gens de service et des fournisseurs ; des portes de dégagement mettent le corridor en communication d'un côté avec la grande salle et les appartements d'habitation, de l'autre avec des pièces sans doute destinées à la cuisine et aux divers services intérieurs ; un couloir conduit en outre à l'écurie, l'une des parties les plus intéressantes de ce grand établissement : elle se compose d'une salle E de 25ᵖ sur 18, dont les murs latéraux sont percés de petites baies rectangulaires donnant dans une sorte de bas-côté de 10ᵖ de large ; les chevaux placés dans ce bas-côté avaient la tête dans la baie au fond de laquelle est creusée une mangeoire ; il y avait ainsi place pour onze chevaux dont toutes les têtes convergeaient vers la salle centrale : disposition très-commode pour la distribution des fourrages, mais qui ne rend pas très-facile l'entrée et la sortie des chevaux.

A côté de la porte de l'écurie, un escalier extérieur *e* conduit à de petits logements d'esclaves et de serviteurs ; un autre escalier intérieur *o* mène à des appartements plus soignés, destinés sans doute aux femmes.

Toute cette construction, je n'ai pas besoin de le répéter, est conçue suivant le système des dalles reposant sur des corbeaux engagés dans les murs quand il s'agit de petites pièces, ou portés par des arcs quand les proportions sont plus grandes ; l'écartement ordinaire des murs ou des arcs est d'environ 3 mètres ou 10ᵖ.

Le trait principal de cette habitation est la grande salle centrale, qui correspond à l'οἶκος des maisons grecques, l'*œcus* de Vitruve, sorte de pièce commune où se tenaient les réunions de famille, les repas, où se pratiquaient les devoirs de l'hospitalité, et dont la tradition s'est continuée pendant les siècles, car elle se retrouve dans la *grand'salle* ou *salle* de nos habitations du moyen âge.

Cette même *salle* constitue le noyau de la maison que nous reproduisons planche 12, n° 2, et qui, de dimensions beaucoup plus modestes que la précédente, n'en est pas moins construite d'après le même principe. J'ai, dans le dessin, supprimé le mur extérieur afin de bien faire comprendre la disposition intérieure : la *salle* occupe tout un angle de la maison jusqu'au toit ; elle est entourée de deux côtés par des chambres d'habitation, sur deux étages ; on parvient aux appartements supérieurs, ὑπερῷον, par deux escaliers, l'un extérieur, l'autre intérieur. La maison est parfaitement conservée ; elle sert aujourd'hui de demeure au cheikh du village de Touma, qui l'habite comme l'habitait son prédécesseur du troisième siècle de notre ère ; les femmes et les enfants, le *harem*, en haut ; les divers services dans les chambres du bas, la vie publique dans la *salle* : c'est dans cette salle que je fus reçu avec mes compagnons, avec les cheikhs du voisinage, que le repas du soir nous fut servi sur un large plateau posé à terre, à la lueur fumeuse d'une lampe d'argile alimentée avec du beurre fondu, et qu'enfin chacun de nous s'étendit pour la nuit sur les tapis et les coussins rangés le long des murs.

La maison dessinée à Chaqqa (pl. 12, n° 1) est surtout intéressante à cause de l'escalier extérieur qui dessert l'étage supérieur et la terrasse. Elle renferme aussi des plafonds très-soignés, dont les dalles, exactement appareillées, offrent une surface parfaitement régulière, entourée d'une corniche formée de l'extrémité bien profilée des corbeaux et décorée de rosaces en relief.

PLANCHES 13 ET 14.

PORTES ET FENÊTRES DE PIERRE.

La même pénurie de bois qui forçait les constructeurs antiques du Haouran à imaginer des combinaisons de murs, d'arcs et de dalles de pierre pour élever, distribuer et couvrir leurs édifices, leur imposait l'obligation de recourir à cette même matière pour la clôture des baies. Les fenêtres étaient généralement fermées par des dalles de basalte évidées de manière à laisser passer un peu de jour; quelquefois un volet de pierre, plein, tournant sur des crapaudines, permettait, soit d'admettre largement l'air et la lumière du dehors, soit de l'intercepter complétement. Dans les grands édifices dont les fenêtres, plus larges, n'admettaient guère l'un ou l'autre de ces modes embarrassants, il est difficile de dire quel était le système employé; pourtant la présence de feuillures et souvent de trous percés dans les montants de la fenêtre, indique que des châssis quelconques ont été fixés à demeure dans les embrasures. On peut supposer que le bois, malgré sa rareté, a été quelquefois employé dans les constructions soignées; le fer a dû certainement aussi être affecté au même usage. Enfin, il ne serait pas impossible que l'on eût déjà trouvé le moyen de remplacer les dalles de pierre évidées par ces plaques de plâtre, découpées à jour, dont la tradition s'est perpétuée en Orient jusqu'à notre époque. Je pense aussi que des feuilles de verre auront, dans certains cas, été employées pour vitrer les ouvertures de ces claires-voies, faites soit de pierre, soit de toute autre substance.

Quant aux portes, elles étaient presque exclusivement en pierre, à un ou à deux battants. Beaucoup de ces fermetures sont encore en place; quelques-unes sont même accompagnées de l'inscription qui indique le moment de leur construction; ces dates vont de l'an 169 à l'an 550 après J.-C. Les portes sont appelées θύρα ou πύλη, leurs montants στέγη, leur linteau ὑπέρθυρον.

Les vantaux étaient munis de deux crapaudines qui, s'engageant dans deux trous préparés, l'un dans le seuil, l'autre dans le linteau, permettaient à la masse de tourner sans trop d'efforts; les portes étaient mises en place après l'achèvement de la construction; des rainures à plan incliné, creusées dans le seuil, permettaient de conduire la crapaudine inférieure à sa place définitive, après avoir engagé préalablement la crapaudine supérieure. Le dessin ci-joint représente un de ces seuils; on voit, outre les rainures dont nous avons décrit la destination, les trous qui recevaient l'extrémité des barres qui maintenaient les portes fermées.

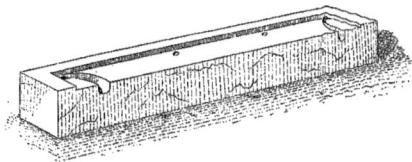

17. — Seuil d'une porte à vantaux de pierre.

J'ai réuni sur la planche 13 des claires-voies de basalte recueillies sur divers points du Haouran. Celles figurées sur la planche 14 proviennent de Bosra ; l'une est d'une extrême simplicité, l'autre est décorée avec une certaine recherche. La fig. 3 représente un volet de pierre encore en place dans la basilique de Tafkha, édifice chrétien du quatrième ou du cinquième siècle, que nous décrirons à la planche 17.

Fig. 1. Vantail de pierre dessiné dans les ruines de Chaqqa. La surface est sculptée de manière à simuler une porte de bois à deux battants, avec des panneaux, des clous de métal, des anneaux.

Fig. 2. Porte à deux vantaux de pierre encore en place dans le village de Qennaouât, où elle sert de clôture à une maison antique encore habitée; mais elle a été faite avec deux vantaux pris à un édifice antérieur et appartenant à deux portes différentes. Ils simulent des panneaux de bois garnis de clous de métal. Une serrure complétait autrefois le système de fermeture; le trou de la clef et l'encastrement du mécanisme sont encore visibles.

PLANCHES 15 ET 16.

BASILIQUE DE CHAQQA.

Monument du plus grand intérêt, dans lequel l'architecte a su réaliser un programme assez étendu à l'aide de la seule combinaison d'arcs et de dalles. La planche 16, qui est une vue idéale de la construction, permet de se rendre compte de tous les détails du système suivi.

L'élément constitutif de l'édifice n'est plus, comme à la Qaisarieh, un arc simple, répété, parallèlement à lui-même, autant de fois que la longueur adoptée l'exigeait; c'est un arc composé, ou plutôt un mur percé de baies voûtées en plein cintre: — une grande baie centrale pour la nef du milieu, — deux baies latérales plus petites pour les bas-côtés, surmontées elles-mêmes de deux baies semblables pour les galeries supérieures. Les dalles posées d'un mur à l'autre complètent tout le système; elles forment le sol de la galerie du premier étage, et le toit plafonné de tout l'édifice. Chacun de ces éléments est indépendant; l'arc central est contre-butté par les arcs des bas-côtés; la poussée générale de chaque élément est maintenue par la plus grande épaisseur donnée aux deux piles extrêmes; les murs extérieurs, sans liaison aucune avec ces piles, ne jouent qu'un rôle de clôture, de telle sorte que les diverses portions de l'édifice ont pu s'écrouler sans que l'ensemble disparût. Les dalles des plafonds se sont cassées, les murs latéraux ont été en partie renversés par les tremblements de terre, mais les arcs sont restés debout, formant comme la gigantesque ossature d'un squelette de pierre.

La maçonnerie, faite sans ciment, est d'une exécution très-grossière; seuls le mur de la façade et les parements des piliers intérieurs sont appareillés avec quelque soin. La façade ne manque pas d'un certain style; les linteaux des portes sont décorés de canaux assez soigneusement exécutés; à la porte centrale, outre cet ornement, on remarque une frise bombée décorée de rinceaux assez vigoureusement découpés et une corniche composée de toute la série des moulures et des ornements en usage aux meilleures époques de l'architecture impériale.

Les niches sont flanquées de colonnettes accouplées d'un ionique assez peu correct et ornées d'une coquille assez élégante; les statues qu'elles renfermaient ont disparu ainsi que celles qui étaient placées sur les socles engagés dans le mur de la façade.

Voici les principales dimensions du monument :

Longueur dans œuvre	18ᵐ,30 ou	60ᵖ.
Largeur dans œuvre	19ᵐ,80 ou	64ᵖ.
Largeur de la nef centrale y compris les piliers.	9ᵐ,80 ou	32ᵖ.
Ouverture des baies du bas-côté.	3ᵐ,72 ou	12ᵖ.
Ouverture des baies de la galerie supérieure.	3ᵐ,10 ou	10ᵖ.
Longueur de la façade	22ᵐ,00 ou	72ᵖ.
Hauteur de la façade.	8ᵐ,36 ou	27ᵖ.

Ces deux derniers nombres sont dans le rapport de 3 à 8. Si donc on réunit le milieu de la corniche supérieure avec les deux angles inférieurs de la façade, le triangle ainsi construit sera celui qui est formé de la juxtaposition de deux triangles rectangles « parfaits »; si de plus on mène des parallèles aux deux côtés du triangle, on verra que tous les points principaux de la façade, l'inclinaison des frontons des niches, etc., sont déterminés par l'intersection des lignes ainsi obtenues. La façade de la basilique est donc engendrée par ce triangle spécial; nous avons déjà vu que celle de la kalybé de Chaqqa avait été tracée à l'aide de la même figure.

Toutes les cotes de détail exprimées en pieds ou palmes sont des nombres entiers; ainsi la hauteur des piliers de la nef est de 6ᵖ; celle des piliers des bas-côtés, 5ᵖ. Le vide de la porte centrale a 15ᵖ de haut sur 10ᵖ de large, les portes latérales ont théoriquement 9ᵖ de haut sur 6ᵖ de large; dans les deux cas la proportion est de 3/2. En analysant les dimensions du plan, on trouve aussi des proportions très-simples; théoriquement, le plan est un carré dont la nef centrale occupe la moitié, et que les arcs parallèles divisent en 7 zones égales.

La basilique me semble de la même époque que la Qaisarieh. Ces deux édifices auront été construits pour les besoins de la population romaine et de la garnison impériale qui paraissent avoir été établies à Chaqqa à partir du deuxième siècle; ils sont antérieurs à l'empereur Constantin, ainsi que nous l'avons démontré pour la Qaisarieh; c'est sans doute au troisième siècle, et peut-être à la fin du deuxième, qu'ils auront été bâtis.

PLANCHE 17.

BASILIQUE DE TAFKHA.

Édifice chrétien bâti sans doute au quatrième siècle ou au cinquième au plus tard, sur le modèle des basiliques antiques dont le monument précédent nous a donné un type complet. On saisit ici sur le fait la transition de la basilique civile romaine à l'église chrétienne.

La seule différence qui distingue ce monument de celui de Chaqqa est l'abside grossièrement et maladroitement ajoutée au plan primitif; l'exécution est aussi moins soignée. La décoration est nulle : quelques fragments de sculpture, employés dans les chapiteaux de deux des piliers intérieurs, sont des débris antiques utilisés par l'architecte chrétien; des croix entourées de cercles sont sculptées sur l'intrados de plusieurs des arcs de la grande nef.

Le plan de la basilique forme un carré de 56" de côté à l'extérieur, de 51" de côté à l'intérieur. L'ouverture de la grande nef est de 22" 1/2 : les piliers ont exactement 0^m,77 ou 2" 1/2 d'épaisseur : la grande nef a donc 25" de largeur d'axe en axe; les nefs latérales ont 10" d'ouverture.

Au flanc gauche de la façade est accolée une tour à trois étages. Nous avons vu que ce genre de construction est fréquent dans le Haouran; les grandes maisons antiques sont accompagnées de tours, les monuments funéraires affectent cette forme; pour quel usage une tour a-t-elle été jointe à une église? Je ne saurais le dire; je n'oserais affirmer qu'elle servait à contenir des cloches, quoique l'usage de ces instruments liturgiques soit attesté dès le sixième et peut-être dès le cinquième siècle; mais quand même cette construction n'aurait ici qu'un but de décoration et de surveillance, il serait permis d'y voir le prototype des tours et clochers qui plus tard ont constitué le caractère dominant des édifices religieux.

Le système de construction est celui de la basilique de Chaqqa: arcs parallèles, dalles, galeries supérieures; l'écartement des arcs parallèles est exactement de 10" d'axe en axe. On communiquait d'une galerie à l'autre par un balcon porté par des corbeaux engagés dans le mur de la façade et qui est visible dans la coupe de la fig. 4. La terrasse de la tour est assez intéressante : l'arc central est remplacé par deux poutres de pierre portées par de doubles corbeaux s'appuyant sur deux pilastres; des solives de pierre reposent à leur tour, d'une part, sur les poutres, de l'autre sur les murs extérieurs, et servent de support aux dalles de la terrasse. Celle-ci a complétement disparu , et notre dessin la suppose; celle de la nef est presque entièrement conservée.

La fenêtre percée dans le mur du fond à gauche de l'abside est fermée par un volet de pierre mobile; c'est celle que nous avons reproduite pl. 14, fig. 3. Une des fenêtres de la tour a également conservé son volet de pierre.

8

PLANCHE 18.

COUVENT DE CHAQQA.

Le plan de cet édifice se trouve à la planche 22; la vue que nous donnons ici est prise de l'angle nord-est de la cour intérieure : on voit au deuxième plan à gauche la tour A, puis les ruines de l'église C, puis la tour B, puis les bâtiments d'habitation dont l'étage supérieur était desservi par une galerie portée par des corbeaux de pierre et des colonnes aujourd'hui renversées.

Les tours A et B paraissent avoir préexisté à la construction du couvent chrétien; surtout la tour A qui est d'une exécution plus soignée que le reste et dont la porte unique s'ouvre sur le dehors. La tour B semble avoir eu primitivement une destination militaire; l'étage inférieur, couvert en dalles, ne communique pas avec les étages supérieurs : le premier étage avait pour seule entrée la grande porte que montre notre dessin avec ses deux lourds battants de pierre encore en place : on y arrivait par un escalier de bois, facile à déplacer et qui s'appuyait contre un palier, également de charpente, porté par des poutres dont les encastrements se voient encore dans le mur. Au sommet de la tour, on discerne aussi deux fenêtres fermées par des claires-voies de pierre, deux corbeaux destinés sans doute à soutenir une sorte de « hourd » ou de mâchicoulis pour la défense de la porte située en dessous, et enfin une gargouille pour l'égout de la terrasse. Le cadre à queues d'aronde qui se distingue à l'angle supérieur à gauche est l'épitaphe d'un certain Alexandre, prêtre païen et interprète des procurateurs romains (Waddington, n° 2143).

Lorsque les chrétiens, au cinquième siècle, je pense, construisirent le couvent en l'appuyant sur ces tours, ils gravèrent grossièrement un monogramme du Christ sur le linteau de la porte du rez-de-chaussée.

L'église C a été bâtie suivant le système de la basilique de Chaqqa, moins les galeries supérieures : ses murs viennent butter contre ceux des tours. Ses trois portes, ouvrant à l'extérieur, permettaient aux fidèles de venir assister à l'office divin sans communiquer avec le couvent. Une petite porte latérale, s'ouvrant sur la cour, servait au passage des religieux. L'entrée du couvent est en P : elle était fermée par un vantail de pierre qui gît quelques pas plus loin (voy. pl. 14, fig. 1). Un long corridor conduisait à la cour D où l'on trouvait d'abord la loge du portier F, puis une salle E entourée d' « armoires » ménagées dans la pierre : c'était la bibliothèque ou un dépôt quelconque d'objets usuels. La salle G, soutenue par un arc d'un rayon double de celui des autres, occupe en hauteur les deux étages : c'était une grande salle de réunion, comme celles décrites plus haut (voy. pl. 11 et 12).

Toute cette construction est exécutée d'après le système Haouranite des arcs et dalles : je lui assigne pour date le cinquième siècle. Les Arabes la nomment encore aujourd'hui *Ed-Deir* « le couvent ». C'est certainement le plus ancien exemple existant d'architecture monastique.

PLANCHES 19 ET 20.

BASILIQUE DE QENNAOUAT.

Grand ensemble d'édifices qui comprend des constructions de diverses époques et porte aujourd'hui le nom de *séraï*, « le palais ».

A : B, grande basilique du quatrième siècle, construite suivant la tradition romaine avec des *propylées* ou portique extérieur, un *atrium* A ou cour entourée d'une colonnade intérieure, puis la basilique proprement dite, disposée comme celles de Sainte-Agnès et de Saint-Laurent à Rome, avec un bas-côté qui fait le tour complet de l'église. Les colonnes, posées sur des piédestaux, portent des arcades en plein-cintre directement appuyées sur le chapiteau, simple évasement rappelant grossièrement le dorique. Aux deux extrémités de la nef, ces colonnes soutenaient des galeries supérieures qu'un second ordre d'arcades mettait en communication visuelle avec l'intérieur de l'édifice. Les bas-côtés latéraux ne supportaient pas de galeries; des trous encore visibles dans le mur du fond prouvent qu'ils étaient recouverts par un toit rampant en charpente. Un chœur, flanqué de deux sacristies, et une abside demi-circulaire complétaient la construction.

La porte *a* est très-ornée : les éléments qui la composent ont été pris à des monuments antiques.

On a utilisé, pour la construction de l'atrium, le mur latéral d'un édifice antique dont il reste des fagments importants teintés en noir sur le plan : le *pronaos* C est assez bien conservé; il est porté par six colonnes, comprises entre deux antes *e* très-proéminentes et percées de deux larges arcades : l'entre-colonnement du centre est beaucoup plus large que les autres et supportait une arcade, dont les sommiers existent encore et qui s'ouvrait dans le fronton suivant un système spécial à l'architecture romaine en Syrie (voy. pl. 28); les autres colonnes portent, en guise d'architrave, de petits arcs surbaissés. Cet édifice se terminait par une sorte d'abside *f* à trois niches, flanquée de salles obscures d'une destination difficile à déterminer.

Quelque temps après la construction de la basilique, cet ensemble fut l'objet d'un remaniement complet. Une église D fut bâtie sur l'emplacement du temple antique suivant le système haouranite des arcs parallèles et des dalles; l'abside fut largement éclairée par une triple baie percée dans le mur de l'atrium et supportée par des colonnettes trapues et des chapiteaux à oves et à feuillages pris à un des temples de Qennaouât; en même temps la grande basilique fut transformée suivant le même système. Je suppose qu'elle cessa d'être une église et devint une sorte de palais : les colonnes furent englobées dans les piliers des arcs parallèles, des murs percés de fenêtres fermèrent le chœur et l'abside. Un grand ensemble d'habitations, entouré par un mur d'enceinte, flanqué à l'angle nord-est par une tour, fut accolé à l'édifice transformé.

C'est au cinquième siècle, je crois, que ce remaniement fut effectué : la porte *h* de la petite église D (pl. 20) est d'un style qui convient à cette époque [1]. La porte *g* de la même église est d'une exécution bien meilleure, une charmante branche de vigne délicatement sculptée dans la pierre orne son linteau; mais il est facile de voir que ce joli morceau de sculpture a été arraché à un monument antique : l'artiste chrétien s'est contenté d'y ajouter une croix aux dépens d'un des motifs de la composition primitive. L'époque la plus brillante de Kanatha paraît avoir été celle des Antonins; les inscriptions de cette période sont nombreuses (Waddington, n°² 2330 et suiv.), et les plus beaux édifices sont du même temps : il me suffira de citer deux temples, un nymphée et un odéon dont on trouvera la description dans l'ouvrage déjà cité de mon ami E. G. Rey.

PLANCHE 19.

BASILIQUE DE SOUEIDEH

Grand édifice orienté, bâti dans le système mixte des basiliques romaines et des édifices du Haouran. Les narthex, les nefs latérales, le chœur étaient recouverts avec des dalles de pierre portées par de doubles rangs de corbeaux : la nef centrale avait évidemment un toit en charpente. La date de la construction paraît être le cinquième siècle.

Les dimensions sont considérables; on en jugera par les chiffres suivants :

Longueur totale hors œuvre.	67^m,60	ou 220^p.
Longueur de la nef dans œuvre.	41^m,85	ou 136^p.
Largeur de la nef centrale d'axe en axe. .	12^m,30	ou 40^p.
Largeur du premier bas-côté d'axe en axe.	3^m,70	ou 12^p.
Entre-colonnement d'axe en axe.	5^m,24	ou 17^p.
Diamètre des colonnes à la base	0^m,66	ou 2^p 2^r.

Les fenêtres qui éclairent le bas-côté sont à 8 mètres du sol, ce qui suppose une grande élévation de plafond. L'intérieur est totalement détruit, mais les murs extérieurs et la façade sont assez bien conservés. La façade devait offrir une certaine analogie avec celle des églises décrites plus loin, planches 124 et 132; les deux pavillons qui terminent les bas-côtés avaient un rez-de-chaussée et deux étages, dont le dernier, dominant les terrasses des bas-côtés, s'élevait sans doute à la hauteur du pignon central et le flanquait de chaque côté d'une sorte de tour.

Les portes sont surmontées d'arcs de décharge surhaussés et à jour. Quelques sculptures assez grossières décorent les linteaux; celui de la porte du sud est orné au centre d'une croix à branches égales, du pied de laquelle s'échappent deux maigres et plates branches de vigne; deux consoles complètent la composition surmontée d'une corniche fort simple. Quelques chapiteaux à oves et à feuillages gisent à terre, au milieu des ruines de la nef; ils sont pareils à ceux qui ont été utilisés à Qennaouat dans la construction de l'atrium de la grande basilique du quatrième siècle, et paraissent comme eux provenir d'un édifice antique.

1. Une excellente vue d'ensemble de la façade est donnée par M. G. Rey. *Voyage dans le Haouran*, pl. V.

ÉGLISE SAINT-GEORGES D'EZRA.

Ce monument est certainement le plus intéressant de tous les édifices chrétiens de cette région. Achevé en l'an 515 de notre ère, suivant une inscription gravée sur le linteau de la porte occidentale, il est parvenu jusqu'à nous sans modification, toujours consacré au culte catholique, pour lequel il a été construit et qui se célèbre encore sous ses voûtes vénérables. La seule altération qu'il ait subie provient des faits de guerre qui ont désolé ce malheureux pays; des fortifications parasites en pierres sèches ont été élevées autour de la terrasse supérieure; elles ont attiré les boulets d'Ibrahim Pacha, qui en quelques endroits ont percé la coupole, sans la renverser, et ont jeté par terre l'angle supérieur d'une des façades. Malgré ces mutilations, le monument n'est pas touché dans ses parties essentielles; il offre un sujet d'étude complet et des plus intéressants.

Fig. 1. Le plan est d'une extrême simplicité : il se compose de deux octogones réguliers concentriques inscrits dans un carré; l'octogone central supporte un tambour et une coupole; contre la face orientale de l'octogone extérieur est bâti le chœur terminé en abside, et flanqué des deux sacristies d'usage; dans chacun des angles du carré est une absidiole ou exèdre; trois portes s'ouvrent sur la façade occidentale, une sur chacune des façades latérales.

Voici le tableau des principales dimensions :

Grand diamètre de l'octogone extérieur	18^m,30	ou 60^P.
Grand diamètre de l'octogone intérieur	10^m,15	ou 33^P.
Largeur du bas-côté complète sur le même diamètre	3^m,37	ou 11^P.
Largeur du chœur	7^m,30	ou 24^P.
Longueur totale du chœur	8^m,30	ou 27^P.
Ouvertures des exèdres	3^m,85	ou 12^P ¼.

L'emploi systématique du nombre 3 est évident; le nombre 11 lui-même est le tiers de 33, et montre que l'on a pris pour largeur du vide annulaire le tiers de la largeur totale du vide central.

Fig. 2. Coupe longitudinale.

La coupole est soutenue par huit piliers de 15^P de haut supportant un tambour de 18^P. Les deux dernières assises de ce tambour sont faites de dalles qui transforment d'abord l'octogone en une figure régulière de 16 côtés, puis en une figure de 32 côtés, de manière à passer graduellement de la forme polygonale au cercle qui sert de base à la calotte. C'est le système que nous avons déjà vu appliqué depuis trois siècles dans les monuments païens du Haouran. Quant à la calotte, elle est en blocage, et tout me fait supposer qu'elle est contemporaine de la construction primitive. Sa forme ovoïde est très-originale et rappelle les monuments de l'Asie centrale; je n'ai pu en mesurer très-exactement les dimensions, mais je pense que la section intérieure circonscrit un triangle équilatéral.

A l'exception de cette coupole en blocage, toute la maçonnerie est en pierres appareillées sans mortier, mais avec l'irrégularité de joints et d'assises spéciale au pays. On remarquera au milieu du tambour deux assises dont les pierres sont enclavées les unes dans les autres.

A la base de la coupole règne une série de petites fenêtres; c'est le plus ancien exemple existant d'un système d'éclairage qui reçut à Sainte-Sophie de Constantinople son plein développement.

Le bas-côté et le chœur sont couverts dans le système de dalles du Haouran.

Les pieds-droits des exèdres sont en saillie sur l'archivolte; ils recevaient autrefois des poutres qui supportaient sans doute une tenture ou toute autre décoration spéciale.

Au fond de l'abside règnent trois rangs de gradins en hémicycle destinés aux sièges du clergé. L'autel est placé dans la première travée du sanctuaire qui communique par une porte avec le *diaconicon* ou sacristie réservée; la seconde sacristie, *prothesis* ou *paraclision*, est au contraire accessible au public par une porte s'ouvrant sur l'exèdre de l'angle sud-est. Un rideau tendu entre les pilastres d'entrée du chœur voile les saints mystères, conformément à la liturgie orientale.

Fig. 3. Entrée occidentale.

La porte principale se compose d'une baie rectangulaire surmontée d'un arc de décharge très-surhaussé; sur le linteau décoré à ses deux extrémités de croix et de pampres assez grossièrement exécutés se lit une inscription grecque (*Corpus Inscr. Gr.*, n° 8627; Waddington, *Inscr. de Syrie*, n° 2498) dont voici la traduction :

« Le rendez-vous des démons est devenu la maison du Seigneur; la lumière du salut éclaire le lieu qu'obscurcissaient les ténèbres; les sacrifices idolâtriques sont remplacés par les chœurs des anges; où se célébraient les orgies d'un dieu, se chantent les louanges de Dieu. Un homme qui aime le Christ, le notable Jean, fils de Diomède, a offert à Dieu, de ses deniers, ce magnifique monument dans lequel il a placé la précieuse relique du saint vainqueur martyr Georges, le saint lui étant apparu, à lui, Jean, non en songe, mais en réalité. Dans la neuvième indiction, en l'année 410. »

L'année 410 de l'ère de Bosra commence le 22 mars 515, la neuvième indiction le 1er septembre de la même année; c'est donc à la fin de 515 ou au commencement de 516 que l'église fut achevée, sur l'emplacement d'un temple païen dédié probablement à Théandrites, divinité spécialement adorée à Ezra.

Nous donnons (fig. 4) le profil du bandeau qui contourne l'archivolte; c'est la seule moulure de tout l'édifice. Les deux portes qui accompagnent l'entrée principale n'ont pas d'arc de décharge; leur linteau est orné d'une croix cantonnée de deux grappes de raisin, de l'*alpha* et de l'*oméga*.

PLANCHES 22 ET 23.

CATHÉDRALE DE BOSRA.

Monument presque contemporain de l'église d'Ezra et construit dans le même esprit, mais sur une bien plus grande échelle. Les murs extérieurs sont seuls conservés : toute la partie interne a entièrement disparu. La coupole centrale, probablement mal construite, s'est écroulée peu de temps après son achèvement, entraînant dans sa chute les piliers qui la supportaient ; alors, on renonça à la relever, et, déblayant complétement l'intérieur de l'église, on la transforma en une sorte de cour au milieu de laquelle on bâtit une petite basilique adossée au chœur de l'église primitive. Ce petit édifice existe encore ; il est figuré en M sur le plan à l'aide de traits sans hachures ; très-grossièrement exécuté, il est bâti dans le système du pays, c'est-à-dire en arcs parallèles appuyés sur des colonnes et supportant une terrasse de dalles.

Le plan de la cathédrale primitive se compose d'un grand cercle de 120ᴾ de diamètre inscrit dans un carré de 123ᴾ de côté, augmenté du côté de l'orient d'un chœur de 36ᴾ de longueur totale dans œuvre, flanqué de sacristies et de chapelles latérales ; telles sont du moins les dimensions théoriques que je déduis des cotes que j'ai relevées et dont on peut vérifier la concordance à l'aide du tableau. Les dimensions principales sont précisément le double des dimensions correspondantes de l'église d'Ezra, ce qui nous permet, par analogie, de restaurer très-facilement l'intérieur de la cathédrale de Bosra.

Au centre, je suppose une coupole de 66ᴾ de diamètre supportée par 8 piliers de 5ᴾ d'épaisseur et entourée par un bas-côté annulaire de 22ᴾ de largeur. Un cercle de 66ᴾ de diamètre a une circonférence sensiblement égale à 208ᴾ : donc, en supposant à chaque pilier une largeur de 5ᴾ, cette circonférence se décompose en

$$
\begin{array}{ll}
\text{8 piliers de } 5^\text{P}. = & 40 \\
\text{8 arcades de } 21^\text{P}. = & 168 \\
\hline
& 208^\text{P}.
\end{array}
$$

Le nombre qui exprime l'ouverture des arcades se trouve être ainsi un multiple de 3 comme tous les nombres déjà cités qui désignent les principaux éléments du plan ; il en est de même des lignes qui complètent la physionomie générale et dont voici les longueurs :

Largeur du sanctuaire.	9ᵐ,20	ou 30ᴾ.
Longueur du sanctuaire jusqu'à la naissance de l'abside.	6ᵐ,40	ou 21ᴾ.
Ouverture des exèdres.	7ᵐ,35	ou 24ᴾ.
Longueur des chapelles latérales.	11ᵐ,25	ou 36ᴾ.

L'élévation n'est pas aussi facile à déterminer à cause de la difficulté de mesurer les hauteurs d'un monument aussi délabré sans le secours d'échafaudages impossibles à éta-

blir dans ce pays ; néanmoins on peut, je crois, arriver à en indiquer les lignes générales.

La planche 23 montre tout ce qui est resté debout de cet édifice. On distingue fort bien
un tambour cylindrique, prolongement du grand cercle intérieur, dont la hauteur est
égale à la moitié de celle de la base rectangulaire sur laquelle il s'appuie. Ce tambour
est de la même hauteur que les terrasses qui recouvrent le chœur et ses chapelles latérales, terrasses dont l'élévation peut être évaluée à l'aide du calcul suivant : le grand
arc qui donne entrée dans le chœur existe encore, isolé dans les airs ; on le voit sur notre
planche au-dessus de l'angle ruiné qui occupe le milieu du dessin. Ce grand arc est en
plein-cintre[1] ; il s'appuie sur des pieds-droits dont j'ai pu approximativement fixer la
hauteur à 8 mètres ou 26" ; le chœur ayant 9m,20 ou 30" de large, le rayon de l'arc
est un peu inférieur à 15", à cause de la petite saillie des pieds-droits, soit 14" 1/2 ;
la hauteur totale de l'arc sous clef est donc de 40" 1/2 ; ajoutant 4" 1/2 pour l'épaisseur
des voussoirs et de la corniche, on trouve 45" pour la hauteur totale de l'abside et du
tambour. C'est un nombre parfaitement normal qui nous donne en outre 30" pour la
hauteur de la façade rectangulaire.

C'est en partant de ces données que j'ai construit la restauration ci-jointe. J'ai supposé

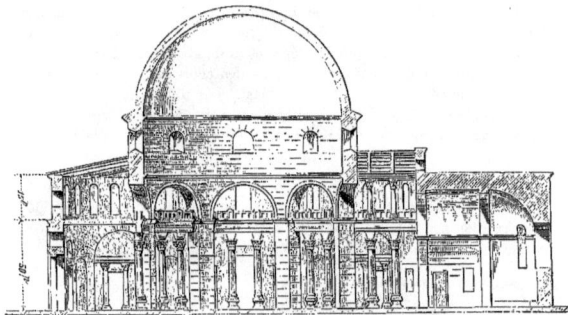

18. — Coupe restaurée de la cathédrale de Bosra.

que l'église avait une galerie supérieure comme les monuments presque contemporains
de Saint-Vital de Ravenne et des Saints-Sergius et Bacchus de Constantinople. Des
colonnes intermédiaires étaient nécessaires pour occuper le grand vide des arcs et porter
les galeries ; je leur ai donné une disposition empruntée aux monuments du temps et du
pays. Quant à la hauteur totale de la coupole, je l'ai fixée à 90", nombre qui est avec
le diamètre total, ou 120", dans le rapport de 3 à 4. Cette proportion est également celle
de Sainte-Sophie de Constantinople.

1. Quelques voyageurs ont écrit que cet arc était en ogive : c'est une erreur ; déformé par de nombreux ébranlements,
cet arc est brisé à son sommet, ce qui lui donne l'apparence d'une ogive.

La galerie supérieure était éclairée par une rangée de fenêtres percées dans le mur du grand tambour extérieur; elle était couverte par un toit en charpente dont les solives ont laissé des traces encore visibles dans la muraille. Quant à la coupole centrale, elle était certainement en maçonnerie, car le pays ne fournissait pas de pièces de bois assez grandes pour une construction différente. Je suppose que c'était une calotte hémisphérique portée, comme la coupole d'Ezra, sur un tambour peu élevé et percé de huit fenêtres seulement; le problème d'établir une coupole de cette dimension sur un mur percé d'arcades était trop difficile pour le pays; aussi ne fut-il pas résolu. La charpente des bas-côtés, s'appuyant sur un mur mince et percé de fenêtres, n'offrait pas une résistance suffisante à la poussée latérale d'une masse aussi considérable; des symptômes de désorganisation se manifestèrent sans doute d'assez bonne heure, et, pour y remédier, on boucha une partie des fenêtres du tambour extérieur. Cette précaution ne suffisant pas, la grande coupole s'écroula ou fut démolie et l'église fut transformée ainsi que nous l'avons dit en commençant.

Les voûtes du chœur et des chapelles sont presque entièrement conservées; elles sont en berceau, construites en blocage avec cordons de briques; les absides et exèdres sont voûtées en cul-de-four; celles des chapelles C et F sont faites à l'aide d'un mélange assez grossier de blocage et de dalles.

L'appareil extérieur est assez beau, surtout à l'abside centrale.

Sur beaucoup de points il offre la recherche de décrochements et d'enchevêtrements que nous avons déjà signalée à Ezra et dont voici un spécimen.

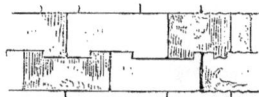

19. — Appareil.

Un grand nombre de pierres portent des lettres sculptées en creux, qui sont évidemment des marques de tâcherons comme on en trouve sur la plupart des monuments du moyen âge. Je reproduis ici les principaux types. Les lettres sont empruntées à trois

20. — Marques de tâcherons.

alphabets différents, au grec, au nabatéen et au sabéen; elles sont l'image exacte de la population mélangée qui habitait le pays au sixième siècle; le grec était la langue officielle du gouvernement impérial et de l'Église; le nabatéen ou araméen, celle des indigènes; le sabéen, celle des Arabes venus à la suite des princes Ghassanides qui gouvernaient la région au nom de l'empereur.

La niche extérieure n est voûtée suivant un système de joints polygonaux qui ne manque

9

pas d'élégance. C'est le premier exemple d'un genre de décoration fort employé depuis par
les Arabes et qu'ils ont complété par l'usage de pierres de couleurs différentes.

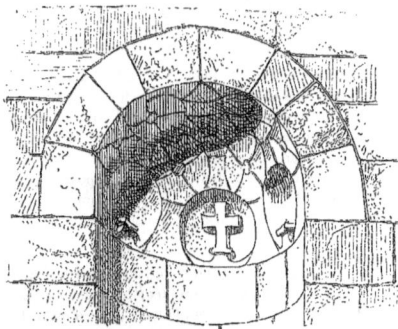

21. — Niche marquée *n* sur le plan.

L'ornementation est fort rare; la petite niche ci-dessus, l'archivolte du grand arc et la
corniche de l'abside ont seules été sculptées; la décoration de ces deux dernières se compose de canaux, perles et palmettes d'un style très-peu différent de celui des monuments
construits dans le pays sous le bas-empire romain : en voici le dessin que l'on peut comparer avec les planches 8, 15 et 28.

22. — Grand arc de l'abside.

La véritable décoration intérieure de l'édifice primitif était la peinture; on voit encore
au fond de l'abside les restes d'une Vierge les mains étendues. Il semble en outre que des
statues aient été exposées à la vénération des fidèles, car les murs sont percés d'une grande
quantité de niches, tant à l'intérieur qu'à l'extérieur du monument.

La décoration extérieure se compose de fenêtres, portes et niches, disposées de manière
à être comprises dans les lignes d'un triangle. Les fenêtres n'ont pas de feuillure, mais des
trous de scellement indiquent que les plaques de marbre ou de plâtre à jour qui les fermaient étaient retenues par des crampons de fer; les portes sont identiquement semblables à celles d'Ezra; sur le linteau de la porte principale, à l'occident, se trouve
l'inscription grecque (*Corpus Inscr. Gr.*, n° 8625. Waddington, *Inscr. syr.*, n° 1915) qui nous

apprend que l'église, dédiée aux saints martyrs Sergius, Bacchus et Léontius, a été achevée sous l'archevêque Julien, en l'année 407 de Bosra (511-512 apr. J.-C.).

Quelques années après cette date, l'empereur Justinien dédiait aux mêmes saints l'église qui porte aujourd'hui à Constantinople le nom de « petite Sainte-Sophie », et faisait construire l'église Saint-Vital de Ravenne. Ces deux monuments procèdent de la même idée que la cathédrale de Bosra, mais leur exécution constitue un progrès, car l'un et l'autre sont restés debout; les architectes de Constantinople et de Ravenne ont su, mieux que ceux de Bosra, étayer leur coupole; ils ont butté leurs piliers et les ont reliés avec les murs extérieurs par un système d'arcs et de voûtes qui maintient l'équilibre général; de plus, ils ont construit les calottes en poteries ou briques légères habilement agencées : celle de Saint-Serge de Constantinople que j'ai pu étudier sur place est une des plus curieuses qui existe et mériterait une monographie spéciale; elle se compose d'une ossature de huit grands arcs réunis au sommet de la coupole, et s'appuyant, comme les méridiens d'une sphère, sur le sommet de chacun des huit arcs du tambour; les intervalles sont remplis par des voûtains en berceau bandés d'un arc à l'autre. Ces dispositions ingénieuses ont sauvé les deux monuments en question de la ruine qui a atteint l'église de Bosra, et qui n'aurait pas épargné celle d'Ezra, si ses petites dimensions n'avaient permis l'emploi des dalles de pierre sur les bas-côtés et l'adoption, pour la coupole, d'une section qui poussait moins au vide que la calotte hémisphérique.

CHAPITRE II

SAFA

Si l'on veut bien jeter les yeux sur la carte qui accompagne le présent volume, on remarquera, à l'est du Haouran proprement dit, une région teintée en gris. C'est une contrée volcanique qui appartient au même système que le Haouran et le Ledja et qui n'en diffère que par un côté, la stérilité. Les pentes du Djebel-Haouran et les plaines qui l'entourent immédiatement sont couvertes d'une couche variable de terre végétale qui, dissimulant sur beaucoup de points l'accumulation des roches volcaniques, en atténuant sur beaucoup d'autres les effets, est susceptible de culture : le plateau basaltique du Ledja lui-même produit une végétation intermittente, qui, quoique maigre, suffit à la nourriture des troupeaux. La région orientale, au contraire, prise dans son ensemble, est absolument impropre à la culture : c'est le désert. Toute la surface teintée en gris sur notre carte est couverte d'une couche plus ou moins épaisse de pierres noires et arrondies, qui ont été projetées par les formidables éruptions d'une longue série de cratères. Ceux-ci forment des massifs montagneux ou des groupes isolés : les deux massifs principaux, nommés « Touloul-es-Safa » et « Tell-el-Rheïlé », s'élèvent au milieu d'une vaste nappe de basalte à la surface noire et luisante, aux bords déchiquetés ; des coulées de laves scoriacées s'échappent de certains cratères : telle est celle qui sort du Tell-Hisch et du Tell-Aradj et qui couvre plusieurs lieues de terrain : telle est aussi celle qui a été vomie par le Djebel-Sès, et qui se dirige à perte de vue vers le nord-ouest. Ce dernier cratère est situé à la limite nord-est de la région volcanique, presque au bord de la steppe (El-Hamad), grand plateau herbagé qui s'étend jusqu'à l'Euphrate ; il est comme tous les cratères qui forment l'extrémité septentrionale du groupe, isolé au milieu de la plaine ; c'est un tronc de cône qui peut avoir 50 à 60 mètres d'élévation, sur 800 de diamètre ; il est, à l'intérieur, creusé en forme d'entonnoir, et, sur le fond de ce vaste cirque, s'élèvent huit petits cônes secondaires, anciennes bouches du volcan. Une grande dépression qui s'est produite dans le sol extérieur à l'entour de la base du grand cône forme un lac qu'alimentent les pluies d'hiver. Des dépressions analogues, de dimensions plus ou moins grandes, se trouvent dans le voisinage des centres principaux de l'ancienne activité volcanique : les eaux d'hiver s'y accumulent et forment des lacs temporaires et variables, dont le fond vaseux, mis à sec par l'évaporation, se couvre au printemps d'une végétation éphémère. Les Arabes donnent à ces surfaces jaunâtres, qui interrompent le désert de pierres noires, le nom de *Kâ*. La plus considérable de ces dépressions est le Rohébé, véritable oasis temporaire dont l'herbe épaisse sert pendant deux ou trois mois de pâturage aux troupeaux des Bédouins. Toute la région ne possède que deux puits permanents, l'un au nord, au pied de Djebel-Sès, l'autre au sud, à Némara; les Romains avaient choisi ces deux points pour y faire des établissements militaires; celui de Némara n'était qu'un poste de quelques hommes, qui n'offre aujourd'hui aucun intérêt architectural; celui de Sès, au contraire, était très-sérieux et jouait évidemment un rôle important dans l'organisation défensive des frontières de l'empire; nous le décrirons plus loin, nous décrirons aussi les ruines des édifices qui ont été élevés dans le Rohébé, et que nous attribuons à l'une des tribus sabéennes qui, du deuxième au septième siècles de notre ère, vinrent se fixer dans ces contrées; c'est à ces mêmes tribus que nous attribuons les innombrables inscriptions encore inexpliquées qui couvrent les rochers du Safa, et dont la présence mystérieuse ne constitue pas un des traits les moins intéressants de cette région inhospitalière [1].

Les Arabes donnent le nom de *El-Harra* au désert de pierres noires; le nom de *Safa* désigne spécialement, dans leurs habitudes, le groupe volcanique central; nous l'avons étendu, par abréviation. à toute la zone visitée par nous à l'est du Haouran.

PLANCHE 24.

KHARBET-EL-BEIDA.

Le château nommé par les Arabes Kharbet-el-Beïda, « la Ruine blanche », est situé sur la lisière orientale du massif volcanique du Safa, au bord du Rohébé. Cet édifice se compose d'une grande enceinte carrée de 61 mètres environ ou 200 pieds de côté, flanquée de tourelles à ses angles et renfermant des bâtiments d'habitation : ceux-ci sont complétement ruinés; les arrasements indiquent pourtant qu'une certaine symétrie a présidé à leur construction; une tour de deux étages *a* qui subsiste seule en entier paraît avoir été remaniée; elle est construite dans le système haouranite avec arc et dalles. Le mur d'enceinte, encore en partie debout, est bâti en pierres sèches; les parements extérieurs sont appareillés avec soin, tandis que l'intérieur est composé d'un blocage sans ciment; des

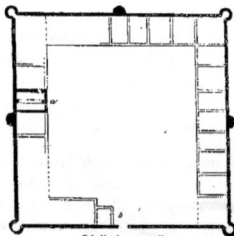

Échelle de 0 00 p.M.

23. — Kharbet-el-Beïda.

lits de boutisses qui traversent le mur de part en part donnent un peu de solidité à cette construction négligée.

1. Voir *Syrie centrale, Inscriptions sémitiques*, 2ᵉ partie.

A l'orient s'ouvre une porte monumentale *p* dont les pieds-droits sont en place, mais dont le linteau gît à terre; j'en donne fig. 1 la reproduction. Le style de la sculpture est tout particulier et rappelle un peu le goût de l'Inde ou de la Perse. La frise d'animaux a surtout ce caractère exotique. On y remarque un éléphant, un bœuf à bosse qui n'ont pu être reproduits que par un artiste en relations avec les pays où vivent ces quadrupèdes; le bouquetin terrassé par un chacal, la gazelle arrêtée par un faucon, nous reportent en même temps au milieu des scènes de chasse propres au désert et chères aux imagiers arabes.

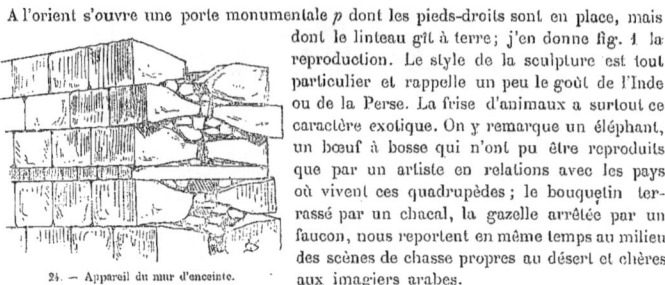

24. — Appareil du mur d'enceinte.

Les fragments sculptés reproduits fig. 2 à 5, et qui proviennent des ruines intérieures, le profil si caractéristique des moulures, appartiennent à un art qui, tout en ayant des points communs avec le style byzantin propre à la Syrie, procède pourtant d'un principe différent et trahit des influences asiatiques prononcées. Rien n'est plus naturel que d'attribuer la construction de ce château à l'une des familles venues de l'Arabie méridionale, peut-être à l'un des rois Ghassanides qui régnèrent dans ces régions entre le cinquième et le septième siècles, et qui laissèrent dans le Haouran des traces écrites de leur passage (Waddington, *Inscr.*, n°" 2110, 2562 c.). Nous aurions alors dans ces quelques débris un exemple de cet art sabéen vanté par les auteurs anciens. Strabon (XVI, 4), Pline (*Hist. nat.*, VI, 32), Diodore de Sicile (V, 41-47), Agatharcides (Müller, *Geographi minores*, I, 189) ont célébré la beauté des villes de l'Arabie Heureuse, Saba, Hadramaut, Mareb, Nedjrân; ils ont cité le nombre de leurs temples et de leurs palais; ils ont décrit le luxe des habitations lambrissées de bois précieux incrustés d'ivoire, d'or et d'argent, où une population riche et fastueuse menait une vie indolente sous le gouvernement paternel d'un roi absolu. Les explorateurs modernes n'ont pas encore pu vérifier, au point de vue de l'architecture, les renseignements quelque peu enthousiastes des historiens antiques; ils n'ont pu déterminer le caractère de l'art qui s'est développé dans ce milieu tout spécial de l'Arabie méridionale, sorte d'entrepôt situé entre l'Inde, la Perse et l'Égypte, en relations de commerce avec ces centres de production matérielle et intellectuelle; il serait intéressant de constater si notre conjecture sur l'origine du château de Kharbet-el-Beïda est confirmée par l'observation directe des monuments du Yémen.

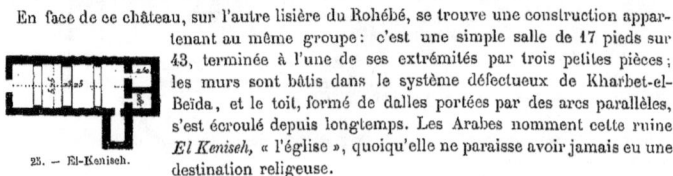

En face de ce château, sur l'autre lisière du Rohébé, se trouve une construction appartenant au même groupe: c'est une simple salle de 17 pieds sur 43, terminée à l'une de ses extrémités par trois petites pièces; les murs sont bâtis dans le système défectueux de Kharbet-el-Beïda, et le toit, formé de dalles portées par des arcs parallèles, s'est écroulé depuis longtemps. Les Arabes nomment cette ruine *El Keniseh*, « l'église », quoiqu'elle ne paraisse avoir jamais eu une destination religieuse.

25. — El-Keniseh.

Non loin de ces ruines se trouvent les carrières qui ont fourni les pierres pour la construction du palais de Kharbet-el-Beïda.

PLANCHE 25.

SÊS.

Le fond de notre dessin représente le grand cratère d'éruption que nous avons signalé plus haut, et qui termine, au nord-est, le groupe volcanique du Safa; à droite se voit la dépression qui, à l'époque de notre visite, à la fin de mars, formait encore un lac d'une certaine étendue.

A gauche, au troisième plan, se voient les ruines du camp fortifié romain; c'est une vaste enceinte carrée, de 34m,20 de côté, dont nous donnons ici le plan; elle est formée par un mur en maçonnerie de 2 mètres d'épaisseur, que protége un petit fossé, et que flanquent des tours rondes aux angles et des tours demi-circulaires placées au centre des courtines. La porte d'entrée est pratiquée dans la tour qui occupe le milieu de la face nord, solide construction de pierre à deux étages voûtés en briques. Nous donnons ici le plan du camp et celui de la porte.

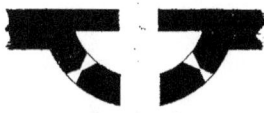

26. — Camp romain.   27. — Porte du camp.

Les ruines qui se voient au deuxième plan du dessin proviennent de thermes destinés à la garnison: elles se composent d'une grande salle terminée en hémicycle, sur laquelle donnent deux étuves parallèles, et trois salles froides: la partie inférieure des murs est en gros blocs de lave à peine appareillés, les voûtes sont en briques plates carrées de fabrication romaine.

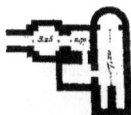

28. — Thermes.

Le camp retranché faisait partie de cette ligne de postes fortifiés que les empereurs romains avaient établis sur toute la limite du désert pour défendre leurs possessions contre les incursions des nomades. On voit avec quel soin ils étaient organisés.

Quelques maisons s'étaient groupées autour du fort: un poste détaché était placé au sommet du cratère qui domine toute la plaine environnante.

Ce point forme la limite extrême de notre excursion dans le désert de Syrie: aucun Européen avant nous n'en avait troublé les solitudes.

CHAPITRE III

PROVINCE DE DAMAS.

La région qui entoure Damas est la partie la plus connue du pays qui nous occupe : elle renferme les célèbres ruines de Baalbek et de Palmyre si souvent admirées et décrites. Étudier à nouveau ces monuments prodigieux nous entraînerait hors du cadre de ce travail. Je ne puis d'ailleurs introduire aucun élément nouveau dans la discussion des problèmes qu'ils soulèvent. Après les grandes publications dont ils ont été l'objet, on ne saurait s'en occuper utilement sans faire des fouilles, entreprise considérable que je n'ai même pas songé à aborder. Il faudrait percer la couche de sable qui recouvre les colonnades écroulées de Palmyre, chercher sous le sol la clef du mystère des grandes substructions de Baalbek. Des travaux de cette nature étaient impossibles à l'époque[1] où je parcourais la Syrie, et j'ai cru inutile de donner ici les observations superficielles que j'ai pu recueillir.

Il était difficile pourtant, dans un livre consacré à la Syrie centrale, de ne pas prononcer le nom de ces villes fameuses qui ont depuis des siècles établi la notoriété archéologique de ce pays ; je les ai donc représentées ici chacune par un de leurs petits monuments, et, parmi ces édifices secondaires, j'ai choisi ceux qui, par leur disposition ou leurs détails, rentraient dans l'ordre de faits que nous nous sommes surtout proposé de faire connaître. Les grandes ruines de cette région, on le sait, appartiennent à l'architecture officielle du haut empire romain ; prises dans leur ensemble et en dehors de la profonde impression que leur vue produit sur l'esprit de l'artiste ou de l'archéologue, elles n'ont que peu de choses à nous apprendre ; on n'y trouve pas au même degré que dans le Haouran ces formes nouvelles, ces procédés ingénieux qui nous ont frappé dans les monuments que nous avons décrits jusqu'ici. Dans les détails, pourtant, il est facile de reconnaître la trace de cet esprit particulier qui, en mêlant aux formules classiques ses inspirations originales, devait insensiblement transformer l'art gréco-romain. Ainsi, l'emploi de l'arc et de la coupole, celui des lignes courbes ou brisées, ont produit des combinaisons qui seront rapprochées avec fruit des combinaisons du même ordre dont la Syrie centrale nous a déjà offert de curieux exemples.

---

1. Depuis cette époque un architecte de grand talent, M. Joyau, a fait des ruines de Baalbek une étude très-sérieuse ; mais je ne sache pas que ses remarquables dessins aient été publiés.

PLANCHE **26.**

TOMBEAU A PALMYRE.

Parmi les monuments de Palmyre, j'ai choisi un tombeau. Jusqu'à présent nous n'avons décrit qu'un seul monument funéraire, celui de Soueideh; les tombeaux ne tiennent pas, dans la région que nous venons de quitter, une place aussi considérable que dans les autres. Tailler des hypogées dans le flanc des montagnes était impossible, à cause de la dureté des roches basaltiques qui les composent; toutes les sépultures apparentes, toutes celles qui n'étaient pas de simples fosses creusées dans la terre étaient donc des édicules, des édifices plus ou moins grands, construits en maçonnerie : la plupart ont disparu sous les coups des constructeurs ultérieurs et leurs épitaphes se retrouvent dans les murs des maisons plus modernes. Ceux qui ont subsisté ont généralement la forme de tours carrées. La plus belle de ces constructions funéraires est celle de la famille de Bassus à Chaqqa, élevée sans doute au troisième siècle de notre ère; d'autres se voient à Qennaouat, à Athyl. Je n'ai pas cru devoir les reproduire à cause du peu d'intérêt qu'offre leur disposition intérieure, simple salle renfermant un ou plusieurs sarcophages de pierre. J'ai été chercher un exemple plus frappant à Palmyre où le système des tours funéraires a reçu son plus complet développement.

Le tombeau d'Iamlichus fils de Moqeimus fils de Malichus a été construit en l'an 83 de notre ère, au mois d'avril; une double inscription bilingue [1], gravée au-dessus de la porte et sur une plaque encadrée au centre de la façade, nous donne cette date. Il a cinq étages séparés par des planchers en dalles de pierre et communiquant entre eux par des escaliers. Le rez-de-chaussée était décoré avec le plus grand soin : pilastres corinthiens, frises sculptées, plafonds à caissons ornés de figures en ronde-bosse et de peintures témoignent de l'importance attachée par les Palmyréniens aux rites de la famille et du goût de leurs architectes. Trois longues niches ménagées de chaque côté dans l'épaisseur de la maçonnerie étaient coupées par des dalles en une série de *loculi* superposés, destinés chacun à recevoir un cadavre; le nombre des places qui pouvaient ainsi être obtenues dans un seul étage est très-considérable. Une famille entière pendant plusieurs générations pouvait y trouver, comme disent les inscriptions, « le repos pour l'éternité ». Le tombeau d'Elabel, construit en l'an 103 [2], avait déjà reçu plus de trente membres de la même famille lorsque la ville de Palmyre fut détruite; leurs portraits, accompagnés de leurs noms et de leurs filiations, étaient placés dans cette salle du rez-de-chaussée, qui devenait ainsi le sanctuaire des souvenirs et des affections domestiques.

Le premier étage du tombeau d'Iamlichus, disposé comme le rez-de-chaussée, était comme lui destiné à l'ensevelissement de la famille immédiate; les corps y étaient introduits du dehors par une ouverture spéciale. Les étages supérieurs, moins soignés, étaient sans doute réservés aux membres moins immédiats de la famille orientale, concubines, esclaves, affranchis.

1. *Syrie centrale. Inscriptions sémitiques*, P. N° 36.
2. *Inscriptions sémitiques*, P. N° 37 à 59.

10

Les lignes extérieures de l'édifice ne manquent pas d'une certaine élégance ; au centre de la façade on avait disposé une niche ou plutôt un balcon soutenu par des aigles en relief et des têtes de lion, surmonté d'un fronton porté par deux pilastres corinthiens; dans la niche, la statue d'Iamlichus était étendue sur un lit de pierre; la figure et sa couche sont aujourd'hui détruites, mais la même composition se retrouve dans d'autres tombeaux analogues.

PLANCHE 27.

TEMPLE CIRCULAIRE A BAALBECK.

Le monument figuré sur la planche 27 est le petit temple de Baalbek, qui paraît contemporain des grands temples, c'est-à-dire avoir été construit au deuxième siècle. Le plan (que l'on peut voir dans le grand ouvrage de Wood, pl. XLIV) se compose d'une cella circulaire entourée d'une colonnade dont chaque colonne occupe l'un des sommets d'un heptagone régulier; devant la porte, le septième sommet a été supprimé et remplacé par deux colonnes qui, flanquant l'entrée dans l'alignement de la première et de la sixième colonne de l'heptagone, forment avec elles une sorte de façade à laquelle aboutit un perron.

Une coupole appareillée recouvrait la cella : l'architrave qui repose sur les colonnes est évidée par une série de demi-cercles dont le dessin fera comprendre la forme. Cette disposition avait pour avantage de transformer les colonnes en une série de contre-forts qui combattaient la poussée de la coupole. L'édifice a été disloqué par les tremblements de terre, mais ses parties essentielles ont subsisté. Il est intéressant à cause du côté ingénieux et original de la composition, de l'emploi de la coupole et des lignes courbes. Quant à l'ornementation, elle est conforme au goût de l'époque et de la contrée.

PLANCHE 28.

PORTIQUE A DAMAS.

Le monument qui représente seul ici la ville de Damas appartenait à un vaste ensemble qui a été remplacé par la grande mosquée; c'était une des entrées monumentales d'un grand édifice, d'un temple sans doute, à laquelle conduisait une avenue de colonnes (Voy. Pococke, *Descr. of the East*, II, 121. — Porter, *Five years in Damascus*, I, 61, 62). L'intérêt principal de ce monument réside dans la disposition particulière de l'arc qui occupe le tympan du fronton. Cette forme, imaginée pour élargir l'entre-colonnement central et suppléer à la rareté et aux dangers d'une longue architrave de pierre, était devenue en Syrie le type de toutes les façades. Les monnaies des empereurs romains, frappées dans les villes de Palestine, de Phénicie, de Syrie, et qui représentent les temples des divinités locales, fournissent de très-nombreux exemples de cette combinaison architecturale, mais les monuments eux-mêmes ont généralement disparu. La plupart des frontons à arc central se sont écroulés; la porte monumentale de Damas est loin elle-même d'être entière, mais elle fournit tous les éléments d'une restauration complète : à ce titre, elle méritait d'être reproduite. Elle donne en outre un spécimen bien conservé de l'ornementation officielle des monuments du haut empire romain en Syrie.

PLANCHE 29.

ARC A LATTAQUIEH.

Quoique la ville de Lattaquieh n'appartienne pas à la Syrie centrale, puisqu'elle est située sur le bord de la mer, j'ai cru pouvoir lui emprunter le curieux monument qui fait l'objet de la planche 29.

C'est un arc à quatre faces, *tétrapyle,* qui s'élevait autrefois à la croisée de deux rues se coupant à angle droit, à un *quadrivium :* les monuments de ce genre, surtout dans cet état de conservation, sont fort rares. Les villes antiques de l'époque impériale en avaient pourtant presque toutes; traversées généralement par une rue principale bordée de portiques, elles possédaient au centre de cette grande artère un carrefour spécialement orné, un ὀμφαλός, qui servait de point de départ commun aux voies transversales. A Palmyre, les ruines de cette construction centrale existent encore. Les descriptions que les auteurs anciens nous ont laissées des villes antiques mentionnent cette disposition; sans nous arrêter aux conceptions mythologiques qui se rattachaient au sens du mot ὀμφαλός, à leur connexion avec le culte d'Apollon, il nous suffira de citer l'*ombilic*

29. — Plan de l'arc tétrapyle.

d'Antioche, auquel aboutissaient les magnifiques portiques à quatre rangs de colonnes décrits par Dion Chrysostome, Libanius, Malalas [1], — le *mésomphalion* de Nicée, — celui de Constantinople, situé au centre de la place dite Augustæum et qui renfermait la borne milliaire d'or, origine de toutes les grandes voies de l'empire d'Orient [2]. L'*ombilic* d'Antioche se trouvait sous un arc tétrapyle qui devait ressembler beaucoup à celui qui nous occupe en ce moment. Libanius nous apprend qu'il était formé d'arcades tournées de tous les côtés et supportant un couronnement en pierre : ἀψίδες πανταχόθεν τετραμμέναι μίαν ὀροφὴν ἔχουσαι λίθου (*Orat.* XI. *Antiochicus*). Cette description pourrait se rapporter au monument de Lattaquieh, ce qui ajoute encore à l'intérêt qu'il nous offre. Il n'est pas moins curieux au point de vue de la construction; nous y retrouvons la coupole et les tâtonnements faits pour la placer sur un plan carré. La calotte qui recouvre le vide intérieur se compose de onze assises et d'une clef parfaitement appareillées; elle repose sur un octogone régulier, formé d'une corniche dont la forte saillie permet au

1. Cités par Müller, *Antiquitates Antiochenæ,* p. 36.
2. Du Cange, *Gloss. med. græc., s. v.* — Procop., *de Ædif. Just.*

cercle inférieur de la coupole de se développer sans rencontrer le vide ; quant aux angles de l'octogone, ils sont rachetés par des pendentifs rudimentaires formés de trois assises à lits horizontaux, mais à joints obliques, dont la face interne inclinée rejoint la corniche par une sorte d'encorbellement.

La première assise de la coupole est ornée d'une frise sculptée représentant des armes romaines, casques, boucliers, cuirasses.

La décoration extérieure est assez grossièrement exécutée ; je crois pourtant que le monument a été construit au troisième siècle de notre ère.

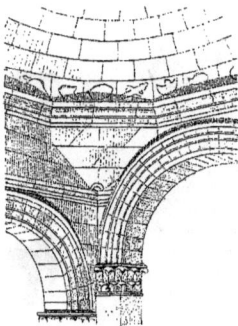

30. — Angle intérieur de l'arc tétrapyle.

DEUXIÈME PARTIE

RÉGION DU NORD

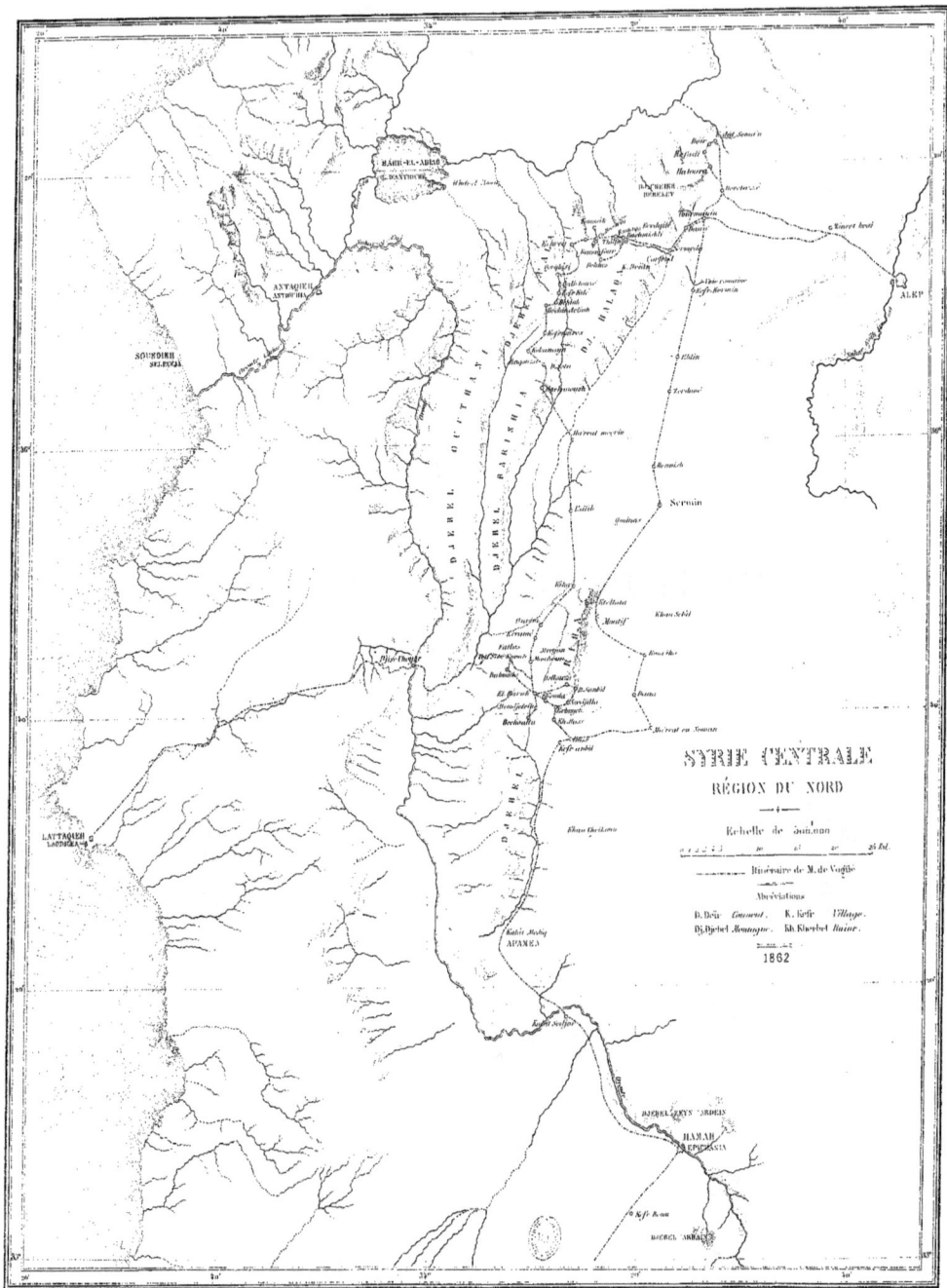

SYRIE CENTRALE

RÉGION DU NORD

Échelle de 500.000

Itinéraire de M. de Vogüé

Abréviations

D. Deïr *Couvent*. K. Kefr *Village*.
Dj. Djebel *Montagne*. Kh. Kherbet *Ruine*.

1862

Gravé par L. Sonnet, 39, rue de l'École-de-Médecine.   J. Baudry, Éditeur.   Paris. Imp. Monrocq.

CHAPITRE PREMIER

DJEBEL RIHA

La région de la Syrie centrale que nous avons désignée sous le nom de « septentrionale » comprend la contrée montagneuse qui s'étend entre les villes de Hamah et de Alep, sur la rive droite de l'Oronte. Pour faciliter nos descriptions, nous l'avons elle-même subdivisée en deux sections que nous appellerons du nom de leurs sommets principaux: l'une, Djebel-Riha, l'autre Djebel-A'ala, Djebel-Semâ'n. La carte qui accompagne ce travail permet de se rendre compte des divisions que la géographie elle-même introduit dans notre étude; il semble d'ailleurs que l'archéologie soit ici d'accord avec la nature: l'observation des ruines nous amènera à constater entre les monuments des deux groupes certaines différences de détail; telle forme, telle moulure, telle habitude de construction prédomine sur un point; dans le Djebel-Riha, les dates des inscriptions se rapportent à l'ère des Séleucides, dans la région située plus au nord, l'ère d'Antioche est seule employée; dans ce pays d'autonomies jalouses, où les rivalités de races, de clans, de villes, de religions sont séculaires, où chaque montagne sert pour ainsi dire de centre et de foyer à un groupement particulier, il ne faut pas s'étonner de trouver sur les monuments la trace de ces divisions et comme l'empreinte de l'esprit local; des variétés de style, d'*école*, ont dû exister dans les productions, en apparence uniformes, d'un même art et d'une même époque; le moment n'est pas venu de les analyser, de les soumettre au travail de classification dont nos écoles françaises du moyen âge, si originales dans leur unité, ont été l'objet de nos jours; ce sera l'œuvre de ceux qui exploreront après nous les contrées que nous ouvrons aujourd'hui aux recherches méthodiques. Mais, tout en bornant notre rôle aux observations d'un caractère plus général, nous signalons ce point de vue spécial qui ne saurait entièrement nous échapper et qui, aussi bien que la géographie, assigne à notre travail ses divisions naturelles.

Le Djebel-Riha s'étend de la ville de Qalat-el-Mudik (l'ancienne Apamée) à celle de Riha; c'est un massif de calcaire compacte, se rapprochant de la craie, stratifié en bancs d'une grande épaisseur, facile à tailler et durcissant à l'air; les pentes sont peu escarpées, les saillies peu profondes; la vigne et l'olivier y prospèrent, le figuier et le noyer y donnent encore parfois une ombre bienfaisante; mais les habitants manquent pour exploiter convenablement les richesses naturelles, et l'archéologue se console de leur disparition en parcourant les ruines si nombreuses et si intéressantes que la solitude a sauvées de la destruction. Ne pouvant tout décrire, nous donnerons les principaux types de monuments en les classant suivant leur destination civile, religieuse ou funéraire.

ÉDIFICES CIVILS

MAISONS A SERDJILLA.

Nous avons désigné par les lettres A et B deux maisons contiguës du village de Serd-jilla dont voici le plan : la teinte grise indique les portions détruites.

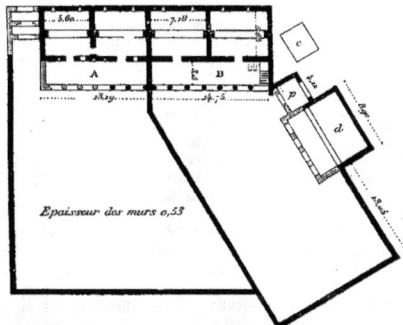

31. — Plan des maisons A et B.

Elles peuvent servir de type à toutes les constructions particulières de cette région. Le rez-de-chaussée se compose de deux pièces séparées par un mur de refend et couvertes par des dalles de pierre qui s'appuient, d'un côté, sur les murs, et de l'autre, sur un arc *a* parallèle à l'axe de la construction; c'est le système du Haouran. Le premier étage se compose de chambres semblables, moins l'arcade médiane, la maison étant couverte par un toit en charpente à double égout, dont les poutres sont posées sur des pignons en maçonnerie. Un double portique règne sur toute la façade; il met en communication les pièces d'habitation en leur donnant de l'ombre et de la fraîcheur.

Un escalier de pierre, dont les arrachements se voient encore en *b*, conduisait au portique supérieur de la maison B. Aucune trace semblable n'étant visible dans la maison A, on est forcé de conclure que son escalier était en bois, et situé, comme le précédent, dans l'angle du portique.

La restauration de la planche 30 n'a rien de conjectural: nous n'avons ajouté que les poutres et les tuiles des toits, ainsi que les balustrades du portique supérieur qui sont tombées; quant aux murs, aux colonnes, aux architraves, tout est en place. On remarquera le caractère éminemment logique et rationnel de cette architecture; chaque membre a une fonction franchement accusée, et l'ordonnance générale n'est que le résultat obtenu par la satisfaction sincère d'un besoin clairement exprimé; les pierres, de grand appareil, posées à joints vifs, sans ciment ni goujons de métal, tiennent par leur propre stabilité; aucun artifice de construction n'est substitué à l'application des règles élémentaires de la statique. Il semble que la saine tradition grecque se soit perpétuée jusqu'aux architectes syriens du quatrième siècle, ou qu'elle ait été reprise par eux, sinon dans l'élégance des contours et la finesse des détails, du moins dans l'application rigoureuse d'un principe défini. Cette influence se retrouve d'ailleurs non-seulement dans le caractère de l'ensemble, mais même dans certains détails positifs, tels que — la proportion relative de la hauteur des deux ordres, — la simplicité de l'architrave qui les sépare, — ce fait surtout que la colonne de l'ordre supérieur n'est que le prolongement de la colonne inférieure.

Voici les principales dimensions de l'un de ces portiques

	Socle.	0m,26	ou	3p 1/2.	
	Fût.	3m,29	ou	10P 1,2 = 42p.	
Ordre inférieur.	Chapiteau.	0m,52	ou	7p.	= 14P.
	Architrave.	0m,53	ou	7p.	
	Diamètre moyen de la colonne.	0m,53	ou	7p.	
	Socle.	0m,20	ou	3p.	
	Fût.	1m,58	ou	5P,1p. = 21p.	
Ordre supérieur.	Chapiteau.	0m,45	ou	6p.	= 8P,1p.
	Architrave.	0m,45	ou	6p.	
	Diamètre moyen de la colonne.	0m,45	ou	6p.	

Entre-colonnement d'axe en axe. . . . . . . 2m,10 ou 7P.

Ces chiffres démontrent qu'un système méthodique a été suivi; à chaque étage le diamètre moyen de la colonne a servi de module; au rez-de-chaussée la colonne est égale à 6 diamètres moyens; à l'étage supérieur, la proportion n'est plus que de 5 diamètres.

Les deux ordres sont sensiblement entre eux dans le rapport de 7 à 4.

Le diamètre moyen, ou module de 7 palmes, a servi également pour déterminer l'entre-axe des colonnes et l'épaisseur des murs de toute la construction.

Les chapiteaux, tout en étant inspirés dans leur ensemble par le souvenir des ordres grecs, offrent des détails tout à fait originaux; les feuilles ne sont pas refendues, ce qui fait déjà pressentir les formes du moyen âge occidental. Le profil de l'architrave supérieure nous donne le premier exemple de cette doucine contournée qui constitue l'élément principal de toutes les corniches de cette région, et dont les transformations successives conduisent également à la corniche gothique.

Les détails reproduits à la planche 31 appartiennent à une porte et à une fenêtre de la

11

maison A; ils ne sont pas moins caractéristiques. Le principe des feuillages sculptés est grec, mais il est appliqué avec une indépendance d'allures qui n'appartient pas aux époques classiques. Le monogramme chrétien qui orne le centre de chacun de ces linteaux en indique l'origine; il démontre que les maisons n'ont pu être construites avant la deuxième moitié du quatrième siècle; d'après leur comparaison avec les monuments datés que nous rencontrerons plus loin, je crois pouvoir leur assigner pour date le cinquième siècle.

Chaque maison a une cour entourée d'un mur en maçonnerie dans laquelle on pénètre par une porte plus ou moins importante; celles des maisons A et B sont fort simples, mais nous en décrirons plus loin de beaucoup mieux entendues. La maison B a des dépendances comprises dans l'enceinte de sa cour; elles sont peu considérables. Chaque habitation a une citerne creusée dans le roc et destinée à recueillir l'eau des pluies d'hiver; cette citerne a généralement servi de carrière pour fournir les matériaux de construction : quelquefois l'extraction des pierres a été utilisée pour tailler dans le roc les parties inférieures du rez-de-chaussée de la maison elle-même.

PLANCHE 32.

PORTES.

1. El-Barah. — Porte d'une cour de maison; elle se compose d'une première arcade formée de claveaux non extradossés et qui donne entrée dans un porche ou vestibule

0,05 p. M.

32. — Porte à El-Barah.

extérieur, garni de bancs de pierre, pour l'usage des passants, des visiteurs qui attendent, ou des gardiens de la maison; puis vient la porte proprement dite, baie rectangulaire primitivement fermée par des vantaux en bois, encadrée par des moulures et surmontée d'un linteau orné de rinceaux sculptés. Après avoir franchi cette porte, on trouve un vestibule intérieur communiquant avec la cour par une arcade semblable à la première. Sur le linteau de la porte se lit l'inscription suivante :

Κύρ(ιος) φυλάξη. τὴν ἴσοδόν που καὶ τὴν ἔξοδον ἀπὸ τοῦ νῦν καὶ ἔως τῶν αἰώνων. Ἀμήν.

« Que le Seigneur garde ton entrée et ta sortie maintenant et dans les siècles. Amen. »   (Ps. CXX. 8)

2. Moudjeleia. — Linteau d'une porte semblable. Le style des rinceaux sculptés sur un boudin cylindrique, rappelle celui des ornements de la « Porte Dorée » à Jérusalem, (Voy. notre *Temple de Jér.*, p. 68 et pl. V, X, XI). Le monogramme central se compose des lettres J, X, initiales de Ἰησοῦς Χριστός, dissimulées sous la forme d'un ornement à rayons : les lettres Λ et ω qui l'accompagnent ne laissent aucun doute sur sa signification.

La date que j'assigne à ces portes est le cinquième siècle.

Nous donnons encore ci-dessus le dessin d'un linteau de porte, relevé à El-Barah, dont le style est identique à celui de la « Porte Dorée », et dont l'origine chrétienne est mise hors de doute par la présence du monogramme.

PLANCHE 33.

MAISON A SERDJILLA.

Maison très-bien conservée : les trous carrés, percés dans la façade, indiquent la place des poutres du plancher du portique inférieur et celle des chevrons du toit du portique supérieur. Les fentes ménagées au-dessus des portes et des fenêtres donnaient de l'air dans l'intérieur quand celles-ci étaient fermées.

Les chapiteaux sont formés de deux corbeaux pénétrant les moulures d'un dorique de décadence, et correspondant aux corbeaux qui, appliqués aux murs extrêmes, reçoivent le bout de l'architrave.

Les figures donnent le détail des niches qui décorent le rez-de-chaussée : l'un des profils appartient à la corniche, l'autre au linteau de la porte.

PLANCHE 34.

ÉCURIE. — CUISINE.

Aux maisons que nous venons de décrire sont souvent adjointes des écuries; celle-ci appartient à une habitation du village de Moudjeleia, dont nous donnons le plan à la planche 38. La partie inférieure a été taillée dans le roc vif, et les pierres extraites du sol par ce travail d'évidement ont servi à construire la partie supérieure des murs, l'arc central et les dalles qu'il supportait. Les mangeoires sont creusées dans le roc; des anneaux évidés dans la pierre servaient à attacher les longes des chevaux.

La cuisine, entièrement creusée dans le roc, appartient également à une maison de Moudjeleia; on y pénètre par un escalier souterrain; le foyer, sorte de table légèrement concave, est placé sous une niche; un trou circulaire percé dans le plafond laissait entrer

le jour et sortir la fumée; des anneaux, des niches, des auges creusés dans les parois de
la cuisine servaient à suspendre, à ranger, à laver les ustensiles de ménage, et suffisaient
aux divers détails du service.

Le cercle qui se voit sur la paroi de gauche est tracé au pinceau rouge ; c'est un symbole chrétien, ainsi que les monogrammes également peints sur d'autres points du souterrain.

PLANCHE 35.

PRESSOIR.

Le plan de cet édifice est reproduit à la planche suivante et servira à comprendre les
deux dessins réunis ici et qui représentent l'un l'intérieur, l'autre l'extérieur d'un pressoir à El-Barah.

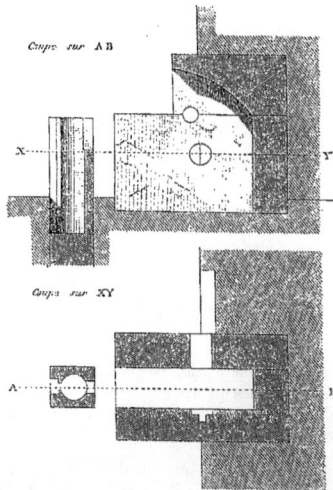

33. — Détail c du Pressoir.

C'est une grande salle portée par sept arcs parallèles dans le système haouranite. Contre
le mur du fond est établie une petite construction c destinée à recevoir l'extrémité du
levier, prelum, à l'aide duquel on pressait le raisin ; ce levier était muni de tourillons
qu'on engageait dans des trous latéraux encore visibles.

A côté est la meule à huile *b;* le trou central recevait un axe dans lequel s'engageait un essieu qui portait à chacune de ses deux extrémités une meule verticale, laquelle, par sa rotation sur la meule horizontale, écrasait les olives; une de ces meules verticales ou roues de pierre se voit encore dans les ruines d'un second pressoir à El-Barah. Ce système est traditionnel en Syrie; il remonte à la plus haute antiquité et est toujours en usage : c'est généralement un âne qui, attelé à cette machine primitive, la met en mouvement.

Un soupirail *a,* dont on aperçoit le débouché dans le dessin de l'intérieur, aboutissait au dehors à une sorte d'entonnoir de pierre par lequel les vendangeurs jetaient leur raisin dans le pressoir. Notre second dessin représente cette disposition vue de l'extérieur; un auvent de pierre protégeait l'ouverture au-dessus de laquelle ont été gravés les deux vers suivants [1] :

✝ NEGTAREOSSUCCOSBACCHEIAMUNERACERNIS
QUAEBITISSENUITAPRICOSOLEREFECTA

Nectareos succos Baccheia munera cernis
Quœ vitis genuit aprico sole refecta.

« Tu vois la liqueur semblable au nectar, les dons de Bacchus que la vigne a produits, qu'un soleil ardent a préparés. »

Malgré son apparence païenne, cette inscription appartient à l'époque chrétienne, sans doute à la fin du quatrième ou au commencement du cinquième siècle, comme la plupart des monuments d'El-Barah.

PLANCHE 36.

GROUPE DE MAISONS.

Plan d'ensemble qui permet de se rendre compte de la disposition d'un groupe de maisons de dimensions moyennes et des rues qui les mettaient en communication. Le principe de leur construction est le même, l'orientation presque uniforme; les façades à portiques sont généralement tournées vers le midi.

La porte *p* est celle qui se voit au second plan du dessin de la planche précédente; elle est en partie masquée par la terrasse qui aboutissait au soupirail du pressoir et qui est aujourd'hui, comme autrefois sans doute, plantée de vignes qui donnent un raisin exquis. On remarquera la disposition du plan, qui permettait aux gens de l'intérieur de surveiller l'entrée et de n'ouvrir la porte qu'à bon escient.

1. Waddington. *Inscript.,* n° 2644.

PLANCHE 37.

TYPES DE MAISONS DE VILLE.

Groupe imaginaire destiné à réunir dans un même ensemble artificiel tous les éléments dont se composent les maisons ordinaires de ville dans cette région. Elles sont supposées démolies afin de faire mieux comprendre le système suivi. Aucun détail n'est inventé ; chacun d'eux est rigoureusement pris sur nature, et trouvera sa justification dans les planches suivantes.

Cet exposé fait ressortir le caractère essentiellement rationnel de cette architecture ; on voit au centre du dessin la maison type avec son double portique, son rez-de-chaussée couvert en dalles, son premier étage couvert en charpente dont les entraits sont soulagés par des corbeaux de pierre, ses deux étages réunis par un escalier extérieur, sa cour avec porte, portiques et citerne. Les maisons dessinées au second plan fournissent des exemples d'ingénieux arrangements de fenêtres ; on y remarquera un toit surélevé afin de couvrir une grande salle centrale, des détails que la planche fait mieux comprendre que toute description.

PLANCHE 38.

MAISON AVEC BASSE-COUR A MOUDJÉLÉIA.

Habitation plus importante que les précédentes et entourée de dépendances supposant un état de maison plus considérable. Je l'ai restaurée sans autre effort d'imagination que d'avoir relevé quelques colonnes et pierres tombées et d'avoir replacé les toits disparus.

Après avoir franchi la porte A, on trouve deux entrées donnant dans deux parties distinctes : l'une est l'habitation du maître avec sa cuisine B caractérisée par une auge de pierre, avec ses dépendances pour le logement des gens, sa cour et son jardin ; l'autre est la basse-cour avec une écurie [1], un abreuvoir et une grande salle basse D pour le logement des gens attachés à cette partie du service.

Le jardin est bordé par une sorte de grille de pierre ou *pergola*, formée de monolithes debout supportant d'autres monolithes et destinés à être couverts de vignes ou de plantes grimpantes. Cet emploi de monolithes comme éléments de clôture est très-répandu dans la région : nous en donnerons plus loin de nouveaux exemples (Voy. pl. 51-54, 88). Certaines de ces files de blocs dressés ont l'apparence de *pierres levées* préhistoriques : mais c'est une coïncidence toute fortuite qui ne saurait tromper qu'un observateur superficiel.

---

1. C'est celle que nous avons reproduite à la planche 34.

PLANCHE 39.

MAISONS A DELLOUZA.

1° Maison dont le premier étage contenait une salle centrale plus haute.

On remarquera le bandeau qui contourne les fenêtres. C'est le premier exemple que nous rencontrions d'une disposition assez originale et qui se représentera assez souvent dans la suite.

La porte latérale était précédée d'un porche en charpente dont les poutres et pannes étaient engagées dans la muraille.

2° Maison dont tout le rez-de-chaussée est creusé dans le roc et a servi de carrière pour la construction des étages supérieurs; il en est de même d'une piscine couverte qui borde la façade postérieure. Les logements des domestiques étaient dans un bâtiment *d* parallèle à l'habitation principale et occupant le côté opposé de la cour, suivant une disposition très-fréquente dans cette région.

Les inscriptions gravées au-dessus de la porte extérieure et de la porte intérieure sont d'une orthographe barbare. Les voici rectifiées :

Κύριε βοήθει τῷ οἴκῳ τούτῳ καὶ τοῖς οἰκοῦσιν ἐν αὐτῷ. Ἀμήν.

« Seigneur, secourez cette maison et ceux qui l'habitent. Amen. »

Εἰ Θεὸς ὑπὲρ ἡμῶν, τίς ὁ καθ' ἡμῶν: Δόξα αὐτῷ πάντοτε.

« Si Dieu est pour nous, qui sera contre nous? Gloire à lui à toujours. »

PLANCHES 40 ET 41.

RUES.

J'ai rassemblé sur ces planches quatre vues donnant la physionomie des rues des villages abandonnés et déserts de la région du Djebel Riha ; elle a à peine changé depuis l'époque où ces groupes d'habitations étaient animés et florissants. Sur beaucoup de points, il suffit de restaurer par la pensée les toits absents et de supprimer les amas de matériaux écroulés, pour retrouver l'impression primitive : des rues étroites, quelquefois taillées dans le roc comme à Betoursa, une grande variété de portes, très-peu de fenêtres irrégulièrement disposées, des balcons de pierre supportant peut-être autrefois des abris de bois, tel est le caractère général; on remarquera qu'il est conforme à la tradition orientale d'après laquelle la vie domestique est concentrée dans l'intérieur de l'habitation et se manifeste peu au dehors : il n'est pas jusqu'aux *moucharabis* des maisons asiatiques modernes dont on ne puisse chercher l'origine dans les balcons de nos constructions syriennes du cinquième siècle.

L'angle de rue destiné à Moudjeleia (pl. 41) est compris entre une église octogonale que nous décrirons plus loin (pl. 63, 64) et une maison particulière assez soignée ; le pilastre qui décore le premier étage appartient à une composition assez rare, une *loggia* ouverte sur la place de l'église. Nous en avons reproduit la disposition complète dans la vue restaurée de la planche 64.

PLANCHE 42.

MONOGRAMMES.

Le monogramme chrétien se rencontre à chaque pas sculpté sur les portes, les fenêtres, les sarcophages, seul ou mêlé à l'ornementation.

Nos planches en fournissent de nombreux exemples [1] ; mais j'ai réuni ici quelques variétés intéressantes recueillies à El-Barah, dans la nécropole de Serdjilla et à Moudjeleia. Quoiqu'il y ait une assez grande diversité dans les arrangements de détail de ce symbole, il se ramène aux deux types connus, plus ou moins accompagnés d'accessoires : l'un en étoile, dit « constantinien », formé de la combinaison du X et du P ou du I de XPICTOC ; l'autre en croix, composé des mêmes lettres, mais confondues en deux lignes perpendiculaires l'une à l'autre.

Mon savant ami M. de Rossi a établi l'antériorité du premier type. Les observations que nous avons recueillies tendent à confirmer cette règle ; les deux systèmes se trouvent simultanément employés en Syrie dès le quatrième siècle, mais le second semble prévaloir, et les exemples datés des cinquième et sixième siècles appartiennent tous au second. Nous donnons plus loin, à la planche 99, la figure de deux monogrammes sculptés sur une porte datée de l'an 431 de notre ère ; ils appartiennent aux deux systèmes, qui se trouvent là réunis, mais celui du second type renferme seul le P ; il a une apparence plus symbolique que le premier, qui a une physionomie plus ornementale : l'un paraît provenir d'une tradition qui s'efface, l'autre d'un usage vivant.

Nous donnons aussi à la planche 151 deux monogrammes qui ont été librement tracés au pinceau sur le rocher par le peintre qui a décoré un tombeau de l'an 420 à Deïr-Sanbil ; ils sont tous deux cruciformes ; c'est la forme qui vient naturellement sous la main de l'artiste du cinquième siècle ; de plus, la croix a sa branche inférieure plus longue que les autres, c'est une *crux immissa ;* elle est de l'espèce que l'on a improprement appelée *croix latine,* pour la distinguer de la croix à branches égales, vulgairement *croix grecque.*

---

1. Voy. surtout pl. 43, 45, 46, 50, 62, 71, 81, 83, 99, 100, 127, 129, 151 et la vignette n° 38.

Cet exemple prouve de nouveau combien ces expressions sont erronées. Notre peintre a d'ailleurs donné à l'un de ses P grecs la forme d'un R latin.

Le R latin apparaît aussi dans les monogrammes sculptés, mais il est moins bien tracé que celui du *graffito* peint de Deïr-Sanbil; il affecte la forme dégénérée des inscriptions latines des bas temps.

PLANCHE 43.

MAISON DU SCULPTEUR.

Nous avons donné le nom de *maison du sculpteur* à une petite maison du village de Betoursa qui paraît avoir été habitée par un artiste habile à tailler la pierre. La salle principale est en partie évidée dans le roc, en partie construite en blocs de grand appareil avec arc central. Les parois intérieures sont couvertes d'ornements sculptés sans ordre, comme le seraient les exercices ou les essais d'un homme du métier; c'est ce qui nous a conduit à baptiser comme nous l'avons fait cette modeste mais très-intéressante construction.

La planche 43 reproduit les principales compositions de ce maître inconnu et oublié : les motifs de gauche sont sculptés sur trois des voussoirs de l'arc central; ceux de droite sont jetés au hasard sur le roc calcaire dont le grain tendre et compacte se prêtait si bien à l'attaque du ciseau; les uns sont de simples ébauches, les autres des études soignées, peut-être des modèles : rosaces, monogrammes pour linteaux, fenêtres, plafonds, — anneaux pour écuries, cuisines, — ornements courants pour balustrades, surfaces décorées, tombeaux, etc.... Les combinaisons dans lesquelles les lignes géométriques sont mêlées à des feuillages plats d'une forme spéciale, ont à mes yeux un intérêt de premier ordre, car j'y vois le prototype des compositions qui font la base et constituent le caractère de l'ornementation dite « arabe ».

PLANCHE 44.

PORTES.

Variétés de portes de maisons particulières avec un vestibule extérieur garni de bancs de pierre. On remarquera l'appareil de l'arc de la porte de Bechoulla. Les architectes croyaient augmenter la solidité des arcs en ne les extradossant pas : c'était une erreur; dans un pays exposé aux tremblements de terre, il aurait mieux valu laisser à la construction une certaine élasticité.

DÉTAILS SCULPTÉS.

Les exemples réunis sur ces planches permettent d'apprécier le caractère de la sculpture ornementale aux cinquième-sixième siècles dans la région qui nous occupe.

Le linteau de porte de Dana (pl. 45) est d'une grande richesse ; on y trouve à la fois ces feuillages plats découpés, reproduction grossière de la vigne, et ces rinceaux profondément fouillés à la surface d'un boudin, d'une physionomie si caractéristique et que nous avons déjà rapprochés de la « Porte Dorée » de Jérusalem (Voy. pl. 32). Le vase accosté d'oiseaux est un motif qui se retrouve souvent dans la symbolique chrétienne primitive ; généralement les oiseaux sont des colombes, ou des êtres fantastiques, griffons ou basilics ; ici ce sont des paons, symboles de la résurrection et de l'immortalité.

La plupart des fenêtres soignées de cette région sont surmontées d'une tablette couronnée par une corniche en biseau plus ou moins ornée ; celles que nous figurons ici ont des décorations géométriques, des rosaces, des rinceaux d'un faire assez plat, mais non sans modelé. Souvent des inscriptions pieuses y sont gravées ; ainsi la tablette reproduite planche 46, n° 1, porte une phrase empruntée au psaume IV, v. 8, et qui fait allusion à la prospérité, à la paix, à l'abondance des biens de la terre au milieu desquelles vivait la population chrétienne qui a construit ces habitations. Elle est ainsi conçue (Voy. Waddington, n° 2648) :

Ἔδωκάς μοι εὐφροσύνην εἰς τὴν καρδίαν μου.
Ἀπὸ καρποῦ σίτου καὶ οἴνου καὶ ἐλαίου
ἐνεπλήσθημεν ἐν εἰρήνῃ.

« Tu m'as donné la joie dans mon cœur. Des fruits du blé, de la vigne et de l'olivier nous avons été comblés en paix. »

Le sigle ΧΜΓ qui se lit sur la tablette de la planche 45 est un symbole chrétien ; ce n'est pas une date, comme on aurait pu le croire au premier abord. Les inscriptions que j'ai relevées à Hâss et à Deïr-Sanbil ne laissent aucun doute à cet égard puisqu'elles associent ce monogramme à des dates positivement exprimées (Voy. ci-dessous, pl. 81, et Waddington, n°ˢ 2660, 2663, 2665).

Le sens de ces trois lettres est assez obscur. Après plusieurs hésitations, je me suis décidé pour l'interprétation qui les considère comme les initiales des trois noms Χριστός, Μιχαήλ, Γαβριήλ. Un argument direct à l'appui de cette opinion se trouve dans le pays même, à l'église de Qalb-Louzeh, que nous décrivons plus loin (pl. 122-129) : sur un linteau de porte, orné au centre du monogramme du Christ, se voient deux figures humaines mutilées accompagnées des deux noms gravés en toutes lettres : ΜΙΧΑΗΛ et ΓΑΒΡΙΗΛ. On sait la place que tiennent les archanges dans le culte de l'Église d'Orient ;

comme chefs de la milice céleste, on leur attribue une sorte de mission de protection, de défense, de surveillance; ce sont les gardiens du sanctuaire : comme tels, ils ont des autels au sommet des tours. Au mont Athos, le fait a été constaté par Didron; à Omm-El-Djemal, M. Waddington a trouvé une tour du quatrième ou du cinquième siècle qui porte extérieurement sur chacune de ses faces des sentences pieuses, et au milieu d'elles les deux mots Οὐριήλ, Γαβριήλ, gravés l'un du côté nord, l'autre du côté de l'orient (Waddington, n° 2068)[1]. De plus, les archanges sont les assistants au trône du Christ : Didron a reproduit, dans son « Iconographie chrétienne » (p. 265, fig. 72), une représentation très-fréquente dans les églises byzantines et qui se nomme ἡ σύναξις τῶν ἀρχαγγέλων, « la réunion des archanges », où l'on voit le Christ jeune, assis sur un trône que gardent les archanges debout, nimbés, et désignés par leurs initiales. « Il n'est pour ainsi dire pas d'église grecque, ajoute l'auteur, dont l'iconostase ne porte une de ces compositions. » A Ravenne, dans la basilique si orientale de Saint-Apollinaire in Classe, deux grandes figures d'archanges en mosaïque flanquent l'entrée du sanctuaire. Je citerai enfin l'ancienne et si curieuse église, aujourd'hui mosquée, dite Kahiré Djamissi, à Constantinople, bâtie au quatorzième siècle et décorée de mosaïques par Théodore le Mélochite; l'archivolte de la porte d'entrée (aujourd'hui déplacée et transférée à l'intérieur de la mosquée) est ornée de trois bustes en bas-relief; celui du centre représente le Christ, les deux autres les archanges Michel et Gabriel, désignés par leurs noms.

Je pourrais multiplier ces exemples qui me confirment dans l'opinion que l'association des noms du Christ et des deux archanges dans une formule protectrice, inscrite spécialement sur la porte d'une maison, d'une église ou d'un tombeau, est un fait naturel dans l'ordre des idées qui avaient cours à l'époque et dans le pays que nous étudions. Faudrait-il voir dans ce fait la trace d'une de ces croyances condamnées qui, exagérant le rôle des messagers divins et leur appliquant les théories de l'émanation, transformèrent les archanges en une sorte de personnages divins dont l'individualité indécise finit par absorber celle du Christ lui-même? Je ne le crois pas d'une manière générale. Que la formule Χ ΜΓ ait été exceptionnellement gravée sur la porte de sa maison par un gnostique, un ébionite ou tout autre hérétique qui attachait à ces lettres une vertu mystique en rapport avec ses erreurs, cela n'est pas impossible ; mais, dans la région qui nous occupe, la formule se rencontre trop souvent, à des dates trop variées, elle est associée à des sentences d'une orthodoxie trop rigoureuse, pour qu'on puisse sans examen lui attribuer une origine suspecte. Pour moi, jusqu'à preuve du contraire, je la considère comme une sorte d'invocation, de prière abrégée, formée à l'aide des initiales du Christ et des deux archanges Michel et Gabriel, et comme ayant été d'un usage général, du troisième au septième siècle, dans toute la Syrie chrétienne.

J'ai d'ailleurs la satisfaction d'ajouter que cette opinion a pour elle la plus haute autorité contemporaine en fait d'épigraphie et d'archéologie chrétiennes. Mon savant ami, le commandeur de Rossi, a adopté pour le sigle Χ ΜΓ l'interprétation à laquelle je m'étais arrêté moi-même. Dans le n° III de son Bulletin d'Archéologie chrétienne de l'année 1870,

---

1. D'Orient l'usage a passé en Occident : sur le plan de l'abbaye de Saint-Gall au ixe siècle (Lenoir, Archit. Monast., 1, 28), la tour du nord est dédiée à saint Michel, celle du sud à saint Gabriel : à Cluny, une chapelle ménagée dans l'épaisseur du mur au-dessus de la porte principale de l'église était consacrée à saint Michel; la même tradition se retrouve dans d'autres églises clunisiennes, telles que Tournus, Payerne, où les archanges avaient des autels au-dessus du narthex, comme gardiens de l'entrée de l'église.

il a réuni tous les arguments en sa faveur; avec la sûreté de critique et l'érudition qui le
caractérisent, il a écarté toutes les objections et épuisé le sujet. Après avoir lu sa savante
dissertation, il me paraît difficile qu'il reste un doute sur le sens des trois lettres que les
chrétiens de la Syrie centrale aimaient à graver sur la porte de leurs demeures et l'entrée
de leurs tombeaux.

Les divers chapiteaux reproduits planches 47, 48 et 49, offrent des combinaisons ingénieuses où les systèmes antiques se mêlent à des motifs nouveaux. Ici c'est l'ionique, là le
dorique ou le corinthien romain qui ont fourni le thème sur lequel les architectes ont
brodé leurs fantaisies. Partout éclate cet esprit logique que nous avons déjà signalé et qui
n'est jamais plus manifeste que dans l'ajustement de ces chapiteaux, munis de consoles
latérales pour recevoir l'extrémité de l'architrave.

Pl. 48, fig. 1. — Fenêtre à trumeau éclairant une maison particulière à Kherbet-Hâss.

— Fig. 2. Console-sculptée, ou corbeau supportant l'extrémité de l'entrait de la charpente du toit d'une des salles de la grande villa d'El-Barah.

— Fig. 3. *Agnus Dei* sculpté sur la façade d'une maison à Deïr-Sanbil. C'est le seul
exemple que cette région nous ait fourni de la représentation sculptée d'un être vivant.
Cette maison, selon toute probabilité, est du cinquième siècle : à cette époque, l'*Agnus Dei*
commençait à être exclusivement représenté avec la croix, instrument de la Passion (Mar-
tigny, *Ét. sur l'agneau et le bon Pasteur*, p. 24), et remplaçait symboliquement la figure, non
encore adoptée, du crucifix. Cette maison paraît d'ailleurs avoir été habitée ou bâtie par
une famille qui avait un goût spécial pour la symbolique chrétienne, car un des linteaux
de porte, que nous reproduisons ci-contre, renferme des ornements où il est bien difficile

35. — Linteau à Deïr-Sanbil.

de ne pas reconnaître d'un côté les *panes decussati*, pains marqués d'une croix, et de l'autre les grappes de raisin qui, sur les monuments primitifs chrétiens, figurent les espèces
eucharistiques.

Les linteaux réunis sur la planche 50 sont intéressants à cause de leur ornementation
géométrique et de leur forme; ils appartenaient à des fenêtres disposées comme celles de
la maison reproduite à la planche 39.

GRANDE VILLLA A EL-BARAH.

Les villas antiques sont nombreuses dans cette région ; celle que nous reproduisons est la plus complète que nous ayons rencontrée : les indigènes l'appellent *Deïr-Sobat*, « le couvent d'Élisabeth ».

La planche 51 en donne le plan et la coupe ; elle permet de saisir tous les détails de la construction, surtout si l'on s'aide des planches 52 et 53, qui représentent l'une l'état actuel du monument, l'autre la restauration que M. Duthoit en a dessinée.

Une seule porte P donne accès dans la villa ; elle est entourée du même système de précautions que nous avons signalé dans les entrées de maisons de ville. Quand on l'a franchie, on passe devant la loge du portier L et on entre dans une cour à plan incliné, taillée dans le roc, sur laquelle donnent d'un côté les écuries pratiquées sous la *terrasse,* et de l'autre côté le cellier C encore garni de ses tonneaux de pierre.

Si, au lieu de descendre dans cette cour, on tourne à droite, on arrive sous un portique sur lequel s'ouvrent la porte du jardin et celle du grand couloir D, qui dessert toute l'habitation intérieure. Le centre du plan est la grande salle A, lieu de réunion qui, par une large porte, donne sur une salle B, construite à angle droit, qui me paraît avoir été une salle à manger ; le bâtiment C, avec son cellier muni d'un escalier extérieur, serait une cuisine ou office. L'étage supérieur de la villa reproduit les mêmes dispositions, sauf qu'il n'a pas de communication directe avec le bâtiment C. L'escalier principal a disparu ; il devait se trouver sous le portique E qui a très-souffert, ainsi que cette partie de l'édifice qui renfermait sans doute les chambres d'habitation et les dépendances.

Le jardin est entouré d'un mur ; on voit encore les traces des portiques rustiques, des *pergulæ,* qui supportaient les treilles et les plantes grimpantes. Par un touchant usage, le plus bel ornement de ce jardin est un tombeau, sorte de temple à jour, porté par douze colonnes et renfermant deux sarcophages ; d'autres sépultures se trouvent dans un angle écarté.

Toute cette construction est en grand appareil irrégulier, à joints vifs, mais très-bizarrement enchevêtrés, avec harpes et décrochements. Tous les planchers et toutes les charpentes étaient en bois ; la place de cadres et de dormants en bois se voit aussi à l'intérieur des fenêtres de la grande salle ; on distingue des traces de stuc. Deux des portes de la grande salle sont ornées de monogrammes chrétiens sculptés dans des rosaces ornées. L'un est formé de la lettre X et d'une croix, l'autre du X et du P disposés suivant la forme dite constantinienne ; l'*alpha* et l'*oméga* sont mêlés à des feuillages ; la boucle du P se retourne de manière à ressembler à un R grossier.

Par les analogies, je suis conduit à assigner comme date à cette belle construction la fin du quatrième ou le commencement du cinquième siècle.

PLANCHE 54.

VILLAS A KHERBET HASS.

Groupe de villas plus modestes que la précédente, mais bâties d'après le même principe : avec une grande salle centrale entourée de dégagements et de chambres d'habitation, avec deux étages, et cette curieuse association des vivants et des morts. Dans l'une de ces maisons, cette association est poussée aussi loin que possible, puisque les tombeaux sont dans le sous-sol de la grande salle et de l'appendice perpendiculaire B que j'ai appelé la « salle à manger ».

Le jardin est entouré d'une enceinte de pierres levées dont les intervalles étaient primitivement remplis soit par des pierres sèches, soit par des barrières de bois. Voyez, à la planche 88, une vue de pierres levées analogues.

Le monogramme sculpté sur le linteau d'une des portes ne laisse aucun doute sur l'origine chrétienne de l'édifice.

PLANCHES 55, 56, ET 57.

THERMES.

1. THERMES DE SERDJILLA. — Monument admirablement conservé auquel il ne manque absolument que les charpentes : la seule restauration que je me sois permise est celle des tuiles figurées à la planche 56.

A. Entrée.

B. Salle d'attente.

C. Logement du gardien.

D. Chambre des fourneaux séparée des autres par un très-gros mur qui supportait les appareils à chauffer l'eau.

E. Bains d'eau chaude, *alveum*.

eee : petites étuves recouvertes d'une voûte monolithe: *Sudatoria*.

F. Chambre moins chaude : *Tepidarium*.

G. Grande salle commune, *apodytherium* où on se déshabillait, et où le baigneur se reposait après le bain en écoutant les musiciens établis dans la tribune H au fond de la salle.

H. Tribune portée par des colonnes et garnie d'une balustrade de pierre.

M. Plate-forme qui supportait le réservoir d'eau.

mm. Conduite extérieure en pierre, communiquant par la fenêtre avec chacune des étuves et lui amenant de l'eau froide : cette eau, en tombant sur des cailloux rougis au feu produisait la vapeur, et servait en outre, après l'*exsudatio*, au lavage final.

P. Grande citerne couverte en dalles de pierre posant sur des arcs.

p. Margelle par laquelle on puisait l'eau pour remplir le réservoir M, à l'aide d'un appareil dont les supports de pierre sont encore en place.

R. Maison publique attenante aux thermes et que les indigènes appellent « le café ».

2° THERMES DE MOUDJELEIA. — Édifice moins complet et moins bien conservé que celui de Serdjilla, mais d'une disposition analogue. J'ai désigné par les mêmes lettres les pièces qui ont la même destination, afin que l'explication précédente puisse servir aux deux plans.

PLANCHE 58.

TOUR DE GARDE. — ESCALIER.

1. KHERBET-HASS. — Tour de garde, de 4^m,20 de côté, sur 7 mètres de hauteur : une balustrade dont les débris gisent au pied des murs, garnissait la plate-forme supérieure ; un mâchicoulis de pierre, placé au-dessus de la porte, permettait à la garnison, enfermée au premier étage, de défendre l'entrée du poste en laissant tomber des projectiles par un conduit coudé évidé dans l'épaisseur de la pierre saillante.

2. DEIR-SANBIL. — Escalier de pierre situé dans l'angle du portique d'une maison et conduisant à l'étage supérieur ; plusieurs marches sont taillées dans le même bloc : on voit dans le mur de la façade l'encastrement du premier palier et celui des marches de la deuxième révolution. (Voy. Serdjilla, pl. 30.)

II

ÉDIFICES RELIGIEUX

PLANCHES 59 ET 60.

PLANS D'ENSEMBLE.

Les édifices religieux tiennent, dans l'ensemble architectural qui nous occupe, la place que l'Église tenait dans la société qui l'a fondé et habité. Ils sont nombreux, construits avec soin, très en vue. Chaque groupe d'habitations possède son église ou sa chapelle; les centres plus importants ont plusieurs lieux de prière, auxquels se rattachent des dépendances ecclésiastiques. Le couvent proprement dit n'apparaît pas encore, ou du moins, s'il existe virtuellement depuis la constitution de la vie monastique, il ne possède pas, au point de vue architectural, l'organisation méthodique qu'il aura plus tard : les agglomérations qui entourent certaines grandes églises semblent moins destinées à l'usage de cénobites qu'à celui du clergé séculier et des fonctionnaires de tout ordre qui composaient sa hiérarchie.

Les deux groupes ecclésiastiques les plus complets que nous ayons trouvés se voient à Kherbet-Hâss et à El-Barah.

Le premier, reproduit à la planche 59, comprend une grande église A, une petite C, construites du même côté d'une large cour; des portiques les mettent en communication. Entre les deux églises est un bâtiment carré B que je crois une école, avec une bibliothèque dans l'angle de la salle d'étude. Un passage étroit p conduit à une cour intérieure L, autour de laquelle s'élèvent des bâtiments d'habitation. Un tombeau T, situé en dehors de l'enceinte, était sans doute destiné aux principaux dignitaires ecclésiastiques (voyez pl. 84). Une seconde place K s'ouvre devant la façade principale de l'église; elle est bordée à l'est d'un portique qui sert en même temps de pronaos à l'église; les logements F et G, quoique sans communication directe avec le sanctuaire, paraissent dépendre du même ensemble ecclésiastique.

A El-Barah (pl. 60), trois églises sont juxtaposées : l'église principale, accompagnée d'une chapelle, est précédée et flanquée de cours spacieuses bordées de portiques irréguliers : elle communique avec la rue par une porte semblable à celles des maisons de la ville; à gauche de l'entrée, le bâtiment carré A, avec son portique intérieur, me paraît une école. On sait la place que tenait l'école auprès de l'église : les prêtres étaient obligés par les canons d'ouvrir des écoles gratuites, *per vicos et villas* (*concil. Constantinop.*, can. V) et de les munir de bibliothèques. De l'autre côté de la porte est un bâtiment détruit qui servait sans doute au logement des *Janitores* et autres agents inférieurs de la hiérarchie sacerdotale. La maison intérieure B était consacrée à l'habitation du clergé proprement dit : elle était mise, par une porte latérale, en communication directe avec l'église; sous le portique une grande cuve de pierre servait aux ablutions rituelles : c'est le prototype de la fontaine sacrée, *phiale, cantharus*, des églises orientales, origine de notre moderne bénitier.

La maison D n'est pas en communication directe avec l'église; on est pourtant tenté d'y voir une maison ecclésiastique. Par sa cour intérieure, ses dispositions concentriques, sa grande salle, elle diffère sensiblement des maisons ordinaires d'El-Barah, toutes presque invariablement conçues d'après le type de la maison C : elle paraît avoir été affectée au logement d'une communauté ou d'une congrégation de clercs.

Les cinq églises dont le plan figure sur ces deux planches appartiennent au type de la *Basilique;* c'est celui qui règne presque exclusivement dans la région septentrionale de la Syrie centrale. Le bois ne manquait pas pour les charpentes; les architectes ne furent donc pas poussés par la nécessité dans la voie qui, par la coupole, menait aux dispositions carrées et polygonales. Ils varièrent peu les lignes générales de leurs plans, se contentant d'en modifier les détails et restant fidèles à cette méthode pratique dont leur architecture civile offre la logique application. Trois nefs séparées par des colonnes : une abside demi-circulaire, flanquée d'un *diaconicum* à droite, d'une *prothesis* ou *paraclision* à gauche, un *pronaos* plus ou moins complet, beaucoup de portes et de fenêtres assurant la circulation et répandant la lumière dans l'intérieur de l'édifice, tels sont les traits ordinaires de leurs plans; leurs élévations procèdent aussi d'une seule idée : elles offrent néanmoins plus de variété dans l'agencement des mêmes éléments. Les façades et les absides ont particulièrement exercé l'imagination des artistes; nous verrons, dans la suite de ce travail, qu'ils sont arrivés à des combinaisons qui ne manquent ni d'originalité, ni même parfois d'élégance.

Quant aux dispositions intérieures, elles sont d'une grande uniformité; il suffit presque de décrire une basilique pour les avoir toutes décrites. Les colonnes sont généralement monolithes, avec bases imitées de l'antique et chapiteaux offrant les variétés que nous avons déjà signalées dans l'architecture civile; sur les chapiteaux s'appuient directement, sans interposition d'abaque ou de fragment d'architrave, des arcs en plein cintre, plus ou moins surhaussés, suivant que la hauteur générale du monument est plus ou moins grande; au-dessus des arcs, vient une zone lisse plus ou moins haute, décorée d'un bandeau, puis la claire-voie, composée d'une série de fenêtres en plein cintre correspondant à chaque entre-colonnement.

L'archivolte des fenêtres est généralement évidée dans un seul bloc de pierre; le trumeau qui les sépare est également monolithe. Le mur est couronné par une assise pro-

13

filée extérieurememt en corniche, et munie, à l'intérieur, d'une série d'encastrements qui recevaient l'extrémité des entraits de la charpente; le toit était à double égout; inutile de dire que les combles de bois ont partout disparu; nous en avons restauré quelques-uns, pour en faire saisir l'effet, notamment à la planche 119, où nous avons essayé de reproduire l'aspect complet d'une basilique de ces régions.

Toute la construction est à joints vifs, sans mortier ni tenons d'aucune nature; les arcs sont généralement appareillés dans ce système irrégulier que nous avons déjà signalé, sans extrados, avec des voussoirs de longueur inégale dont la queue traverse souvent plusieurs assises. Quelquefois, au contraire, quand l'église est de petites dimensions, les arcs de la nef, au lieu d'être appareillés, sont évidés dans un ou deux monolithes posés horizontalement; à l'église octogonale de Moudjeleia (planche 63), l'arc est ainsi évidé dans une seule pierre; la basilique de ce même village de Moudjeleia a des arcs découpés dans deux assises; je donne ici un croquis de cette curieuse disposition; le

36. — Nef de la basilique de Moudjeleia.

bandeau fait partie du même bloc que le sommet de l'archivolte; il eût été plus court et plus logique de s'épargner ce grand travail d'évidement, et de poser directement le bandeau sur les colonnes; mais les architectes qui appliquaient cette méthode à toutes les façades de maisons, presque sans exception, paraissent l'avoir systématiquement bannie de leurs églises; nous n'avons trouvé qu'un seul exemple d'architraves dans l'intérieur d'une basilique : c'est à Betoursa ; le croquis ci-contre (n° 37) reproduit cette exception à la règle commune; on remarquera les corbeaux qui ont été accolés aux chapiteaux pour diminuer la portée des architraves, suivant une disposition que nous avons déjà signalée dans des portiques extérieurs (planches 48, 49).

Nous n'avons pas rencontré, dans cette région, de basiliques ayant plus de trois nefs; les deux nefs latérales sont toujours plus basses que celle du centre; ce sont de véritables bas-côtés; ils étaient recouverts par un toit de charpente dont les chevrons s'appuyaient

d'une part contre le mur de la nef, sous le bandeau de la claire-voie, et de l'autre sur la
tête du mur extérieur.

On retrouve dans le choix des nombres qui expriment les principales dimensions des
basiliques les mêmes intentions que nous avons déjà signalées ; recherche des nombres
entiers ou symboliques, des proportions simples ou définies. Il y a entre la longueur et
la largeur des différentes parties de chaque plan, comme entre l'ouverture des nefs et
celle des bas-côtés, des rapports presque constants et que nous étudierons à mesure que

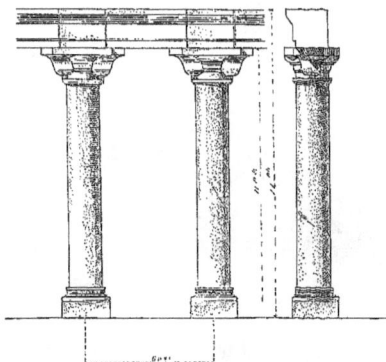

37. — Nef de la basilique de Betoursa.

la description des monuments nous fournira des exemples bien déterminés. Les hauteurs
n'échappent pas à cette même règle. Les cotes qui accompagnent les deux croquis précédents, et qui sont exprimées en pieds grecs, peuvent déjà fournir à cet égard des
indications positives. L'entre-colonnement de l'église de Moudjeleia est de 7ᵖ, la hauteur de la colonne, base et chapiteau compris, de 14ᵖ ; la hauteur totale de l'édifice, de
28ᵖ. Tous ces nombres sont des multiples de 7, nombre symbolique s'il en fut, non-seulement dans toute l'antiquité, mais surtout aux yeux des chrétiens qui y retrouvaient la
figure des sept jours de la création, des sept sacrements, des sept dons du Saint-Esprit,
etc. La ligne des chapiteaux divise la hauteur totale en deux nombres impairs, 13 et 15,
que M. Aurès appelle les deux *moitiés inégales* de 28, en démontrant que ce mode de diviser
les hauteurs est commun à toute l'antiquité ; je n'insiste pas, en ce moment, sur des
combinaisons dont nous trouverons plus loin des exemples plus complets.

A Betoursa, le nombre 3, celui de la Trinité, a prévalu. L'entre-colonnement est de 6ᵖ,
le fût de la colonne a 9ᵖ de hauteur, le chapiteau 6ᵖ. Le diamètre moyen de la colonne
est également de 6ᵖ, ce qui donne un *module* de 3ᵖ qui est compris 12 fois dans la hauteur du fût. La colonne de Moudjeleia paraît également avoir en hauteur 6 diamètres
moyens ou 12 modules. C'est la proportion que nous avons trouvée au portique de Serdjilla. (Ci-dessus, p. 81.)

ÉGLISE DE KHERBET-HASS.

Le monument dont nous donnons une vue, prise du côté du nord, est celui dont le plan figure à la planche 59. La nef s'est écroulée; mais ses éléments, restés sur place, permettent de la restaurer intégralement. Je n'ai pas fait ici ce travail graphique, dont le résultat ne différerait pas sensiblement du croquis que nous donnons ci-dessus sous le n° 36, ni de la coupe de la planche 119. Un comble en charpente recouvrait la nef centrale : des toits en basse-goutte, dont la trace est encore visible sur le mur du fond, recouvraient les bas-côtés. L'abside qui s'ouvre dans ce même mur, par une large baie, n'est pas visible à l'extérieur; elle est dissimulée par un mur droit sur lequel s'appuie un toit à simple égout qui recouvre à la fois l'abside et ses deux annexes latérales. Cette disposition ne se rencontre pas souvent.

L'église de Kherbet-Hâss a pris la place d'un temple antique; le mur M et la porte P (pl. 59) sont construits avec des stèles sur lesquelles se voient encore des figures et des inscriptions païennes; le portique de la maison D est également bâti avec les débris de ce monument gréco-romain ; les chapiteaux corinthiens portent un aigle au centre de l'abaque; ils ont servi de modèles aux constructeurs de l'église qui ont sculpté pour la nef des chapiteaux d'un style corinthien encore assez pur. L'église de Kherbet-Hâss remonte donc à l'origine du développement chrétien. Par son style, elle appartient presque à l'époque impériale; elle est peut-être la plus ancienne de toute cette région ; je la crois de la deuxième moitié du quatrième siècle.

Le vaisseau principal mesure dans œuvre 60 pieds sur 45; ces deux nombres sont dans le rapport de 4 à 3.

ÉGLISE D'EL-BARAH.

Nous avons donné à la planche 60 le plan de cette église. Elle a beaucoup souffert; les murs ne s'élèvent qu'à quelques mètres du sol, sauf à l'angle de la façade. La disposition générale est celle de l'église précédente, sauf que les colonnes de la nef sont plus rapprochées et la façade plus complète; la porte est précédée d'un porche voûté, flanqué de deux chambres supportant un second ordre de la même hauteur que la nef centrale. Je n'insiste pas sur une disposition dont nous trouverons plus loin des exemples admirablement conservés.

Le style des chapiteaux est encore très-ferme et pourrait convenir au quatrième siècle, mais l'ornementation plate du linteau se rapporterait mieux au cinquième siècle. C'est sur la limite indécise de ces deux dates que je place la construction de l'église.

PLANCHES 63 ET 64.

ÉGLISE DE MOUDJELEIA.

Seul exemple que nous ayons rencontré, dans cette région, d'une église polygonale; c'était peut-être un baptistère. L'intérieur s'est écroulé, mais les débris n'ont pas encore été dispersés, et tous les éléments de la restauration sont encore en place. Le centre de l'église paraît avoir été hypèthre; aucune trace de charpente n'est apparente sur ce point, tandis que la charpente des bas-côtés a laissé des encastrements qui dénotent son ancienne disposition. Un toit à simple égout recouvrait d'une seule volée l'abside et ses annexes. Nous avons essayé de restaurer, à la planche 64, la vue d'ensemble de ces curieuses combinaisons; le même dessin rétablit la loge ouverte qui décorait le premier étage de la maison voisine et dont nous nous sommes déjà occupés à la planche 41.

PLANCHES 65 ET 66.

ÉGLISE DE HASS.

C'était le plus bel édifice religieux de la région, mais il a beaucoup souffert des tremblements de terre. Le chœur A est aujourd'hui rectangulaire, mais je suppose que l'hémicycle primitif de l'abside, inscrit dans ce rectangle et de construction indépendante comme tous ceux précédemment décrits, s'est écroulé et a disparu. Il était flanqué de deux pavillons carrés, B et C, dont la hauteur ne dépassait sans doute pas celle du faîtage de la grande nef, mais dont la masse, en se détachant de l'ensemble, produisait un effet assez analogue à celui de deux tours. Nous verrons une disposition semblable dans les façades de Qalb Louzé, Tourmanin, etc. (pl. 124, 132, 138). L'angle sud-est C est le seul conservé, encore est-il profondément disloqué et menace-t-il ruine. Le pilastre D encore en place indique les dispositions de la nef; il porte à sa surface un encastrement qui recevait l'extrémité d'une barrière de bois, destinée sans doute à entourer une sorte d'estrade en charpente dont la trace est visible et qui, occupant l'extrémité du bas-côté, était réservée sans doute à des femmes d'une condition particulière. Le *diaconicon* C est ainsi que le chœur à un niveau plus élevé que le sol de la nef; il avait lui-même un plancher en charpente qui le séparait d'une chambre basse communiquant avec le dehors par une porte latérale. On voit aussi les traces de la clôture qui fermait le chœur, prototype de l'iconostase des églises grecques modernes. L'appareil de la construction est fort beau ; les archivoltes des fenêtres et les arcs de décharge des portes sont évidés dans un seul bloc de pierre. Les profils sont soignés et fermes. Quoique procédant de l'antique, ils ne manquent pas d'une certaine originalité ; la doucine romaine, qui en est la base, tend à se déformer en S.

L'église de Hass doit être du quatrième siècle.

PLANCHE 67.

ÉGLISE DE BABOUDA.

Joli type de petite église de campagne, admirablement conservé. La disposition de la façade avec sa loge à jour ne manque pas d'originalité ; les profils sont intéressants ; en les comparant avec ceux de la planche précédente, on remarquera la déformation progressive de la doucine et sa tendance à se rapprocher insensiblement du type postérieurement adopté par les constructeurs du moyen âge. Les lettres qui sur notre planche accompagnent le tracé de chaque profil indiquent sa place sur la façade.

PLANCHES 68 ET 69.

ÉGLISE DE ROUEIHA.

Quoique appartenant géographiquement à la région du Djebel Riha, le village de Roueiha, situé sur le versant oriental de la montagne et déjà dans la plaine, renferme un monument qui rappelle ceux de la région située plus au nord. L'église reproduite sur nos deux planches diffère essentiellement de celles que nous avons décrites jusqu'ici ; les colonnes nombreuses et serrées de la basilique ont fait place à de larges et rares piliers, reliés par de grands arcs ; à chacun de ces piliers correspond une sorte d'arc doubleau, porté lui-même par des pilastres cannelés et qui, coupant transversalement la nef, en modifie absolument la physionomie : ce doubleau concourt, à l'aide d'un pignon de pierre, à porter la charpente.

L'église est entourée d'une enceinte rectangulaire, formée par un mur de pierre. Une porte B, semblable à celle d'El-Barah, donne accès dans cet enclos. Il paraît avoir été la propriété particulière d'une famille qui y avait sa sépulture : deux tombeaux fort bien conservés et très-intéressants s'y voient encore ; nous les décrirons plus loin (pl. 91), en nous occupant des monuments funéraires : l'un d'eux porte l'épitaphe d'un certain Bizzos, fils de Pardos ; le même nom se trouve gravé au-dessus de la porte principale de l'église, suivi de trois lignes martelées à dessein ; il y a donc lieu de penser que ce personnage est le fondateur du monument ; je suppose qu'il vivait vers le sixième siècle de notre ère.

III

MONUMENTS FUNÉRAIRES

PLANCHES 70 ET 71.

TOMBEAU DE DIOGÈNE A HASS.

Magnifique monument entièrement en maçonnerie de grand appareil. Le rez-de-chaussée, vaste massif précédé d'un portique, contient une salle recouverte par une voûte en berceau dont le centre est renforcé par un vigoureux arc-doubleau que portent deux pilastres : elle renferme cinq niches ou *arcosolia*, B, qui contiennent chacune un sarcophage. L'étage supérieur se compose d'une cella entourée d'une colonnade. Nous avons essayé, par une restauration figurée, de rendre l'effet de cette composition, tonte remplie de l'inspiration antique; la comparaison des trois dessins de notre planche 70 permet de contrôler notre système : la disposition que nous avons donnée aux deux étages n'a rien d'arbitraire, elle est commandée par les assises encore en place et les fragments qui jonchent le sol. Quant à la pyramide qui couronne le tout, elle est hypothétique, mais l'on verra par les exemples suivants, que ce motif est, dans cette région et à cette époque, le couronnement ordinaire des tombeaux de cette forme.

La cella supérieure, le ναός, comme l'appelle une épitaphe, renferme trois sarcophages *a, b, c,* rangés autour de la salle; leurs inscriptions, malheureusement incomplètes, indiquent la répartition des places du haut et du bas, τὰ ἄνω, τὰ κάτω, entre les membres de la famille d'un certain Diogène. A côté de chaque cuve sépulcrale se trouvent deux dés de pierre *m* qui servaient à supporter le couvercle du sarcophage lorsqu'on le faisait glisser pour ouvrir à un nouvel arrivant l'accès de sa dernière demeure ; ce détail, que nous retrouverons fréquemment par la suite, joint à d'autres particularités de la construction tels que l'étroitesse de la porte *c*, prouve que les tombeaux étaient construits complets avec leur garniture entière de sarcophages, sauf à les laisser attendre, vides, que la mort les ait successivement peuplés.

La porte A, qui donne accès dans l'étage inférieur, est fermée par des vantaux de basalte maintenus dans un chambranle de même matière; ils sont absolument semblables aux portes de pierre des maisons du Haouran, avec cette différence que leur surface est ornée de monogrammes du Christ sculptés en relief, preuve irrécusable de leur origine chrétienne.

De longues inscriptions en grandes lettres accusaient les lignes de l'architecture ; il ne reste que des fragments de celles de l'étage supérieur. Au rez-de-chaussée on lit encore, sur la face nord et la face ouest, dans le cavet du grand bandeau, les sentences suivantes :

Ἐπινκέψου τὴν γῆν καὶ ἐμέθυσας αὐτὴν ἶσοι τὰ συνθρίμματα αὐτῆς ὅτι ἐσαλεύθη.

« Envahis la terre et, après l'avoir enivrée, rejette ses débris, car elle est ébranlée. »

Εὐλογημένος ὁ ἐρχόμενος ἐν ὀνόματι Κυρίου · Θεὸς Κύριος καὶ ἐπίφανεν ἡμῖν.

« Béni celui qui vient au nom du Seigneur ; le Seigneur Dieu nous est apparu. » (Ps. cxviii, 26, 27.)

(Voy. Waddington, n° 2661.)

Je crois ce tombeau contemporain de la belle église de Hàss que nous avons attribuée au quatrième siècle (pl. 65). Un hypogée, taillé dans le roc à quelques pas de ce monument, porte la date du mois de mai 377.

Je termine cette rapide description par l'indication des moulures dont les profils sont réunis sur la planche 71.

Fig. 1 et 3. Chapiteau et base du pilastre d'angle de la cella supérieure.

Fig. 2. Bandeaux de la cella.

Fig. 4. Bandeau qui sépare les deux étages.

Fig. 5. Base du pilastre d'angle du portique supérieur ; elle porte la trace de l'encastrement des balustrades.

PLANCHE 72.

TOMBEAU A HASS.

Tombeau à deux étages, comme le précédent, mais sans portiques extérieurs. Le rez-de-chaussée est disposé intérieurement comme celui de Diogène, mais l'étage supérieur est différent. Quatre *arcosolia* en plein cintre donnent au plan de la salle supérieure la forme d'une croix ; le sommet du monument a disparu et nous laisse incertains sur le mode de couverture qui avait été adopté. On ne saurait songer à un toit à double pente, car l'arc-doubleau qui l'aurait supporté aurait dû s'appuyer sur les reins d'un des *arcosolia*, ce qui est inadmissible ; il est donc probable que le monument était recouvert par une coupole appareillée, comme celui de Bizzos (pl. 68 et 91). Quant au fronton triangulaire, il semble appelé par la pierre d'angle que nous avons retrouvée. La restauration que nous avons essayée se présente donc avec certaines chances de vérité.

VUE DE LA NÉCROPOLE DE HASS.

Les ruines qui occupent le premier et le second plan de ce dessin appartiennent à des tombeaux analogues à ceux que nous venons de décrire. L'étage supérieur de ces monuments a été détruit : il n'en reste que le rez-de-chaussée ; encore cet étage a-t-il entièrement perdu son revêtement extérieur ; la disposition intérieure se trouve ainsi mise à nu et apparaît très-clairement. On reconnaît une voûte en berceau entourée d'arcades demi-circulaires : la voûte en berceau recouvre la chambre funéraire : les arcades latérales forment l'archivolte des *arcosolia* qui entourent la chambre et renferment chacun un sarcophage. L'agencement de toutes ces voûtes, de rayons et de plans différents, est ingénieux, et la démolition partielle des monuments permet de l'étudier complétement.

PYRAMIDES.

Hass. — Tombeau à pyramide et à portique, reproduit dans son état actuel. Il a été fort endommagé par les tremblements de terre ; le portique s'est écroulé, à l'exception d'une colonne qui, pivotant sur l'arête de sa base, tandis que l'architrave pivotait de son côté sur le pilastre d'ante, est venue s'appuyer, ainsi que l'architrave, contre le mur du fond et se maintient par un prodige d'équilibre qui dure depuis des siècles.

La pyramide est hérissée d'un quinconce de culs-de-lampe dont la destination est douteuse ; je suppose que ces petits appendices de pierre servaient à supporter, dans certaines circonstances, des lampes allumées. On sait que l'illumination des tombeaux, à certains jours, faisait et fait encore partie du rituel oriental.

El.-Barah. — Tombeau de la même famille que le précédent, mais sans portique. On remarquera le sans-gêne avec lequel le constructeur, s'étant sans doute trompé dans la pose de son premier bandeau, en a relié les deux parties à l'aide d'une assise oblique. Ce monument, d'une exécution peu soignée, est l'imitation assez négligée du beau tombeau d'El-Barah qui fait l'objet des deux planches suivantes.

La disposition intérieure de ces tombeaux est très-simple : ni voûtes, ni *arcosolia*. Une simple chambre carrée et nue à laquelle les faces inclinées de la pyramide servent de couverture. Les sarcophages y étaient rangés comme dans l'étage supérieur du tombeau de Diogène.

14

PYRAMIDE A EL-BARAH.

Grand tombeau à pyramide, d'une exécution assez soignée. Le trait caractéristique de
la décoration est un boudin sculpté qui forme l'élément principal des deux bandeaux
supérieurs et du linteau de la porte. Les rinceaux de feuillage, sans tiges apparentes, à
larges feuilles et à petits enroulements, sont peu modelés dans leurs détails, mais profondément découpés, de telle sorte que leur contour se dégage par une ligne sèche et dure sur
l'ombre vigoureuse du fond. Ce faire particulier se rapproche beaucoup de celui des chapiteaux de Sainte-Sophie de Constantinople, de Saint-Vital de Ravenne, et en général
de toutes les œuvres soignées de la première époque byzantine. Le boudin sculpté dans ce
style spécial est un ornement caractéristique qui se rencontre assez fréquemment dans
la région qui nous occupe : nous le retrouvons également, à Jérusalem, à la Porte Dorée et
à la Porte Double du Temple [1] que je considère l'une et l'autre comme des œuvres du
sixième siècle de notre ère : à Constantinople, dans l'église des saints Sergius et Bacchus [2], comme partie intégrante de la corniche où l'empereur Justinien a inscrit son nom
et celui de l'impératrice Théodora vers l'an 530 de notre ère. Les pyramides d'El-Barah
ne sont pas datées, mais, par leur comparaison avec les monuments qui les entourent et
dont certains sont datés, je crois pouvoir leur assigner pour date le cinquième siècle de
l'ère chrétienne.

DANA (SUD)[3].

Tombeau à pyramide et à portique d'une admirable conservation. Les chapiteaux sont
d'imitation corinthienne, dans le style des maisons d'El-Barah ; les deux chapiteaux du
centre ont leurs feuilles retournées horizontalement, suivant un système dont nous verrons à Kalat-Sema'n la plus complète application (pl. 146). Le bandeau du fond est orné
d'un boudin à rinceaux découpés, suivant le système de la grande pyramide d'El-Barah
et de la Porte Dorée de Jérusalem. Les angles extérieurs sont décorés, comme ceux de
cette même pyramide d'El-Barah, de pilastres sans saillie, à larges cannelures et à chapiteaux d'imitation corinthienne. Les deux monuments appartiennent à la même famille et
à la même époque.

1. *Temple de Jérusalem*, pl. V, X, XI.
2. Salzenberg. *Altchristliche Baudenkmæle von Constantinopel.* Pl. V.
3. Il y a deux villes du nom de Dana, l'une à l'extrémité du Djebel Riha, l'autre située plus au nord au pied du Djebel
Cheïkh Bereket, sur la route d'Antioche à Alep.

Au centre de la salle intérieure de ce tombeau se voit une dépression carrée revêtue d'un mur maçonné. On serait tenté de la considérer comme l'orifice d'un puits conduisant à un hypogée souterrain : des fouilles seules pourraient en révéler la véritable destination. Peut-être cette dépression indique-t-elle simplement la place d'un grand sarcophage qui aura disparu : dans ce cas, le tombeau aurait été construit pour un seul personnage.

PLANCHE 78.

DANA (SUD).

1. Type de tombeau très-répandu dans cette région et qui consiste en une chambre funéraire souterraine, creusée dans le roc, à laquelle on parvient par un escalier dont l'orifice extérieur est fermé par un couvercle de sarcophage. La manœuvre de cette fermeture se faisait à l'aide de tenons saillants ménagés sur chaque face du couvercle.

2. Le tombeau élevé à Olympiane par son mari Koinos, fils de Gouros, suivant une inscription gravée sur l'architrave (Waddington, n° 2673), se compose aussi d'une chambre souterraine dans laquelle on pénètre par un escalier taillé dans le roc ; mais l'entrée est surmontée d'un baldaquin porté par quatre colonnes du même style que les maisons de Serdjilla. Le monument a une hauteur totale de 3^m,75 sur 2^m,30 de largeur à la base, c'est-à-dire 12^p sur 7^p 1/2.

Ce type de tombeau est fort rare dans cette région.

PLANCHE 79.

EL-BARAH.

Tombeaux taillés dans le roc, composés d'une chambre funéraire et d'un portique. Ce type est très-répandu à El-Barah.

Les figures 3, 4 et 5 donnent la façade restaurée, le plan et la coupe du tombeau n° 2. Les sarcophages qui entourent la chambre funéraire ne sont pas des cuves rapportées. Ils sont évidés dans la masse naturelle du rocher ainsi que l'*arcosolium* qui surmonte chacun d'eux. Je n'ai pas besoin d'ajouter que les couvercles qui ferment ces sarcophages sont rapportés : ils ont d'ailleurs la forme ordinaire.

La façade du n° 2 était complétée à l'aide d'une assise rapportée : toute trace de corniche a entièrement disparu.

EL-BARAH.

Tombeau creusé dans le roc, auquel on descend par un escalier coudé. Les deux *arcosolia* latéraux renferment, chacun, deux sarcophages pris dans la masse du rocher et placés perpendiculairement à la paroi de la chambre ; cette disposition est fort rare.

Au-dessus de la porte extérieure on lit l'inscription suivante :

'Έτους ηκψ' Ξανδικοῦ ϛ' Μάλχος Γούρα.

« L'année 728, le 6 de Xanticus, Malchus fils de Gouras. »

Cette date de l'ère des Séleucides correspond au 6 avril 417 de notre ère. (Waddington, n° 2645.)

La feuillure *f* que l'on voit dans l'intérieur de la porte *P* était destinée à recevoir un encadrement de basalte, dans lequel s'ajustait une porte de même matière. Nous avons rencontré plusieurs exemples de cet arrangement encore bien conservé. Voyez entre autres la porte du tombeau reproduit ci-dessous à la planche 83.

DEIR SANBIL.

Tombeau creusé dans le roc en l'année 420.

Fig. 1 et 2. Plan et coupe du monument, chambre funéraire à laquelle on descend par un escalier taillé dans le roc. La figure 1 de la planche suivante reproduit un autre tombeau dont les dispositons générales sont identiques ; cette vue perspective peut servir à faire comprendre l'effet du tombeau qui nous occupe. Un vestibule ouvert A donne, par une petite porte *a*, dans une chambre B entourée d'*arcosolia* à sarcophages ; l'ouverture des caves est beaucoup plus étroite que le fond, afin de diminuer les dimensions du couvercle ; une petite banquette de 0",20 recevait la tête du cadavre ; une des places était destinée à un enfant. Le linteau de la porte *a* est décoré de palmettes sculptées en relief et d'un monogramme du Christ dans une couronne, il porte l'inscription suivante :

+ 'Έτους αλψ' Μ(ηνὸς) Παν[ήμου]

« L'année 731 au mois de Panémus. »

Cette date de l'ère des Séleucides correspond à juillet 420. (Waddington n° 2665.)

Sur l'archivolte de l'entrée *b* du vestibule, on lit cette inscription empruntée au Ps. XXIV :

Τοῦ Κυρίου ἡ γῆ καὶ τὸ πλήρωμα αὐτῆς καὶ πάντες οἱ κατοικ(ο)ῦντες ἐν αὐτῇ. + Χ Μ Γ.

« Au Seigneur est la terre et sa plénitude et tous ceux qui l'habitent. Christ, Michel, Gabriel. »

Le fond des lettres était peint en rouge; l'ouvrier chrétien, qui a exécuté ce travail en juillet 420, a tracé avec son pinceau sur la paroi extérieure du vestibule deux monogrammes qu'il a accompagnés de l'exclamation τοῦτο νικᾷ. (Voy. planche 151 et page 8.)

En descendant l'escalier, on voit, sur la paroi de droite, une niche *p* dans laquelle s'ouvre l'orifice d'un puits, et dans la paroi de gauche un *arcosolium e* dont le sarcophage est fermé par un couvercle d'une disposition assez étrange. Une corniche en blocs taillés et rapportés couronne la cage de l'escalier : elle supportait autrefois une balustrade dont il reste de nombreux fragments reproduits sous les n° 3 à 7. Ce garde-fou se composait de pilastres de pierre dans lesquels venaient s'encastrer des dalles ornées de dessins géométriques, prototypes des combinaisons géométriques de l'ornementation arabe.

Fig. 3. Élévation restaurée de la balustrade.

Fig. 4 et 5. Fragments des dalles de la balustrade.

Fig. 6. Coupe restaurée d'une dalle.

Fig. 7. Détail d'un pilastre dont la surface supérieure est creusée comme un bénitier.

Fig. 8. Fragments de la porte de basalte qui fermait l'entrée *a*.

Les ruines de Deir-Sanbil renferment encore deux autres tombeaux du même type et de la même époque : l'un, de l'année 720 des Séleucides, 7ᵉ indiction (408 ap. J.-C.), montre encore au-dessus de la porte intérieure des restes de peintures rouges que je reproduis à la planche 151. Elles représentent des croix et des branches de vigne sortant d'un verre. Une inscription attribue le travail à un certain *Libanius*.

L'autre tombeau, également à escalier et à chambre souterraine, est de l'année 710, 24 lous (24 août 399) et est l'œuvre d'un certain *Héliadès*. Je reproduis ci-dessous l'ins-

"Ἔτους ιψ' Μη[νὸς] Λῴου δκ' ἐτελεύθ[η] τὸ ἔργον + Ἡλιάδου.

cription qui donne cette date ; elle est intéressante à cause de la présence du monogramme à croix *immissa* et du jour qu'elle jette sur la valeur du symbole XΜΓ. Il est évident que ces trois lettres, précédant une date véritable, ne sauraient être elles-mêmes une date : elles ont donc une signification mystique; nous avons indiqué plus haut les raisons qui nous ont fait adopter l'interprétation : Christ, Michel, Gabriel.

PLANCHE 82.

KHERBET-HASS.

Vue de deux tombeaux du V° siècle. Le premier, d'une disposition générale identique à celle que nous venons de décrire, porte une inscription qui fixe au 20 xanticus de l'année 741 des Séleucides et de la 13° indiction, c'est-à-dire en avril 430 de notre ère, la date de l'achèvement des travaux. (Voy. Waddington n° 2657.)

✝ Ἐτελιώθη τὸ μνημῖον ἔτους αμψ´ μη(νὸς) ξανθικοῦ κ´ ἰνδικτίονος ιγ´ ✝

Le second tombeau n'est pas daté, mais l'analogie ne permet pas de le séparer du précédent. La porte de basalte qui le fermait est encore en place (voy. pl. 83 fig. 1), dans son encadrement de basalte; les profanateurs qui ont violé la sépulture, ont brisé le bord gauche du vantail : les monogrammes chrétiens n'ont heureusement pas disparu et ne laissent aucun doute sur l'âge du monument.

PLANCHE 83.

PORTES DE TOMBEAUX EN BASALTE.

Fig. 1. Porte du tombeau précédent. La teinte noire désigne le basalte : elle fait comprendre la disposition de l'encadrement qui, encastré dans la masse du rocher, soutenait l'effort du battant et empêchait que le tendre calcaire ne fût dégradé par ses révolutions. L'ornementation sculptée du vantail simule une porte de bois à deux battants, dont la surface serait divisée en panneaux et garnie de clous de métal.

Fig. 2, 3. Fragments à Kherbet-Hass.

Fig. 4. Fragment trouvé à Deïr Sanbil, dans un tombeau voisin de celui qui a été décrit à la planche 84. Le gond inférieur est en fer.

PLANCHE 84.

KHERBET-HASS.

Tombeau construit en forme de temple antique; un système d'arcs parallèles à extrados triangulaire supporte les dalles du toit.

La façade (fig. 3), avec l'arc de décharge qui soulage l'architrave, est à la fois logique et élégante : les rapports de ses lignes principales entre elles sont exprimés par des fractions simples et correspondent à des figures géométriques connues. Ainsi toute la façade est inscrite dans un carré de 20ᵖ de côté; les colonnes, bases et chapiteaux compris, ont 10ᵖ de haut, l'entre-colonnement d'axe en axe est de 5ᵖ; d'où il résulte que la figure formée par les axes des colonnes est un rectangle de 15ᵖ sur 10, divisé en trois rectangles de 5ᵖ sur 10 : ces figures ont leurs côtés dans la proportion de 1 à 2 et de 3 à 2, rapports recommandés par Vitruve. Le triangle du fronton a 7ᵖ 1/2 de hauteur et une base de 20ᵖ, ces deux nombres sont dans le rapport de 3 à 8; nous retrouvons donc ici la figure que nous avons déjà signalée (Voy. p. 42), et qui résulte de la juxtaposition de deux triangles *parfaits;* leurs hypoténuses forment les deux rampants du toit; ces triangles, on le sait, sont ceux dont les trois côtés sont représentés par les nombres 3, 4 et 5.

Le plan et la coupe (fig. 1 et 2) donnent lieu aux mêmes observations, leurs lignes principales sont dans les rapports de 1 à 2 et de 3 à 5.

Fig. 4. Profil de la corniche : la surface supérieure de la pierre est entaillée pour recevoir la dalle du toit et empêcher son glissement.

Fig. 5. Profil de l'architrave. (Le boudin qui est répété dans les deux figures est le même.)

PLANCHE 85.

SERDJILLA.

Plan, coupe, élévation et vue perspective d'un édicule funéraire construit au-dessus d'un tombeau taillé dans le roc. On remarquera l'irrégularité de l'appareil et la coupe des dalles du toit qui donne à chaque joint son recouvrement, de manière à empêcher l'introduction des eaux pluviales. Comme dans le tombeau précédent, la corniche des rampants est produite par l'extrémité des dalles.

PLANCHE 86.

SERDJILLA.

Cette vue donne une idée de l'effet d'ensemble d'un de ces villages abandonnés que nous avons entrepris de décrire. La partie de la nécropole, qui occupe le premier plan, ne renferme que des sarcophages isolés ou de petites chambres funéraires creusées dans le sol et recouvertes par des couvercles de sarcophages. La plupart des cuves apparentes portent un monogramme du Christ sculpté en relief sur la face opposée à celle qui regarde le spectateur.

PLANCHE 87.

MOUDJELEIA.

Sarcophage posé sur un large soubassement et d'un assez grand effet; l'inscription est pleine de fautes d'orthographe : elle est empruntée aux versets bien connus du psaume XC : « Altissimum posuisti refugium tuum, non accedet ad te malum et flagellum non appropinquabit tabernaculo tuo. »

Τὸν ὕψιστον ἔθου καταφυγήν σου· οὐ προσελεύσεται πρός σε κακά, καὶ μάστιξ οὐκ ἐγγιεῖ ἐν τῷ σκηνώματί σου.

Voy. Waddington, n° 2654.

PLANCHE 88.

MOUDJELEIA.

Tombeau creusé dans le roc avec une façade construite en maçonnerie. Par le style, les profils, il appartient à la même famille que les monuments précédemment décrits ; il doit avoir été exécuté au Ve siècle.

Les pierres debout que l'on voit au fond de la vue perspective sont des clôtures de jardins (Voy. ci-dessus p. 86 et 94.)

PLANCHE 89.

ERBEY'EH.

Tombeau de la même famille que les précédents, mais offrant quelques variétés intéressantes. Le portique, taillé dans le roc, a une arcade médiane qui rappelle la disposition des temples romains de la région centrale. (Voy. pl. 28.) Il est précédé d'une cour également taillée dans le roc, mais dont les parois latérales et l'entrée étaient complétées à l'aide de blocs rapportés. Un escalier, aujourd'hui encombré de terre, conduisait à ce bel hypogée, qui ne paraît pas avoir été achevé ; les disques qui flanquent l'arcade de la façade étaient sans doute destinés à être sculptés et à représenter une rosace ou un monogramme chrétien.

PLANCHE 90.

MESCHOUN.

Curieux ensemble de tombeaux disposés irrégulièrement sur les faces est et sud d'une grande cour taillée dans le rocher; la face nord est en partie occupée par les ruines d'une église, et la face ouest par celles d'une maison d'habitation. Le centre de la face orientale est percé de deux absides inégales et contiguës, taillées en cul-de-four, et dont l'archivolte est ornée d'un boudin sculpté dans le style découpé d'El-Barah. (Voy. pl. 75.) Peut-être servaient-elles aux cérémonies religieuses qui accompagnaient les funérailles; la grande était peut-être le *chœur* et la petite la *prothesis* d'une chapelle en plein air.

Les chapiteaux du portique sont assez curieux : ils se composent d'une sorte de tore toscan à moulures multipliées, sur lequel se détachent quatre feuilles lisses à crochets.

PLANCHE 91.

ROUEIHA.

Ces deux tombeaux sont ceux qui accompagnent la grande église que nous avons décrite à la planche 68.

Le premier est la sépulture de Bizzos, fils de Pardos, qui est vraisemblablement le fondateur de l'église voisine. Il est admirablement conservé, sauf le porche qui est écroulé, mais dont tous les fragments gisent sur le sol.

Le plan est une croix inscrite dans un carré et formée par trois *arcosolia,* en maçonnerie, disposés comme ceux des tombeaux souterrains. Une coupole en calotte hémisphérique surhaussée s'appuie d'une manière continue sur les piliers d'angle et sur le plafond des *arcosolia;* elle est, comme tout le monument, appareillée à joints vifs et en gros blocs. Le porche est également composé d'une voûte appareillée dont la section est un arc en fer-à-cheval dont les sommiers s'appuient d'un côté sur les colonnes et, de l'autre côté, sont encastrés dans le mur de la façade.

A gauche de la porte est gravée l'inscription suivante (Waddington, n° 2670) :

Βίζζος Πάρδου.

Ἐπηδήμησα καλῶς, ἦλθα καλῶς, καὶ κῖμε καλῶς. Εὔξηται ὑπὲρ ἡμοῦ.

« Bizzos fils de Pardos. J'ai bien vécu, je suis bien venu et je repose bien. Priez pour moi. »

Je crois l'œuvre de Bizzos du V⁰ ou du VI⁰ siècle. Le petit monument paraît antérieur à la découverte des pendentifs sphériques; l'architecte qui l'a construit a pourtant résolu, dans un cas particulier, le problème de la coupole posée sur plan carré. Il est difficile de ne pas être frappé de l'analogie de ce tombeau avec les innombrables tombeaux arabes construits à toutes les époques et dans tous les pays musulmans, et qui se composent d'un cube de maçonnerie surmonté par une coupole; nous avons là le prototype de toute cette famille de sépultures et la preuve de leur origine byzantine et chrétienne.

Le second tombeau de Roueiha est anonyme; il est de charmantes proportions et d'un joli effet. Le soubassement renferme un caveau disposé comme le tombeau de Bizzos et auquel on parvient par un escalier et par une porte situés sur la façade postérieure. La chambre sépulcrale de l'étage supérieur n'est pas aménagée en *arcosolia;* c'est une salle dans le genre de celle de la planche 84, avec un seul arc intérieur et trois sarcophages rangés le long des murs.

CHAPITRE II

DJEBEL-A'ALA. — DJEBEL-SEM'AN

Un dernier massif, séparé du Djebel-Riha par une plaine fertile, forme l'extrémité septentrionale de la contrée que nous avons explorée. Chaque groupe de montagnes y porte un nom distinct, que l'on pourra lire sur la carte qui accompagne ces lignes; afin de simplifier les désignations, j'ai adopté pour chaque district une dénomination générale empruntée au sommet le plus important. Autour du Djebel-A'ala se groupent les ruines les plus intéressantes de la contrée, Kokanaya, Qalb-Louzé, Bechindelayah : le Djebel-Sem'an porte le merveilleux ensemble de Kalat-Sem'an, le joyau archéologique de la Syrie centrale chrétienne.

Outre ces monuments célèbres, ou destinés à le devenir, ces montagnes renferment les sujets d'études les plus variés.

Les ruines n'y sont ni moins nombreuses ni moins bien conservées que dans les montagnes que nous venons de quitter : elles appartiennent à la même famille architecturale : néanmoins les monuments de cette région se distinguent des précédents par certains caractères spéciaux; les plans sont moins uniformes, les profils sont meilleurs, mais la sculpture est plus plate; les matériaux employés sont de plus grandes dimensions et les appareils encore plus irréguliers; une certaine rusticité d'aspect se rencontre à côté d'une plus grande fidélité aux formes classiques : la charpente est moins uniformément employée pour les toits, et des terrasses en dalles de pierre se rencontrent fréquemment. Outre ces différences d'*école* nous signalerons encore d'autres traits particuliers au groupe de l'extrême nord. Il renferme des monuments plus anciens que ceux du Djebel Riha : l'antiquité païenne qui, dans la contrée voisine, n'est représentée que par des débris informes, est représentée ici par des tombeaux d'une grande valeur; c'est par leur description que nous commencerons le présent chapitre, car leurs dates remontent jusqu'à l'époque des Antonins. Quant à ces dates elles-mêmes, elles sont, ainsi que toutes les dates des édifices chrétiens du même groupe, rapportées, non à l'ère des Séleucides, comme celles du Djebel-Riha, mais à l'ère d'Antioche, qui commence le 1er octobre de l'année 49 avant Jésus-Christ.

I

MONUMENTS FUNÉRAIRES

Les tombeaux taillés dans le roc ne diffèrent pas sensiblement de ceux du Djebel-Riha; mais les tombeaux en maçonnerie sont beaucoup plus rares. On ne trouve plus ici ces grandes pyramides qui caractérisent les environs d'El-Barah; mais par contre on y voit des monuments tout nouveaux; ce sont des colonnes, des stèles accouplées ou isolées et servant à désigner de loin l'entrée d'un tombeau souterrain : il est vrai que celles qui existent encore appartiennent toutes à l'époque païenne, et ce fait suffit peut-être pour expliquer la non-existence de types analogues dans la région précédente où les constructions antérieures à la paix de l'Église sont ou inconnues ou détruites.

PLANCHES 92 ET 92 BIS.

BECHINDELAYAH.

Tombeau de Tiberius Claudius Sosandros. Magnifique hypogée creusé dans le roc ainsi que la cour qui le précède et la rampe qui en permettait l'accès. La chambre funéraire est entourée de trois grandes niches rectangulaires qui renferment chacune deux *arcosolia* latéraux et un sarcophage; celui-ci, situé au fond, est pris dans la masse du rocher, comme toute la composition; néanmoins un évidement partiel, pratiqué sous la cuve, simule un sarcophage rapporté. La frise extérieure est ornée de guirlandes et de bucranes; sur l'architrave on lit :

Τιβέριος Κλαύδιος Φιλοκλῆς Τι(βέριον) Κλ(αύδιον) Σώσανδρον τὸν πατέρα αὐτοῦ καὶ Κλ(αυδίαν) Κιπαρῶν τὴν μητέρα εὐσεβείας καὶ μνήμης χάριν· ἔτους βπρ′, μηνὸς Δύστρου κζ′. Σώσανδρε πατήρ, χαῖρε.

« Tib. Claud. Philoclès à Tib. Cl. Sosandros, son père, et à Claudia Kiparous, sa mère; témoignage de piété et de souvenir; en l'année 182, le 27 Dystros. Sosandros mon père, adieu. »

Cette inscription est reproduite sur une haute stèle, sorte d'obélisque dressé à côté du monument; ce monolithe a 7 mètres environ de haut sur 0^m,90 de côté, soit 21 pieds sur trois; il porte en outre les portraits des deux défunts sculptés en bas-relief au fond de deux niches.

La date correspond au 27 avril 134 de J.-C. Le tombeau appartient donc à la belle époque des Antonins; les profils des moulures renferment pourtant déjà en germe les transformations qui caractérisent le style des monuments chrétiens que nous avons étudiés jusqu'ici.

PLANCHE 93.

SERMÉDA. — DANA (nord).

1. SERMÉDA. — Colonnes corinthiennes accouplées, élevées sur un haut piédestal près de l'ouverture de deux tombeaux souterrains; l'élément de corniche qui réunit les deux fûts, aux deux tiers de la hauteur totale, supportait sans doute une statue; l'inscription gravée sur la base est mutilée : les seules parties complètes que j'aie pu y relever sont le nom de l'agent de l'exécution du monument qui s'appelait Socrate, fils d'Antiochus, et la date de la construction, qui est le 6 Xanthicus 180 de l'ère d'Antioche, soit le 6 avril 132 de notre ère.

2. DANA (nord). — Groupe de tombeaux taillés dans le roc, au-dessus desquels s'élève un monument soutenu par quatre colonnes ioniques et couronné par une petite pyramide. Ce baldaquin recouvrait sans doute autrefois des figures sculptées; il ne porte aucune inscription. Sur l'un des arcosolia à l'air libre qui occupe le premier plan de la gravure j'ai trouvé la date du 3 mars 324 de notre ère, et une formule païenne (Waddington, n° 2688).

Sur le revers du plateau un beau tombeau souterrain, avec escalier et portique, renferme des sarcophages dont la face antérieure est ornée de colonnettes et d'un bandeau dans le style découpé des frises d'El-Barah et de la Porte Dorée de Jérusalem. (Voy. pl. 75.)

PLANCHE 94.

KHATOURA.

Tombeaux surmontés de colonnes accouplées. L'un est du 20 juillet 195 de notre ère; il a été élevé pour un officier romain du nom de Æmilius Reginus mort à 21 ans, après cinq années de services. L'inscription (Waddington, n° 2700) est gravée sous l'arcade qui est ménagée dans la base des colonnes et qui recouvre l'entrée de l'escalier de l'hypogée. Celui-ci se compose d'une grande salle, avec trois larges niches dont le fond est occupé par un sarcophage; les parois du tombeau ont été, après coup, percées d'une foule

de petites niches comme celles des columbaires romains. La disposition de la porte est
assez intéressante; la pierre qui la fermait ne tournait pas sur des gonds; elle était posée
contre l'entrée, et, lorsqu'on voulait pénétrer dans le monument, on la faisait glisser ou
rouler dans une rainure *b*, disposée à cet effet dans la paroi du couloir. « Quis nobis

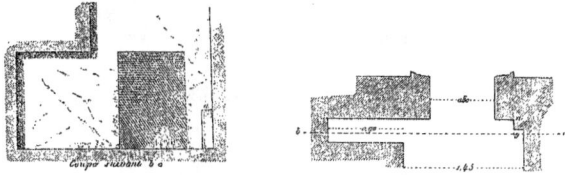

39. — Entrée du tombeau d'Emilius Reginus.

revolvet lapidem monumenti? » se disaient les saintes femmes en se rendant au Saint-
Sépulcre dont la fermeture était analogue. (*Églises de la Terre-Sainte*, p. 126). Une petite
saillie *a*, ménagée dans l'angle opposé à cette rainure, empêchait le disque de pierre,
ramené à sa place primitive, de s'appliquer contre la face du rocher, et laissait un
intervalle qui facilitait la manœuvre.

Le second tombeau à colonnes de Khatoura est moins bien ajusté; une longue inscription gravée sur l'architrave, et dont nous n'avons pas pu déchiffrer complétement le texte,
en attribue la construction à un nommé Isidore, fils de Ptolémée, et à sa femme Maria,
fille de Codratus, qui auraient achevé ce travail le 9 octobre de l'année 222 de notre ère.

PLANCHE 95.

BANAQFOUR.

Tombeau creusé dans le roc, avec une façade ionique d'un sentiment assez antique;
l'intérieur est très-soigné; les sarcophages, ornés de panneaux, sont ménagés au fond de
niches rectangulaires flanquées de pilastres.

Fig. 1 et 2. Plan et coupe du monument.

Fig. 3. Élévation de la façade.

Fig. 4. Profil de l'entablement. On y retrouve les principales dispositions d'un entablement ionique, mais la frise a presque disparu, ainsi que le larmier, qui est remplacé
par la doucine caractéristique de cette région.

Fig. 5 et 6. Profils des corniches des plafonds intérieurs.

PLANCHE 96.

KOKANAYA.

Tombeau d'Eusèbe, chrétien, hypogée daté du 27 août 369 de notre ère.

Fig. 1. Vue perspective de l'extérieur, montrant l'ouverture du caveau et le couvercle à acrotères qui le fermait.

Fig. 2. Coupe sur CD. Deux *arcosolia* avec cuves sépulcrales flanquent la petite chambre souterraine; deux consoles saillantes à mi-hauteur servaient à placer des lampes et en même temps à poser le pied lorsqu'on voulait descendre dans le caveau.

Fig. 3. Plan à la hauteur de AB.

Fig. 4. Élévation d'un des *arcosolia*, à une plus grande échelle que les figures précédentes : l'inscription est ainsi conçue :

$$+ \text{ Εὐσεβίῳ } + \text{ Χριστιανῷ } +$$
$$\text{Δόξα πατρὶ καὶ υἱῷ καὶ ἁγίῳ πνεύματι}$$
$$\text{Ἔτους ζιζʹ μηνὶ λώου κζʹ.}$$

« A Eusèbe, chrétien. Gloire au Père, au Fils, au Saint-Esprit, l'année 417, le 27 loüs. »

L'année 417 de l'ère d'Antioche correspond à l'année 368-369 de notre ère (Waddington, n° 2681). Cette inscription est du plus grand intérêt à cause de sa date, très-reculée pour une date chrétienne, à cause de la doxologie qu'elle contient et du titre de *chrétien* qu'elle donne à Eusèbe; on sait que c'est à Antioche, dans le voisinage de notre tombeau que l'expression Χριστιανός a pris naissance. (*Act. apost.*, XI, 26.)

PLANCHE 97.

KOKANAYA.

Sarcophages à l'air libre placés sous une petite pyramide à jour, portée par des piliers. Deux tombeaux de ce genre subsistent encore; l'un, figuré au second plan de notre dessin, est très-bien conservé; l'autre a beaucoup souffert.

II

ÉDIFICES CIVILS

KOKANAYA.

Nous avons déjà fait remarquer les différences générales qui distinguent les monuments de cette région de ceux du Djebel Riha : les plans réunis sur cette planche donnent les principaux types de maisons particulières; en les rapprochant des planches suivantes, on appréciera facilement ces variétés d'école. La disposition générale des maisons est celle des habitations d'El-Barah, mais les portiques font plus corps avec la façade du logis proprement dit; très-souvent l'étage inférieur, au lieu d'être porté par des arcs, repose sur un quillage de piliers carrés; les écuries sont plus fréquentes, les agencements plus variés.

Les plans de la planche 98 proviennent tous des importantes et curieuses ruines de Kokanaya.

Fig. 1. Maison bâtie sur une terrasse au bord d'une pente assez rapide :

a. Porte d'entrée sur la rue.

bc. Habitation principale dont l'étage inférieur est porté par des piliers carrés; l'étage supérieur a un portique dans le genre de celui de la planche 104; l'angle de la corniche est reproduit à la planche 112, fig. 4.

d. Écurie. Les auges sont ménagées entre les piliers suivant une disposition reproduite à la planche 100.

e. Écurie de la maison voisine.

Fig. 2. Maison datée.

a. Porte d'entrée avec son vestibule, disposée suivant le système ordinaire, mais sans arcs; toutes les ouvertures sont rectangulaires et formées de monolithes posés sur des pilastres ou chambranles; les plafonds sont faits avec des dalles ; le linteau de la porte proprement dite est orné d'un tableau en faible relief, surmonté d'une moulure plate à denticules et flanqué de monogrammes perlés que j'ai reproduits à la planche 99. Sur le tableau on lit l'inscription suivante (Waddington, n° 2683) :

✝ Θεοῦ καὶ Χριστοῦ δύναμις ἀνήγειρεν Μηνᾶς Λέων α' τοῦ θιυ' ἔτους. Δόμνος τεχνίτης.

« La puissance de Dieu et du Christ l'a élevé, le 1er loûs de l'année 479. Domnos architecte. »

Cette inscription qui par sa modestie rappelle la fameuse phrase : « Je le pansay, Dieu le guarit, » est du 1er août 431. Elle nous donne le nom d'un des artistes qui, au cinquième siècle de notre ère, travaillèrent au merveilleux ensemble dont nous étudions les ruines.

b. Chambres d'habitation, *c,* écurie, *d,* dépendances.

Fig. 3. Groupe de maisons à l'entrée de la ville.

L'arcade P, qui traverse la rue, faisait l'office de porte.

La maison de gauche est bâtie à deux niveaux différents, à cause de la déclivité du sol.

a. Allée couverte en dalles.

b. Cour intérieure entourée de portiques et formant *impluvium.*

c. Citerne taillée dans le roc et recevant les eaux pluviales.

d. Escalier s'appuyant contre la paroi dressée du rocher et conduisant à l'étage supérieur qui en *e* est bâti sur le roc. On trouvera à la planche 105 une vue de l'intérieur de cette cour.

La maison de droite a souffert; il n'en reste d'intact que l'écurie *n,* et la porte *p,* sur le linteau de laquelle on lit la date du 29 janvier 378 de notre ère et le nom d'un architecte nommé Damas. (Waddington n° 2682.)

PLANCHE **99.**

DÉTAILS DE CONSTRUCTION.

La construction des maisons de ce groupe se distingue par un emploi très-hardi et très-ingénieux des matériaux. Le sol même fournissait de très-gros blocs d'un calcaire résistant; les architectes les mettaient en œuvre en économisant le plus de temps possible; ils subordonnaient l'appareil aux dimensions des quartiers; souvent la face extérieure de la pierre était seule dressée, les autres restaient brutes; quelquefois la pierre n'étant pas assez large pour occuper toute l'épaisseur du mur, celui-ci était formé de deux pierres, parementées d'un seul côté, et dont l'intervalle était rempli de petites pierres. Tout artifice

16

de construction étant banni, l'usage du mortier et celui du fer étant écartés, les édifices ne tiennent que par les lois de la stabilité; la logique la plus rigoureuse préside à l'emploi des matériaux, les formes extérieures ne sont que l'expression de fonctions véritables, l'ornementation elle-même n'est que la décoration de lignes nécessaires; l'arc étant rarement employé, le caractère de cette architecture est rude; s'il satisfait l'œil, il ne le charme pas; il étonne souvent par les agencements bizarres que les architectes ont imaginés, non-seulement pour éviter de donner à leurs assises des dimensions uniformes, mais pour augmenter la liaison des parties entre elles.

Les exemples réunis sur la planche 99 feront ressortir ces différents caractères.

Fig. 1. Terrasse dallée, disposée de telle façon que les eaux pluviales soient éloignées des joints et viennent se réunir dans un chéneau de pierre; celui-ci se vide à l'aide d'une ouverture ou gargouille percée à l'angle. Ailleurs un véritable tuyau de descente, ménagé dans l'épaisseur d'un des piliers du portique, emmenait les eaux dans la cour.

Fig. 2. Angle de maison dont les assises sont encastrées l'une dans l'autre.

Fig. 3. Corbeau destiné à recevoir l'extrémité d'une poutre de plancher et qui, pour plus de solidité est assemblé à tenons et mortaises avec les pierres voisines. La fig. 3 *bis* fait comprendre cette disposition.

Fig. 4. Auvent de porte.

Fig. 5 et 6. Monogrammes sculptés sur le linteau de la porte bâtie par Domnos. (Voy. ci-dessus, pl. 98).

A ces exemples j'ajoute le dessin d'un pan de mur appartenant à une maison chrétienne

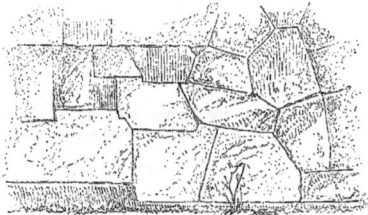

40. — Appareil polygonal chrétien.

de Banaqfour. L'irrégularité de l'appareil atteint ici son maximum. On croirait par endroits être en présence d'une construction polygonale de l'époque dite cyclopéenne; le doute pourtant n'est pas permis : outre que cet appareil renferme en lui-même des parties régulières et d'un caractère incontestable, il appartient à une maison marquée du signe de la croix. Non loin de Banaqfour, une église caractérisée par ses trois nefs, son abside, ses symboles chrétiens, renferme des bizarreries de constructions analogues et des murs dont l'appareil ne le cède en rien, sous le rapport des fantaisies polygonales, à celui que nous venons de reproduire.

PLANCHE 100.

DEIR SÉTA.

Maison datée du mois de mai 412 de notre ère, ainsi qu'il résulte de l'inscription suivante gravée au-dessus de l'entrée :

Εἷς Θεὸς ὁ βοηθῶν πᾶσιν. Ἔτους ξυ' μηνὸς Ἀρτεμισίου.

« Il n'y a qu'un Dieu qui porte secours à tous. En l'année 460, au mois d'Artemisius. »

Le linteau de la porte fournit un bon exemple de la sculpture et des profils de cette région. Le relief en est assez plat et le style médiocre : les galons perlés et nattés sont un des traits caractéristiques du groupe : le monogramme du Christ est en forme de croix, ce qu'il convient de noter à cause de la date du monument et de la confirmation qu'elle apporte aux observations, consignées ci-dessus, sur la succession chronologique des formes de ce symbole chrétien.

L'écurie est disposée dans le rez-de-chaussée de la maison d'habitation (voy. pl. 98), des trous percés dans l'angle des piliers servaient à attacher les animaux; une petite niche creusée au-dessus de la grossière figure d'un chandelier était destinée à recevoir une lampe.

PLANCHE 101.

DEIR SÉTA.

Le dessin d'en bas représente l'entrée d'une maison située en face de la précédente; la porte est encadrée dans un auvent fait de monolithes de grandes dimensions.

La seconde figure est celle d'une maison à travers laquelle passe une rue couverte.

PLANCHE 102.

ESCALIERS.

Restes d'escaliers extérieurs situés à Deïr Séta et conduisant au premier étage de maisons d'habitation : le palier sert en même temps d'auvent à la porte du rez-de-chaussée; l'un de ces paliers est incliné et la pierre unique qui le compose est striée à sa surface pour empêcher le pied de glisser.   •

PLANCHE 103.

KOKANAYA.

1. Maison de paysan construite avec des blocs énormes; l'étage inférieur, porté par des piliers et colonnes, est ouvert et servait au logement des animaux; l'étage supérieur, composé d'une seule chambre, constituait l'habitation de la famille, on y parvient par un escalier taillé dans une seule dalle de pierre.

2, 3, 4. Chapiteaux dessinés dans les ruines de la ville; compositions originales obtenues par un groupement nouveau des éléments empruntés aux ordres classiques.

PLANCHES 104, 105 ET 106.

KOKANAYA.

Vues diverses qui permettent de se rendre compte de la disposition des maisons de la classe aisée avec leurs doubles portiques, leurs balustrades, leurs chapiteaux si variés. . Quant à la date de ces constructions, nous avons vu que les inscriptions la placent à la fin du quatrième et au commencement du cinquième siècle.

PLANCHE 107.

BAQOUZA.

1. Intérieur d'une cour. La maison est conforme au type ordinaire de cette région, avec une façade portée au rez-de-chaussée par des piliers et au premier étage par des colonnes; un des côtés de la cour est bordé par un portique recouvert de dalles. Les chapiteaux offrent un mélange de volutes et de consoles qui leur donne un aspect *roman;* l'ajustement de la porte d'angle qui donne dans le rez-de-chaussée de la façade, est assez pittoresque.

2. Façade assez originale d'une disposition peu commune; les moulures des portes et fenêtres (fig. 2 et 4) ont un profil un peu différent de ceux que nous avons rencontrés jusqu'ici; la rosace qui décore le linteau de la grande fenêtre centrale (fig. 3) a un faire découpé qui annonce la sculpture byzantine.

PLANCHE 108.

DEIR SEM'AN.

Grand établissement situé au pied de la montagne qui porte la magnifique église de Saint-Siméon Stylite. Sa destination précise est difficile à déterminer. Ce qui caractérise les deux maisons principales, c'est que le double portique, au lieu d'être, comme dans les exemples cités jusqu'ici, réservé à la façade, règne sur les quatre faces et entoure la maison d'une ceinture de promenoirs couverts; les planchers et les toits de ces portiques étaient en charpente.

Une sorte de pont, composé de piliers carrés reliés par un tablier de dalles, conduit du premier étage de l'une des maisons à une plate-forme, taillée dans le roc, qui précède l'entrée d'un tombeau. Celui-ci est en partie évidé dans le rocher et en partie construit en blocs de grand appareil.

Au fond du dessin on aperçoit à l'horizon la silhouette du Djebel-Cheikh-Berekel, cône isolé qui dans l'antiquité était l'objet d'un culte spécial. On voit encore à son sommet les ruines d'un temple consacré aux dieux locaux et solaires Μάλβαχος et Σελαμάνης (Voy. *Corp. Inscr. Græc.* N°ˢ 4449-4451 ; et Waddington, *Inscript. gr. et lat. de Syrie*, p. 626). Nous n'avons pu malheureusement explorer ce point important qui mériterait des recherches sérieuses.

PLANCHE 109.

DEIR SEM'AN.

Maison située à une petite distance de la précédente; c'est la plus grande habitation particulière que nous ayons vue dans cette région; elle a trois étages qui ont chacun leur portique extérieur; les planchers de bois ayant disparu, ces trois étages de colonnes superposées forment une sorte de gigantesque grille de pierre isolée, et qui, sur la gauche de notre dessin, est vue de profil.

L'intérieur de la maison n'est pas moins original. Le rez-de-chaussée est porté par un système mixte d'arcs et de piliers. Une grande salle occupe tout le premier étage; elle est bordée de portiques intérieurs et coupée en son milieu par une file de colonnes qui porte une architrave sur laquelle s'appuyaient les maîtresses poutres du plancher; l'encastrement de ces dernières est encore visible au centre de notre dessin.

Le deuxième étage renfermait également un système de supports en pierre qui divisaient la grande surface du bâtiment, tout en aidant à porter la grande charpente qui recouvrait l'ensemble de l'édifice.

Je n'ai pas trouvé d'autre exemple d'un intérieur ainsi aménagé, ni rencontré une solution plus ingénieuse du problème qui consistait à créer de grandes salles et à les couvrir, avec les moyens restreints dont on disposait et la méthode rigoureuse que l'on s'imposait à soi-même.

PLANCHES 110 ET 111.

REFADI.

Maisons presque intactes, dont l'une est datée, et qui donnent le type le plus complet des habitations de la région. On ne saurait imaginer une construction plus rationnelle : chaque pierre a sa fonction apparente; l'entablement, formé des architraves monolithes qui relient les colonnes, et de l'extrémité des dalles qui composent le toit, a un caractère très-vigoureux. Les dalles ont une surface légèrement inclinée, pour favoriser l'écoulement des eaux pluviales : celles-ci venant se rassembler dans un chéneau pratiqué dans l'épaisseur des dalles se déversent au dehors par de petites gargouilles. Les chapiteaux et les bases sont d'un style qui se rapproche du byzantin. On remarquera les volutes qui terminent le bandeau supérieur; elles apparaissent pour la première fois dans l'architecture antique, c'est le prototype évident d'un élément d'ornementation très-employé dans l'architecture arabe. Ces maisons appartiennent d'ailleurs par leur âge à la période byzantine; l'une d'elles porte la date du 13 août 510, indiquée par une inscription gravée sur la dernière balustrade à gauche du premier étage et qui est ainsi conçue :

Συμεώνης ✝ Κύ(ριε) εὐλόγησον τὴν εἴσοδον καὶ τὴν ἔξοδον ἡμῶν ἀμή(ν). Ἐπληρώθη ἡ στοὰ ἐν μη(νὶ)
Λώου ιγ' ἰνδ(ικτιῶνος) τρίτης τοῦ ηνφ' ἔτους. Ἀΐραμις.

« Siméon. Seigneur bénis notre entrée et notre sortie. Amen. Ce portique fut achevé le 13 loüs. la troisième indiction de l'année 558; Airamis. »

Siméon est le nom du propriétaire de la maison; Airamis celui de l'architecte.

PLANCHE 112.

DÉTAILS.

1° Détail du couronnement du mur postérieur d'une maison de Refadi.

2° Fenêtre percée dans la face postérieure d'une maison du même village.

3° Soffite des dalles formant le porche extérieur de l'église de Deïr Sem'an. Réminiscence des caissons antiques.

4° Angle du portique supérieur d'une maison à Kokanaya. (Voy, pl. 98.)

PRESSOIRS.

Les pressoirs sont innombrables dans cette région ; leur forme varie peu. J'ai choisi, pour les reproduire, ceux qui sont les plus complets.

Le premier est à Behioh : il se compose d'une grande cuve carrée, creusée dans le roc, munie sur l'une de ses faces d'une grande pierre debout, encastrée à queue d'aronde dans le rocher et portant une large rainure rectangulaire. Cet engin servait également à la fabrication du vin et à celle de l'huile.

Dans le premier cas, le raisin, étendu dans la cuve, était foulé aux pieds ; puis le marc était ramassé dans des paniers et soumis à la presse . Celle-ci se composait d'un long levier dont une extrémité était engagée dans la rainure du gros bloc vertical, et l'autre était violemment abaissée vers la terre par des hommes agissant soit par l'effet de leur poids, soit à l'aide de cordes fixées dans le sol et roidies avec force [1]. L'extrémité du levier, que les Romains nommaient « la langue », *lingula preli*, était maintenue dans la rainure, à la hauteur convenable, par des cales de bois. La forme en queue d'aronde donnée à la partie du bloc qui était encastrée dans la paroi de la cuve, empêchait que l'effort du levier ne soulevât ce point d'appui et ne l'arrachât de sa base. Quelquefois la rainure est assez large et assez profonde pour que l'on puisse supposer qu'elle servait, non à recevoir l'extrémité du levier, mais à recevoir les paniers de marc eux-mêmes avec des planches superposées que l'on forçait à descendre en enfonçant entre elles, à coups de maillet, des gros coins de bois.

Le jus obtenu par ces diverses opérations se rassemblait dans l'étage inférieur de la cuve et la remplissait ; il coulait alors par la surface dans les deux rigoles pratiquées sur le rebord de gauche, et se rendait dans une petite cuve circulaire, d'où une dernière ouverture le conduisait au dehors, dans les jarres disposées pour le recevoir. Deux trous ronds, creusés sur le parcours des rigoles, servaient à faire déposer le liquide, déjà clarifié par son séjour dans la première cuve : celle-ci se vidait complètement à l'aide de la bonde de fond qui est pratiquée sous les rigoles de surface, et qui restait bouchée pendant la première partie de l'opération.

L'appareil était disposé de même pour la fabrication de l'huile ; seulement, les olives n'étaient pas préalablement foulées aux pieds, mais écrasées soit dans un de ces moulins horizontaux que nous avons décrits (Voy. planche 35), soit dans la cuve même, à l'aide des rouleaux de pierre que l'on voit gisant sur ses bords.

---

1. Ce système a été décrit par les auteurs anciens. (Voy. Rich. *Diction. des antiquités*, s.v. *Torcular.*) Il est encore en usage dans certaines parties de la France, avec cette différence que tout l'engin est en bois, et que l'extrémité du levier est sollicitée par une vis qui tient au sol et que les hommes mettent en mouvement.

Le second dessin de la planche 113 représente un pressoir qui n'est pas à l'air libre, mais se trouve dans une chambre taillée dans le roc. Le gros bloc debout est remplacé par une niche creusée dans la paroi naturelle : les deux faces intérieures de cette niche sont percées de deux trous, dont l'un aboutit au dehors et servait à introduire une barre de bois destinée soit à arrêter l'extrémité du levier, soit à lui servir de tourillons. Le jus, avant d'arriver à la grande cuve, traversait deux petites cuves où il déposait et dont il ne sortait que par des rigoles de surface. On voit à droite le moulin à olives, auquel correspond, dans le plafond, un trou qui recevait l'extrémité de l'arbre autour duquel tournaient les meules verticales.

Les deux autres niches ne paraissent pas avoir joué un rôle essentiel : l'une d'elles est surmontée d'un cartouche dans lequel on lit l'exclamation : Καὶ Σύ! « Et toi! » formule analogue à celle qui se rencontre souvent sur les monuments de cette région : Ὅσα λέγεις, φίλε, καὶ σοὶ τὰ διπλᾶ! « Puisses-tu avoir le double des biens que tu me souhaites! »

Cette grotte artificielle, avec son curieux pressoir, se trouve dans la vallée qui sépare Banaqfour d'Eschreq.

PLANCHE 114.

PANDOCHEION A DEIR SEM'AN.

Le village de Deir Sem'an doit son origine au couvent de Saint-Siméon Stylite, que nous étudierons un peu plus loin : il a été bâti au pied de la montagne qui porte ce célèbre monument, à la suite du grand mouvement de pèlerinage déterminé par la réputation du saint solitaire. Il renferme, outre des établissements religieux et des maisons particulières, des hôtelleries à l'usage des pèlerins qui n'étaient admis ni dans les unes ni dans les autres. Ces établissements publics portent dans les inscriptions le nom de πανδοχεῖον (Waddington, nᵒˢ 2691, 2692). Celui que représente notre planche est de dimensions modestes : il ne diffère pas sensiblement des autres maisons, si ce n'est par le curieux arrangement du portique inférieur, avec son double rang de supports et ses chapiteaux composés de l'extrémité sculptée des poutres de pierre. L'inscription gravée sur le linteau de la porte est ainsi conçue :

$$\dagger \; XMΓ. \; \text{Ἐγέ(ετο) τοῦτο τὸ πανδ(οχεῖον)}$$
$$\text{ἐν [μηνὶ] Πανήμῳ 6' τοῦ ζκφ' ἔτους.}$$
$$X(ριστ)ὲ βοήθι. \; \text{Σιμεώνης τοῦ. . . . . ἐποίησεν, ...}$$

« Christ, Michel, Gabriel! Cette hôtellerie a été achevée le 22 Panêmus 527 : Christ, sois secourable! Siméon, fils de. . . . , a fait. . . . »

La date correspond au 22 juillet 479 de notre ère.

Les *hôtelleries* avaient quelquefois un caractère semi-ecclésiastique. Elles portaient alors plutôt le nom de *xenodocheia*, et étaient dirigées par un religieux du nom de *xenodochus, xenodocharius*. (Du Cange, *Glossar., sub verbo*.)

PLANCHE 115.

ARC A DEIR SEM'AN.

Sorte d'arc de triomphe sur le chemin qui monte au grand couvent de Saint-Siméon-Stylite. Très-intéressant monument qui ne manque pas d'une certaine élégance : les quatre contre-forts sont tout à fait originaux ; la colonnette qui les amortit joue un rôle à la fois décoratif et architectural : tout en ornant d'une manière heureuse l'extrémité de ces supports latéraux, elle contribue à leur rigidité et concourt à assurer la stabilité de l'ensemble. Les chapiteaux, dont notre gravure ne peut donner que les lignes générales, se composent de feuilles découpées, assez semblables à celles des chapiteaux de l'église de Saint-Siméon. (Voy. pl. 141 et suiv.) Ce sont eux qui me font descendre jusqu'à la fin du cinquième ou au commencement du sixième siècle la construction du monument. Cette date est d'ailleurs celle que nous assignerons à l'église du Stylite et celle d'un grand concours de pèlerins, occasion naturelle des constructions qui ont été élevées dans ces parages.

Les dimensions du monument sont assez intéressantes : il a 40 pieds dans sa plus grande largeur, et 32 pieds de hauteur au-dessus du soubassement : ces deux nombres sont dans le rapport de 4 à 5. Les colonnes inférieures ont 12 pieds de hauteur totale, et sont égales au rayon de l'arcade ; d'où il résulte que le vide central a la forme d'un demi-cercle surmontant deux carrés juxtaposés. La colonne supérieure a 9 pieds de hauteur totale ; les colonnes des deux étages sont donc dans le rapport de 3 à 4. On pourrait encore multiplier ces rapprochements, mais nous en avons assez dit pour démontrer la méthode rationnelle et mathématique qui a présidé au tracé de ces monuments.

III

ÉDIFICES RELIGIEUX

Les églises de cette contrée, comme celles du Djebel-Riha, ont, presque sans exception, la forme de *basiliques*. Dans leurs lignes générales, elles se composent d'un parallélogramme ayant une longueur double de sa largeur, divisé en trois nefs, dont l'une, la nef centrale, a une largeur double de celle des bas-côtés. Ces proportions subissent quelquefois, dans l'exécution, quelques légères altérations : l'épaisseur des murs n'est pas comptée d'une manière uniforme dans les dimensions qui sont soumises à la règle; néanmoins, l'on constate que cette loi fort simple est l'idée mère qui a présidé à la composition des plans : il en résulte une certaine uniformité qui n'est rompue que par la diversité des chœurs et des façades, et par la variété des ornements décoratifs. Les élévations sont régies par des lois de proportions non moins simples, ou engendrées par des figures géométriques élémentaires, telles que le carré, le triangle équilatéral, le triangle rectangle « parfait ». Les dimensions principales, réduites en pieds grecs, donnent des nombres où nous retrouverons les intentions symboliques que nous avons déjà signalées.

Ceux qui se rencontrent le plus souvent dans les monuments que nous allons décrire sont les nombres 120, 60, 72, multiples de 12; puis 45, 30, 25, multiples de 5; enfin des multiples de 7, comme 49 et 28 : je les signale, pour ne plus y revenir, ainsi que les nombres plus petits, 18, 9, 6, 3. Ces nombres avaient déjà, aux yeux des architectes de l'antiquité, une valeur particulière comme combinaisons des trois nombres 3, 4 et 5, éléments du triangle « parfait », et de 7, nombre symbolique par excellence. La symbolique chrétienne ne pouvait que les adopter, car elle retrouvait dans ces multiples de 3, 7, 10, 12, l'application des nombres qui représentaient la Trinité, les jours de la création, les dons du Saint-Esprit, les sacrements, les apôtres et d'autres idées, d'une nature plus mystique, sur lesquelles je n'ai pas à insister ici.

Quant au style des constructions religieuses de cette contrée, il ne diffère pas sensiblement de celui des constructions civiles : nous retrouverons la même recherche des grands matériaux et le même sans-gêne dans la manière de les appareiller; la même logique dans les ajustements, le même faire, un peu sec, dans les détails; nous constaterons enfin, mieux que dans les maisons particulières et les tombeaux, les transformations graduelles qui, dans un art tout imprégné du sentiment antique, font pressentir déjà le style du moyen âge.

ÉGLISE DE DEIR-SÉTA.

Basilique de 60 pieds de largeur totale, murs compris, et de 108 pieds de longueur totale, soit une proportion de 5 pour 9. Elle avait peut-être, autrefois, un portique extérieur ou *pronaos* de 12 pieds, ce qui aurait porté à 120 pieds, ou au double de la largeur, la longueur totale du plan. La nef centrale a 26 pieds de largeur dans œuvre; les bas-côtés, 13 pieds; les murs, 2 pieds d'épaisseur; les entre-colonnements, d'axe en axe, ont 12 pieds : il y en a sept, ce qui, pour tout le portique de la nef, donne le nombre : $84 = 7 \times 12$.

La façade orientale est assez intéressante : un mur droit dissimule la forme de l'abside et ses deux annexes latérales; il est orné d'une série de douze colonnettes portées sur des consoles à encorbellement et portant à leur tour la corniche du collatéral.

Les façades latérales sont percées d'un grand nombre de portes et de fenêtres dont les archivoltes sont évidées dans une seule pierre et sont décorées d'un bandeau qui contourne toute la composition, suivant un système spécial à la région et dont la planche 120 reproduit la disposition. Les fenêtres étaient fermées par des dalles découpées, dont il reste quelques traces.

Le sol intérieur de l'église est à 2 mètres au-dessus du sol extérieur. L'édifice est assis sur un large soubassement, d'un bon effet. Toute la nef est écroulée : il est facile de juger, par ses débris, qu'elle était disposée comme celle reproduite à la planche 118. Un certain nombre de chapiteaux gisent au milieu des ruines : ils sont d'un galbe encore tout antique; leurs feuilles se retournent gracieusement comme celles d'un chapiteau corinthien, sans présenter cette *cassure* brusque qui caractérise d'ordinaire les œuvres de la décadence byzantine : néanmoins, le faire plat, découpé, le feuillé « triangulaire » classent ces chapiteaux dans la famille de ceux de Sainte-Sophie de Constantinople et de Saint-Vital de Ravenne.

Le profil des bases (fig. 1) des colonnes de la nef annonce aussi une époque assez basse. Les autres profils appartiennent au système connu de la région. En voici la nomenclature :

Fig. 2. Corniche extérieure du collatéral.

Fig. 3. Plinthe extérieure.

Fig. 4. Bandeau sur lequel s'appuient les fenêtres.

Fig. 5. Bandeau qui contourne les fenêtres.

La date que j'assigne à cette église est le commencement du sixième siècle. Les maisons datées du village de Deïr-Séta sont, il est vrai, du cinquième; néanmoins, je ne crois pas la basilique aussi ancienne; elle ne saurait pour moi être antérieure à l'église de Saint-Siméon-Stylite, que nous décrirons plus loin et qui ne saurait elle-même avoir été construite avant la fin du cinquième siècle, le saint auquel elle est dédiée étant mort en 459 de notre ère.

BAPTISTÈRE A DEIR-SÉTA.

On sait que, dans la primitive Église, les baptistères étaient rares : il n'y en avait qu'un par ville épiscopale, l'usage étant de réserver à l'évêque l'administration du sacrement de baptême. Ce n'est que vers le sixième siècle que l'on commença à multiplier ces édifices. Dans la Syrie centrale, nous en avons fort peu rencontré : peut-être l'église semi-octogonale de Moudjeléia (pl. 63) et l'église octogonale de Kalat Sém'an (pl. 149) sont-elles des baptistères. Le monument que nous avons relevé à Deïr-Séta a certainement eu cette destination : il est hexagonal, suivant l'usage qui voulait que les baptistères eussent une forme polygonale ou circulaire; il n'a pas d'abside, ce qui exclut l'idée d'une simple chapelle; il est à une certaine distance de l'église, selon la tradition primitive.

Le plan de ce monument, que nous donnons dans l'angle de la planche 117, montre qu'il avait la forme d'un hexagone régulier de 15 pieds de côté, inscrit par conséquent dans un cercle de 30 pieds de diamètre; un portique intérieur, aujourd'hui écroulé, entourait la cuve centrale, invisible sous les décombres. Trois des faces du baptistère sont percées de portes qui donnent sur une cour pavée de dalles, et bordée d'un portique : c'était le προαύλιος οἶκος, « le vestibule », dans lequel les catéchumènes renonçaient à Satan, au monde, à ses pompes, avant de pénétrer dans l'intérieur, ἐσώτερος οἶκος, pour y recevoir le sacrement par immersion dans la piscine, κολυμβήθρα.

Les tombeaux musulmans que l'on voit sur le premier plan de notre dessin appartiennent au cimetière d'un petit village moderne établi au milieu des ruines.

ÉGLISE DE BAQOUZA.

Beau monument, bien planté sur la pente d'une colline ; un large soubassement rachète la déclivité du terrain, et donne à l'église une assiette remarquable. Le chevet, avec ses plans fermement accusés, son magnifique appareil, est d'un sentiment tout antique. Toute la partie supérieure s'est écroulée, mais sa disposition est facile à déterminer avec les débris existants : c'est ce que nous avons fait, en ayant soin de pointiller nos restaurations. Des colonnettes portées sur des corbeaux décoraient le sommet de l'abside.

La nef s'est également écroulée; mais tous ses membres gisent à terre, où il est facile de les mesurer : la coupe de la planche 119 n'a donc rien d'arbitraire, et nous en garantissons l'absolue exactitude. Nous avons cru devoir la donner complète, sans distinguer nos restaurations, afin de faire comprendre ce qu'était la disposition intérieure d'une basilique, dans cette région où elles sont nombreuses et se ressemblent toutes [1].

Les caractères généraux sont les suivants : une rangée de colonnes, de proportions antiques, portant des arcs en plein cintre, plus ou moins surhaussés, et non extradossés; au-dessus des arcs, une ou deux assises qui reçoivent l'extrémité des chevrons du toit rampant des côtés; puis une rangée de fenêtres, dont les trumeaux sont faits d'un seul bloc de pierre et dont les archivoltes sont également évidées dans un monolithe; au-dessus des fenêtres, une assise, qui à l'extérieur constitue la corniche, et à l'intérieur est munie d'encastrements pour recevoir l'extrémité des entraits de la charpente. Celle-ci s'appuie sur deux pignons extrêmes.

Les bas-côtés sont traités dans le même esprit : ils sont percés de fenêtres en plein cintre et de portes dont le linteau est surmonté d'arcs de décharge apparents. Devant les portes latérales sont disposés des porches qui, à Baqouza, sont formés d'une petite voûte de pierre appuyée sur deux architraves qui, d'un côté, sont portées par deux colonnes, et de l'autre par deux corbeaux ou deux demi-colonnes encastrées dans le mur de l'église.

L'abside, voûtée en cul-de-four appareillé, s'ouvre dans le mur du fond, à un niveau supérieur au sol de la nef.

La façade occidentale est précédée d'un portique ou pronaos : nous n'avons pas reproduit celui de Baqouza dans notre coupe restaurée, à cause de l'incertitude que l'état des ruines laisse sur son élévation.

Voici les principales dimensions de l'église de Baqouza :

Longueur totale de l'église proprement dite.	90 P.		
Longueur de la nef	72 P.	} rapport 3/4	
Largeur intérieure de la nef. . . . . , . .	54 P.		
Entre-colonnements d'axe en axe.	12 P.		
Largeur de la nef centrale dans œuvre.	25 P.	} rapport 1/2	
Largeur des bas-côtés dans œuvre.	12 P 1/2.		
Colonne { base.	1 P 1/2	} 15 P.	
fût.	11 P		} Hauteur totale, 33 P.
chapiteau.	2 P 1/2		
Hauteur depuis la colonne jusqu'aux fenêtres.	9 P	} 18 P.	
Hauteur depuis les fenêtres jusqu'au toit	9 P		
Hauteur des murs des bas-côtés.	18 P.		
Fenêtres { Hauteur.	11 P.		
Largeur.	3 P.		
Porte latérale. { Hauteur.	11 P.		
Largeur.	6 P.		

1. Parmi ces basiliques, il en est une qui est intacte, au lieu nommé « Mouchabbak » sur la route d'Alep à Kalat Sem'an. Il n'y manque que les toits, la disposition de la nef est absolument celle de notre planche 119. Le temps nous a manqué pour la relever en détail; nous aurions d'ailleurs eu moins de facilité pour la mesurer que pour mesurer les éléments renversés de l'église de Baqouza. Une excellente photographie de la basilique de Mouchabbak été faite par M. Albert Poche, d'Alep; elle peut servir de contrôle et de confirmation pour notre gravure.

Malgré l'aspect antique de l'église, je ne la crois pas antérieure au sixième siècle, à cause du caractère des bases des colonnes, semblables à celles de Deïr-Séta (pl. 116, fig. 1), et de celui de la sculpture. On en peut juger par le chapiteau que nous donnons à la planche 118, et par la croix (fig. 3) qui décore le centre d'un linteau de porte.

Les profils offrent aussi certaines particularités qui les distinguent des précédents : le n° 2 appartient à une porte latérale; le n° 4 à une archivolte de fenêtre; le n° 5 à une base de colonnette extérieure.

Nous avons retrouvé dans l'intérieur de l'église des fragments de balustrade qui proviennent sans doute de la clôture du chœur : ils ressemblent à ceux des portiques de maisons que nous avons déjà décrits : l'un d'eux porte l'espace d'une inscription.

PLANCHE 120.

CHAPELLE A KOKANAYA.

Chapelle du sixième siècle. Élévation d'une partie du mur extérieur. On remarquera, outre l'appareil et l'ajustement original de la décoration, les spirales qui terminent les bandeaux de chaque côté de la porte et à droite de la dernière fenêtre. Ce motif, dont nous donnons le détail à une plus grande échelle, est le prototype d'un ornement très-employé dans l'architecture arabe.

Fig. 1. Profil de la corniche supérieure.

Fig. 2. Bandeau qui contourne les fenêtres.

Fig. 3. Bandeau appui des fenêtres.

Fig. 4. Angle d'une fenêtre.

PLANCHE 121.

ÉGLISE DE KEFR-KILE.

Église du cinquième-sixième siècle, remarquable par son chevet carré, qui englobe l'abside et ses annexes, curieuse aussi par l'ornementation des portes latérales.

Un détail non moins intéressant est le profil du bandeau extérieur qui servait d'appui aux fenêtres de la nef et recouvrait le point de jonction du toit du bas-côté avec le mur de la nef. Ce profil, très-incliné, servait à empêcher les eaux pluviales de s'introduire entre le toit et le mur, et à garantir les têtes des chevrons. C'est presque un larmier gothique.

41. — Bandeau extérieur.

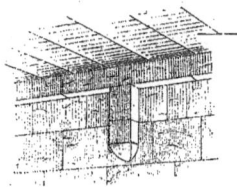

42. Plafond du narthex.

Le narthex de l'église est couvert en dalles de pierre qui s'appuient sur un bandeau saillant, soutenu lui-même par des consoles qui affectent l'apparence d'une construction en bois.

PLANCHES 122-129.

ÉGLISE DE QALB-LOUSÉ.

Monument du plus grand intérêt et d'une remarquable conservation; il ne manque que le mur extérieur du bas-côté nord et une partie de la façade occidentale, encore ces lacunes peuvent-elles être remplies avec une exactitude mathématique: il suffit de prolonger les lignes interrompues pour reconstruire par la pensée, jusque dans ses plus petits détails, le monument tel qu'il existait au sixième siècle de notre ère. C'est la date que nous lui avons assignée par la comparaison de son style avec celui des monuments datés dont il est entouré et que nos précédentes planches ont suffisamment fait connaître:

L'église a extérieurement 54ᵖ de largeur totale sur 114ᵖ de longueur. Elle comprend un pronaos ou narthex P, flanqué de tours D, puis une nef de 84ᵖ de long, sur 25 de large, avec deux bas-côtés de 12ᵖ 1/2, piliers compris, et une abside de 10ᵖ de rayon intérieur. La nef est portée non par des colonnes, mais par de gros piliers reliés par de larges arcades; un second ordre formé de colonnettes portées par des corbeaux décore l'étage supérieur; chacun de ces couples de colonnettes portait une des fermes de la charpente.

Le chœur, surélevé de près de 3ᵖ au dessus du sol de la nef, s'étend au-delà de l'abside, jusqu'à une ligne aa, autrefois fermée par un chancel ou balustrade dont l'encastrement se voit encore dans les murs latéraux. Cette barrière n'avait que 3ᵖ d'élévation.

On remarque en outre les traces d'un iconostase qui montait jusqu'à l'ordre supérieur, mais qui a été exécuté après coup et ne paraît pas avoir fait partie du plan primitif. Une porte *b*, située en dedans de la barrière, et au niveau de l'abside, mettait le chœur en communication directe avec le *diaconicum c*, dont l'accès se trouvait ainsi réservé aux seuls membres du clergé. Une autre porte *b*, au niveau du sol de l'église, conduisait les clercs dans le *gazophylacium*, ou *prothesis* B, auquel la foule avait accès par une large arcade ouverte au fond du bas-côté sud, pour venir y déposer ses offrandes. La différence de niveau des deux portes *b* accuse, non moins clairement que la disposition des entrées, la différence de destination des deux annexes latérales du chœur. Des crédences ménagées dans l'épaisseur du mur de l'abside servaient à poser les objets du culte. D'autres crédences sont pratiquées dans l'épaisseur des piliers de la nef. Deux chambres, ménagées au-dessus du diaconicum et de la prothesis, complètent le système des dépendances ou pièces destinées au service intérieur du sanctuaire.

Les bas-côtés sont couverts en dalles de pierre dont les joints sont à recouvrement et dont le bord extérieur, mouluré, constitue la corniche supérieure du monument. La nef était couverte en charpente; le comble a naturellement disparu, mais la place des colonnettes, la hauteur de l'encastrement qui les surmonte, l'inclinaison des pignons, sont des données qui permettent d'en retrouver la disposition; nous avons essayé de rendre cet effet dans la vue restaurée de la planche 126.

L'ornementation est fort intéressante: plus riche que dans les églises étudiées jusqu'ici, elle affecte des formes qui tendent vers les pratiques byzantines; les éléments empruntés à la décoration antique sont mêlés à des croix et à des symboles chrétiens; la grande archivolte de l'abside est d'un bel effet; la colonnette qui dans chaque angle reçoit la retombée du dernier rang de moulures a un chapiteau réticulé en forme de corbeille, d'un aspect tout à fait byzantin; la console qui supporte cette colonnette porte en dessous la figure d'un bœuf sculptée en très-bas-relief; c'est sans doute l'animal symbolique de l'évangéliste saint Luc.

On sait combien les représentations de la nature vivante sont rares dans la sculpture ecclésiastique des églises orientales; nous n'en avons jusqu'à présent cité que quelques exemples isolés. L'église de Qalb-Louzé, à ce point de vue, possède un détail fort curieux : sur le linteau de la première porte latérale, linteau orné dans le style de la « Porte-Dorée », se trouvent deux bustes d'hommes, malheureusement martelés; au-dessus de la tête sont gravés les deux noms :

ΜΙΧΑΗΛ   ΓΑΒΡΙΗΛ

Ces deux bustes étaient donc la figure des deux archanges; placés au-dessus de l'entrée, ils semblaient veiller à la garde du sanctuaire. Nous avons déjà fait allusion au rôle et au culte de ces deux personnages célestes et fait ressortir l'importance de l'argument que la porte de Qalb-Louzé fournit en faveur de l'interprétation que nous avons adoptée pour le signe ΧΜΓ. Nous nous contentons ici de signaler le fait assez rare d'une figure humaine sculptée.

Les portes latérales étaient précédées de porches qui ont disparu, laissant, sur la surface du mur, les traces de leur présence : les uns étaient en bois, couverts d'un toit à double égout; les autres étaient en pierre et formés d'une voûte en berceau.

Le narthex qui précède la porte principale est d'un grand effet et la large arcade qui lui donne accès est d'un vigoureux caractère; un plafond de bois le recouvrait et formait terrasse entre les deux pavillons ou tours de la façade. Cette disposition est fort originale. Il est facile d'y reconnaître en germe la disposition des façades du moyen âge occidental. Mais c'est à l'abside surtout qu'apparaît de la manière la plus évidente ce lien de parenté qui unit les églises de la Syrie centrale à celles de l'Occident. Extérieurement elle est décorée de deux ordres de colonnettes, directement superposées; la donnée est encore antique, quoique l'application en soit absolument nouvelle; l'architecte, doué d'un grand sens pratique, a supprimé les membres inutiles, les tranches d'architrave et de frise qu'un architecte romain n'eût pas manqué d'intercaler dans sa composition. Néanmoins la colonne est restée la colonne antique, dans ses proportions, dans le rapport des deux ordres; mais, que le temps et la réflexion fassent litière de ces derniers scrupules, que ce chapiteau et cette base intermédiaires, devenus inutiles, disparaissent ou soient remplacés par un simple anneau, que la longue colonnette ainsi obtenue se rapproche de sa voisine, que les corbeaux de la corniche se serrent et se découpent, l'abside romane de France ou des bords du Rhin apparaît et sa filiation s'établit.

Nous compléterons cette rapide description par une nomenclature sommaire des planches que nous avons consacrées à l'intéressante église de Qalb-Louzé.

PLANCHE 122. Plan et coupe. Les restaurations que nous avons faites sont insignifiantes, ainsi qu'on peut le constater par l'inspection de la planche suivante, et elles permettent de se rendre un compte complet de l'ensemble de l'édifice.

PLANCHE 123. État actuel. Vue prise du sud-ouest; on voit sur la face latérale les traces des porches.

PLANCHE 124. Façade restaurée. Chacun des éléments est fourni par le monument; nous n'avons rien inventé, si ce n'est le fronton qui couronne chaque tour, et la disposition des dalles de la balustrade qui bordait certainement la terrasse intermédiaire. Si l'on soumet cette façade à une analyse géométrique, on trouve que le carré et le triangle équilatéral ont joué un rôle important dans le tracé des lignes principales.

PLANCHE 125. Restauration de l'abside. Nous n'avons rétabli que quelques fûts de colonnes tombés et quelques pierres qui se sont détachées des corniches.

PLANCHE 126. Vue idéale de l'intérieur de l'église, en supposant le mur de gauche démoli, afin de montrer le système de construction en gros blocs sans mortier, et en rétablissant les pièces principales de la charpente.

PLANCHE 127, fig. 1. Bandeau qui contourne les grandes arcades de la nef et se termine, à chaque extrémité, par une rosace pareille à celle qui est ici reproduite.

Fig. 2. Archivolte de l'arc de décharge de la porte principale.

Fig. 3. Fenêtre extérieure du Diaconicon. (Voy. pl. 125.)

Fig. 4. Premier bandeau extérieur.

Fig. 5. Profil du soubassement.

PLANCHE 128. Détails de la façade.

Fig. 1. Trumeau des fenêtres de la tour.

Fig. 2. Chapiteau du pilastre de la grande arcade centrale, face interne

Fig. 3. Chambranle de la porte principale.

Fig. 4. Chambranle des baies latérales.

Fig. 5. Chambranle des portes de côté.

PLANCHE 129. Détails de l'abside.

Fig. 1. Pilastre qui reçoit la retombée de la grande arcade.

Fig. 2. Partie centrale de l'archivolte de cette même arcade; les lettres *a, b, c,* désignent sur les deux figures les mêmes moulures; le rinceau de vigne *b,* sort du vase *b;* la corniche à alvéoles vient s'appuyer sur des colonnettes d'angle (voy. pl. 126); l'alvéole centrale porte le monogramme du Christ avec les mots Α. Ω. Χριστός. Au-dessous régnait une longue inscription qui est aujourd'hui illisible.

Fig. 3. Bandeau horizontal.

Fig. 4. Linteau de la porte du Diaconicon.

PLANCHES 130-136.

TOURMANIN.

Curieux ensemble comprenant une église et un grand édifice qui paraît être un « Pandocheion », vaste hôtellerie ecclésiastique attachée à l'église pour le logement des pèlerins.

Ce dernier établissement se compose d'un bâtiment à deux étages, n'ayant à chaque étage qu'une seule immense salle B, de 40ᵖ sur 76ᵖ, avec une annexe perpendiculaire C, disposée comme le « triclinium » des villas du Djebel Riha (pl. 51, 54). Deux portiques superposés entourent tout l'édifice; ils sont bâtis à l'aide de monolithes gigantesques qui ont 2ᵖ de côté et 15ᵖ de haut. Les intervalles des piliers du portique nord sont fermés à l'aide de dalles monolithes de 6ᵖ de haut, qui servaient de clôture extérieure; un mur, prolongeant cette ligne, entourait tout l'ensemble, dont l'accès n'était possible que par la porte *b,* taillée dans le roc. Deux pavillons *a,* formés de quatre monolithes debout, supportant une architrave qui porte elle-même quatre autres monolithes debout, servaient sans doute de cages à deux escaliers de bois qui conduisaient à l'étage supérieur.

En dehors de la porte, se trouve un tombeau D à deux salles, dont la base est taillée dans le roc et dont la voûte, construite en maçonnerie, a disparu.

Devant l'entrée s'étend une vaste place dallée, avec ruisseaux destinés à conduire les eaux pluviales dans une immense citerne F, creusée dans le roc vif, à l'air libre, dans la cour de l'établissement. Une autre citerne G, de dimensions non moins gigantesques, fermait la cour à l'est et recevait l'égout des eaux de l'église. Ces deux bassins sont les carrières qui ont fourni les blocs à l'aide desquels a été construit le monument. Une écurie E occupe l'angle de la cour.

La planche 131 donne une vue de ce curieux édifice prise du nord-est. On voit au premier plan les tombeaux D, puis la cage d'escalier, et la grande maison d'habitation; au dernier plan à gauche, l'angle de l'église. Aucune ruine ne fait mieux ressortir le goût particulier des Orientaux pour la construction en monolithes, et ne démontre mieux les erreurs auxquelles on est exposé, si on veut dater les monuments par la dimension des matériaux et considérer l'emploi des grands blocs de pierre comme un caractère de haute antiquité. Le Pandocheion de Tourmanin est nécessairement chrétien, comme l'église à laquelle il est attaché, et je ne le crois pas plus ancien que le sixième siècle. C'est ce qui ressort des caractères de l'église qu'il nous reste à décrire.

L'église (A du plan) a un plan qui tient à la fois de ceux de Baqouza et de Qalb-Louzé; la nef et le chœur appartiennent à la première de ces deux églises, le narthex à la seconde; la longueur totale, murs compris, est de 120^P, la largeur de 60; la nef a 30^P de largeur entre les colonnes, les bas-côtés 15, murs compris; la nef a 84^P de long, soit 7 entre-colonnements de 12 pieds d'axe en axe.

Le monument est assis sur un soubassement qui lui donne une large base, la façade a un grand caractère et en même temps un agencement de lignes d'un effet pittoresque. Comme celle de Qalb-Louzé, elle se compose d'une large arcade surmontée d'une terrasse et flanquée de tours; mais les tours sont plus dégagées et la terrasse est recouverte d'une *loggia* d'une disposition ingénieuse et élégante. La restauration que nous en donnons, à la planche 135, n'a rien de conjectural, ainsi qu'on peut le constater par l'inspection de la planche 132. On ne saurait rien imaginer de plus logique et de plus raisonné que cette composition où chaque élément, colonne, linteau, arc de décharge, a sa fonction définie et nettement accusée, où l'équilibre résulte des conditions de stabilité de matériaux posés sans ciment, où la décoration n'est qu'une conséquence de la construction. L'effet produit est très-saisissant. Le chevet a aussi un grand caractère; quoique veuf de son couronnement et des colonnettes qui autrefois le décoraient, comme à Baqouza et à Qalb-Louzé, de deux ordres superposés, il frappe encore par l'harmonie et la vigueur de ses lignes. L'abside proprement dite est à pans coupés; elle forme un demi-dodécagone régulier.

L'intérieur de la nef est écroulé et sert malheureusement de carrière aux habitants des villages voisins; on peut néanmoins constater la disposition primitive qui comprenait des colonnes comme à Baqouza, et un ordre de colonnettes supportant comme à Qalb-Louzé les poutres de la charpente. Les bases ont un profil qui accuse le sixième siècle. L'ornementation des chapiteaux de l'abside, exécutée dans le système plat, découpé, « triangulaire », des chapiteaux de Deïr-Séta, conduit à la même conclusion. Les linteaux des portes sont décorés dans le même style; celui de la porte principale est, ainsi que le chambranle, richement orné : tous les membres sont couverts de sculptures : doubles dents de scie, feuilles d'acanthe, oves, feuilles dentelées, torsades, etc.

Nous terminerons cette description par la récapitulation des planches.

PLANCHE 130. Plan de l'église et de ses dépendances.

PLANCHE 131. Vue du Pandocheion prise du nord-est.

PLANCHE 132. Église. Élévation de la façade occidentale. État actuel.

PLANCHE 133. Église. Coupe transversale; le pignon est restauré d'après celui de la façade. Les colonnettes de l'ordre supérieur existent. On voit à gauche la porte du diaconicon, à droite celle de la prothesis.

PLANCHE 134. Église. Vue du chevet, prise du sud-est; la chute du revêtement met à nu la voûte du chœur.

PLANCHE 135. Église. Vue restaurée prise du nord-ouest.

PLANCHE 136. Église. Détails.

Fig. 1. Chapiteau réticulé de l'ordre supérieur de la nef.

Fig. 2. Base de la colonnette du même ordre et bandeau sur lequel elle s'appuie.

Fig. 3. Piédestal de l'ordre qui décore l'extérieur de l'abside et bandeau sur lequel il s'appuie.

Fig. 4. Fragments de la corniche extérieure de l'abside, trouvé au pied du mur.

Fig. 5. Profil de l'archivolte du grand arc intérieur de l'abside.

Fig. 6. Bandeau de l'abside et archivolte de l'arc de la Prothesis.

Fig. 7. Linteau et chambranle de la porte du Diaconicon.

Fig. 8. Linteau et chambranle de la porte principale.

Fig. 9. Trumeau et linteau de la fenêtre de la tour du sud-ouest.

PLANCHES 137-138.

ÉGLISE DE BEHIOH.

Église qui dans son ensemble diffère peu des autres basiliques de la région, mais qui renferme quelques détails intéressants. Le chevet est carré, ainsi que le chœur, et éclairé par plusieurs séries de fenêtres disposées d'une manière assez originale. La sculpture du linteau de la porte principale est assez grossière, mais par ses ornements géométriques, ses nattes perlées, la physionomie découpée et plate des rosaces (fig. 3 et 4) qui l'accompagnent, elle se rapproche des caractères de la sculpture byzantine.

Je crois l'église du sixième siècle ; ses dimensions principales sont les suivantes :

Longueur totale, murs compris	84ᵖ.
Largeur totale, murs compris	45ᵖ.
Largeur de la nef, colonnes comprises	22ᵖ 1/2.
Largeur des bas-côtés, murs compris	11ᵖ 1/4.

PLANCHES 139-150.

KALAT SEM'AN
ÉGLISE ET COUVENT DE SAINT SIMÉON STYLITE.

L'ensemble de ruines désigné dans le pays sous le nom de Kalat Sem'an (le château de Simon) occupe le sommet d'un plateau assez escarpé qui domine la vallée de l'Afrin, à six kilomètres environ au nord de la montagne conique et isolée que les Arabes appellent Djebel Cheikh Bereket. Ce sont les restes de l'église et du couvent qui furent construits pour honorer la mémoire de saint Siméon Stylite et consacrer le lieu où il mena sa vie extraordinaire.

Les historiens contemporains[1] donnent, sur les événements qui amenèrent l'érection de ces monuments, des détails qui nous permettent de fixer leur histoire avec une grande précision.

Né vers l'an 390 de notre ère, Siméon, après plusieurs essais de vie solitaire, vint en l'an 412 se fixer près d'un village nommé Tell-Nischin (colline des femmes) et qui n'est autre que le village dont les ruines portent aujourd'hui le nom de Deïr Sem'an (le couvent de Siméon). Il y fut reçu dans un monastère dirigé par un certain Maris fils de Baraton, monastère qui est peut-être une des maisons ruinées qui entourent en si grand nombre les édifices que nous avons décrits plus haut (pl. 108-114). Siméon, poussé par le goût de la solitude et l'ardeur croissante de son ascétisme, obtint du supérieur qu'il lui permît de s'établir dans une petite cellule disposée au sommet d'une colonne dont il porta successivement la hauteur de 11 à 17, à 21, et enfin à 30 coudées. Cette dernière colonne se composait de trois tambours, en l'honneur de la Sainte-Trinité; elle avait été taillée sur place, dans le roc de la montagne, et dressée par les disciples du saint; une petite barrière de pierre formait autour de cette retraite une enceinte, un *septum*, « un parc à bestiaux », μάνδρα, disent les historiens grecs prenant ainsi dans son acception véritable un mot qui, plus tard, reçut un sens figuré et désigna le couvent. Siméon vécut 37 ans sur ces diverses colonnes, toujours entouré de pèlerins qui venaient écouter ses discours ou solliciter ses avis. Des maisons, des couvents avaient été construits pour l'usage de cette foule pieuse et empressée. Enfin le saint mourut le 27 septembre 459; son corps, d'abord enseveli au sommet de sa dernière colonne, fut transféré en grande pompe à Antioche et déposé dans l'église de Constantin.

Cependant la mort de saint Siméon n'avait pas interrompu le mouvement de pèlerinage que son étrange dévotion avait déterminé ; la foule continua à venir contempler cette colonne de 30 coudées et consulter, en même temps, les nombreux *stylites* que l'exemple du saint avait suscités dans la région environnante. Nous en avons la preuve matérielle dans la construction de ces hôtelleries placées sous l'invocation du nom de Siméon, et dont une

---

1. Voy. *Acta S. Simeonis Stylitæ*, par Assemani, et les citations qu'il donne d'Evagrius, de Théodoret, etc.

(Voy. ci-dessus pl. 114) n'est postérieure que de 20 ans à la mort du premier stylite. Bientôt une église s'éleva sur le lieu même que le saint avait consacré par sa présence, autour de la colonne devenue l'objet de la vénération publique; une communauté se groupa à l'ombre du sanctuaire, et ainsi se créa l'ensemble de monuments dont les ruines subsistent encore aujourd'hui.

L'histoire ne donne pas la date précise de la construction de la grande église, mais elle assigne les limites assez rapprochées entre lesquelles elle doit être cherchée. L'historien Evagrius le Scholastique, qui a visité ce monument, en donne une description qui s'applique si évidemment anx ruines actuelles, qu'aucun doute ne peut s'élever sur l'identité de l'église qu'il a décrite et de celle que nous allons décrire. Evagrius fit ce voyage vers l'année 560 ou dans la deuxième moitié du sixième siècle; c'est donc entre cette époque et l'année 459, date de la mort du saint, que doit être placé l'achèvement de l'église. Des considérations tirées du style de la décoration nous ont fait choisir, dans cette période assez courte, l'époque qui se rapproche le plus des temps classiques et c'est dans la deuxième moitié du cinquième siècle que nous avons définitivement placé la construction du monument élevé en l'honneur de saint Siméon Stylite.

Le texte d'Evagrius est trop intéressant pour que nous ne croyions pas utile de le transcrire en entier[1]. « L'église est bâtie dans la forme d'une croix dont les quatre branches sont « ornées de portiques. A ces portiques s'ajoutent des rangées de colonnes de pierres polies « avec soin qui supportent le toit à une grande hauteur: le milieu est une cour hypèthre tra-« vaillée avec le plus grand art; c'est là que se dresse la colonne de quarante coudées au « sommet de laquelle l'ange incarné passa sur terre sa vie céleste; vers le toit desdits « portiques sont disposées des ouvertures grillées, d'aucuns disent des fenêtres, donnant « d'un côté dans l'hypèthre, de l'autre dans les portiques. » Evagrius dit ensuite que les hommes étaient admis à circuler autour de la colonne, et qu'à gauche du fût, ils admiraient une étoile miraculeuse qui brillait dans une des fenêtres. L'entrée du lieu saint était interdite aux femmes; elles s'arrêtaient à l'une des portes situées en face de la fenêtre, et contemplaient de ce point la lumière surnaturelle de l'étoile.

Il suffit de comparer cette description à nos dessins pour en reconnaître la parfaite exactitude. L'église se compose de quatre nefs, disposées en croix, autour d'une vaste cour octogone, hypèthre, au centre de laquelle s'élève encore la base de la colonne de saint Siméon : la concordance est absolue : tel le monument nous apparaît aujourd'hui, tel il a été vu par Evagrius, sauf les injures qu'il a reçues du temps; les remaniements qu'il a pu subir sont insignifiants, et ne portent que sur des détails; quant à la disposition générale, elle a une homogénéité qui implique une grande unité de conception et d'exécution, le monument a été bâti tout d'un jet, suivant un projet fortement conçu et rapidement exécuté.

Les planches 139 et 140 donnent le plan et deux élévations de cet ensemble remarquable : les mêmes lettres s'y rapportent aux mêmes parties de l'édifice. Pour abréger nos explications, nous suivrons l'ordre naturel de ces repères alphabétiques, en accompagnant chaque désignation de quelques rapides commentaires[2].

1. Evagr. Schol. *Histor. Eccl.*, I, 14.
2. Les parties teintées en noir sur le plan sont seules debout; celles teintées en gris sont restaurées.

A. Branche orientale de la croix; elle est plus longue que les trois autres qui sont sensiblement égales entre elles; elle a 43ᵐ,20 ou 140ᴾ de longueur totale, hors œuvre. La croix dont le plan reproduit la figure est donc celle à branches inégales, nommée *immissa* ou improprement « croix latine » par opposition à la croix à branches égales auquel un usage erroné a donné le nom de « croix grecque ». Divisée en trois nefs par deux rangées de colonnes (aujourd'hui détruites), cette branche se termine par trois absides contiguës, qui sont à peu près intactes : celle du centre est extérieurement ornée de colonnes superposées suivant le système que nous avons déjà rencontré à Qalb-Louzé. A une époque postérieure à la construction, mais antérieure à l'islamisme, un mur percé de trois portes fut élevé à l'entrée de cette branche, de manière à la séparer de l'octogone central et à en faire une église isolée; on trouvait sans doute que le mouvement et le bruit de la foule qui circulait dans les parties ouvertes du monument nuisaient au recueillement des cérémonies sacrées, qui se célébraient dans cette seule branche.

aa. Petites constructions trapézoïdales destinées à racheter l'angle de l'octogone et à appuyer l'extrémité des bas-côtés, tout en établissant la communication; cette ingénieuse disposition est complétée par des absidioles; celles de l'est, éclairées par trois fenêtres, servaient sans doute de chapelles. Les trapèzes étaient couverts par un toit en charpente dont la trace se voit, dans le mur de l'octogone, au-dessus du grand arc.

B. Branche méridionale de la croix, divisée en trois nefs; elle mesure 27ᵐ,80 ou 90ᴾ de longueur totale sur 25 mètres ou 81ᴾ de largeur; l'intérieur est presque entièrement écroulé; néanmoins, la disposition primitive est évidente : c'était celle des basiliques que nous avons déjà si souvent rencontrées; six colonnes de chaque côté, reliées par des arcs, portaient une *claire-voie* ou mur supérieur percé de fenêtres; cette *claire-voie* était, comme celle de Qalb-Louzé et comme l'étage supérieur de l'octogone, décorée de colonnes posées en encorbellement et recevant les poutres de la charpente; c'est sans doute cet ordre de colonnes qu'Évagrius a décrit comme « soutenant le toit à une grande hauteur ».

Tous les éléments de cette composition se retrouvent sur le sol ou dans les traces laissées sur le mur intact de la façade; la restauration de la nef n'a donc rien d'hypothétique; nous la donnons à la page suivante (Vign. n° 43) avec les nombres en pieds ou en palmes qui expriment les principales cotes.

Les colonnes reposent sur des piédestaux, disposition assez rare dans cette région; nous donnons plus loin (pl. 147, fig. 5) le détail de ces supports et celui des bases absolument antiques des colonnes; les chapiteaux, imitation du corinthien, sont traités dans ce style plat, découpé, à éléments triangulaires, que nous avons déjà signalé et dont nous donnons plus loin de nouveaux exemples.

Les rapports des nombres qui expriment les principales dimensions méritent d'être étudiés.

Chaque travée est large de 12ᴾ d'axe en axe; les piédestaux ont 3ᴾ de large, les fenêtres et les trumeaux qui les séparent également 3ᴾ; les nombres qui correspondent aux principales dimensions horizontales sont donc des multiples de 3. Les cotes verticales sont au contraire des multiples de 7.

Ainsi la hauteur totale est de 49ᴾ, divisés, par la ligne supérieure des chapiteaux, en deux parties inégales de 21ᴾ et de 28ᴾ, qui sont entre elles dans le rapport de 3 à 4. Le bandeau divise le registre supérieur en deux parties égales de 14ᴾ chacune; les petites colonnettes ont 7ᴾ de hauteur totale ainsi que les fenêtres.

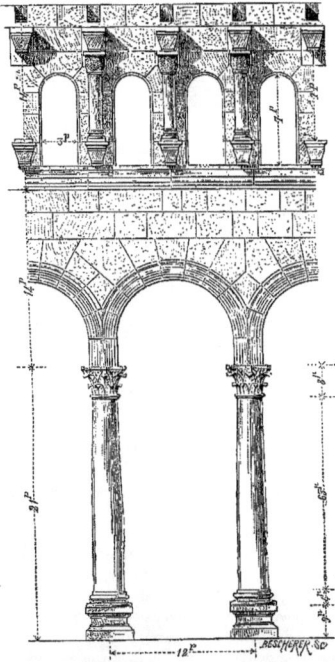

43. — Restauration de la nef de Saint-Siméon.

Les colonnes, toutes monolithes, ne sont pas dressées avec une grande uniformité; néanmoins, on peut estimer que les fûts ont en moyenne une longueur de 4ᵐ,80 sur 0ᵐ,70 environ de diamètre au milieu; je suppose donc que leurs dimensions théoriques sont 9 palmes de diamètre moyen et 63 palmes de hauteur. Le fût aurait donc 7 diamètres moyens; on retrouve encore ici le nombre 7 dans la verticale et le nombre 3 dans l'horizontale.

Par une disposition spéciale au monument de Qalat-Sem'an, et que nous n'avons pas rencontrée ailleurs, cet ordre supérieur décorait aussi la face interne du mur de façade;

on voit encore les consoles qui portaient les colonnettes entre chacune des fenêtres du mur F et, au-dessus de la place qu'occupaient leurs chapiteaux, on voit un encastrement de poutre absolument semblable aux encastrements qui, dans les murs latéraux, recevaient l'extrémité de l'entrait de chaque ferme. Cette disposition particulière, jointe à l'absence de toute trace de fronton sur la façade, indique que la charpente de la nef B, au lieu de s'appuyer à un pignon, comme dans les églises que nous avons décrites jusqu'ici, se terminait par une croupe, dont le versant venait aboutir au mur de la façade. Les observations faites sur les trois autres branches de la croix conduisent à la même conclusion, mais nulle part le fait n'est aussi palpable que dans la nef qui nous occupe en ce moment.

C'est par cette branche B que la foule était admise dans l'intérieur du monument ; elle y entrait par quatre portes percées dans la façade principale : une dans chaque bas-côté et deux dans la nef centrale ; le fait de ces deux portes égales, jumelles, est un fait unique, je crois ; il aura été amené par la nécessité d'ouvrir une large circulation à l'affluence des visiteurs, peut-être par la pensée d'assigner des entrées séparées aux hommes et aux femmes. En outre, des portes latérales s'ouvrent sur les cours intérieures : elles étaient précédées de petits porches voûtés en berceau.

C. Cour octogonale hypèthre de 30ᵐ,50 ou 100ᵖ de diamètre extérieur, c'est-à-dire inscrite dans un cercle de 100ᵖ de diamètre. Chaque face est percée d'un grand arc, porté par deux colonnes à chapiteaux feuillagés. Dans les angles intérieurs, des colonnettes, posées sur des consoles en encorbellement, allaient se relier à la corniche, soutenue elle aussi par une série de consoles, comme la corniche extérieure de l'abside. Au-dessus de cette corniche, il n'y a plus trace de construction : faut-il supposer qu'au droit de chaque branche de la croix, il y avait un pignon triangulaire qui appuyait la charpente de la nef centrale, pignon qui se sera écroulé avec la plus grande partie de la corniche ? Faut-il croire au contraire que la construction s'arrêtait à la corniche, et que les charpentes des nefs se terminaient en croupe ? Les deux hypothèses sont soutenables : la première a pour elle le témoignage d'Évagrius et la mention qu'il fait de *fenêtres* percées, près du toit, dans le mur qui séparait l'octogone des branches de la croix ; la seconde a pour elle la vraisemblance architecturale. Cette série de pignons, alternant avec des vides, n'aurait pas été d'un ajustement facile, tandis que le versant de la croupe étant invisible pour le spectateur situé dans l'intérieur de la cour et privé de recul, cette disposition aurait eu pour effet de laisser à la ligne terminale son uniformité horizontale ; de plus, les façades du nord et du sud, ainsi que nous l'avons déjà remarqué, n'ont jamais eu de pignons ; la seconde hypothèse serait donc conforme au système général qui paraît avoir été suivi. Rien n'empêche d'ailleurs, après l'avoir adoptée, de supposer qu'entre la corniche et le sommet des grands arcs, dans cet espace, aujourd'hui presque partout détruit, qui comprenait au moins trois assises, aient été percées quelques petites ouvertures ; cette nouvelle hypothèse concilierait la description d'Évagrius et les données fournies par le monument.

D. Branche septentrionale, semblable à la branche méridionale, sauf la disposition des portes de la façade.

E. Branche occidentale : le terrain ayant manqué de ce côté, à cause de la grande déclivité de la montagne, on fut obligé, afin de donner à cette branche la même longueur qu'aux deux précédentes, d'en établir toute l'extrémité sur un sol factice soutenu par un système de voûtes *e e;* on dut aussi, après la construction achevée, maintenir par de puissants contre-forts *f* la stabilité de la façade. Une terrasse fut disposée entre ces contreforts; elle communique avec l'extrémité de la nef par des baies ouvertes et ornées de colonnes; cet arrangement constitue une sorte de *loggia;* on y jouit d'une vue admirable sur la vallée de l'Afrine, le lac d'Antioche et la chaîne de l'Amanus; la disposition et les dimensions intérieures de cette branche sont d'ailleurs identiques à celles des deux branches précédentes.

F. Portail principal, précédé d'un grand porche à jour, d'une composition très-originale; nous en donnons plus loin une élévation à une plus grande échelle.

Ce portail, ou *exonarthex*, a 20 pieds de profondeur qui allongent d'autant la branche méridionale de la croix; la *loggia* qui termine la branche occidentale a sensiblement la même profondeur, ce qui ramène l'équilibre entre ces deux portions du plan; la régularité générale a été entièrement rétablie par la construction, à l'extrémité de la branche septentrionale, d'un simple portique qui règne sur toute la façade.

La recherche de la symétrie paraît d'ailleurs avoir vivement préoccupé l'architecte de ce beau monument, et c'est à l'aide de procédés mathématiques qu'il l'a obtenue, tout en satisfaisant de la manière la plus heureuse au double programme qui lui était imposé, programme qui consistait à honorer un point déterminé, la colonne, objet de la vénération d'une foule nombreuse, tout en construisant un édifice consacré aux cérémonies du culte chrétien. Quant à la formule graphique qu'il a employée, nous croyons qu'on peut la retrouver en étudiant les dimensions de l'édifice à l'aide de l'unité de longueur dont il s'est lui-même servi.

Si l'on résume et que l'on groupe entre elles toutes les cotes en pieds que nous avons précédemment données on obtient les chiffres suivants:

Longueur totale de l'est à l'ouest.	336 P.
Longueur totale du sud au nord.	300 P.
Grand diamètre de l'octogone intérieur.	100 P.
Distance du centre à l'extrémité des petites branches.	132 P.
Largeur des nefs centrales dans œuvre.	36 P.
Largeur des bas-côtés dans œuvre.	18 P.
Largeur totale des branches { dans œuvre.	76 P.
{ hors œuvre.	81 P.
Distance du centre au mur extérieur des absidioles.	75 P.
Distance du centre au mur intérieur des absidioles.	72 P.

Ces chiffres nous révèlent le procédé graphique à l'aide duquel le plan de ce vaste édifice a été tracé.

Du centre O de la colonne sacrée pour centre on a décrit un cercle de 50 P de rayon, puis plusieurs cercles concentriques de 75 P, 132 P et 150 P de rayon; dans le cercle intérieur on a inscrit un octogone régulier dont chaque côté se trouvait avoir environ 38 P de longueur; aux milieux C des quatre côtés opposés aux points cardinaux on a élevé des perpendiculaires jusqu'à la rencontre des cercles précédemment tracés; ces perpendiculaires étaient les axes des quatre branches de la croix.

En élevant des parallèles à ces axes à chacun des sommets A de l'octogone on a eu les axes des colonnes de chaque nef; puis, en prolongeant les côtés de l'octogone d'une quantité AB=AC, et menant des parallèles par les points B, on a déterminé la largeur

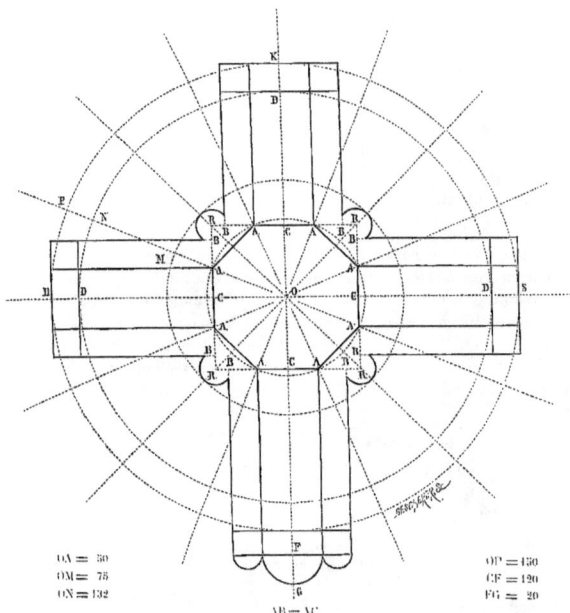

OA = 30
OM = 75
ON = 132

OP = 150
CF = 120
FG = 20

AB = AC

14. — Tracé géométrique du plan de saint Siméon.

intérieure de chaque branche, dont le contour, en ce qui concerne les côtés du nord, du sud et de l'ouest, a été complété par le tracé des tangentes menées aux points D.

Quant à la branche orientale, elle a été prolongée jusqu'à ce qu'elle formât une figure régulière composée d'une nef de 120ᵖ de longueur et d'une abside de 20ᵖ.

Des points R (points de rencontre des côtés prolongés de l'octogone), comme centre, on a tracé des cercles tangents au grand cercle de 75ᵖ de rayon; ils ont donné les absidioles. Quant au grand cercle de 150ᵖ de rayon, il a circonscrit les ouvrages extérieurs, porche, *loggia*, portique, disposés à l'extrémité des petites branches.

Ces lignes tracées, les colonnes ont été placées sur les axes et leur diamètre calculé de telle façon que les vides des nefs et des bas-côtés fussent exprimés par les nombres

36 et 18, multiples de 3 et de 12, qui sont entre eux dans le rapport simple de 1 à 2. Nous avons vu plus haut que les colonnes elles-mêmes étaient placées d'axe en axe à 12 ᴾ l'une de l'autre ; de plus, il y en a 12 dans chacune des petites branches, 18 dans la grande.

Dans la pratique, la rigueur géométrique de la figure que nous venons d'analyser n'a pas pu être atteinte, mais il me paraît évident que l'intention de l'architecte a été de l'appliquer.

Il est aussi évident pour moi qu'il a déterminé ses dimensions de manière à reproduire des combinaisons des trois nombres 3, 4, 5, ces trois facteurs du triangle « parfait », que nous avons partout signalés. Après avoir pris pour base de sa figure le cercle de 100 ᴾ et ses multiples de 150ᴾ et de 300ᴾ, il s'est particulièrement attaché au nombre 12 ; les dimensions fondamentales du plan le prouvent, car elles donnent la série suivante :

$$336 = 12 \times 28 \qquad\qquad 72 = 12 \times 6$$
$$300 = 12 \times 25 \qquad\qquad 36 = 12 \times 3$$
$$132 = 12 \times 11 \qquad\qquad 18 = 12 \times \tfrac{3}{2}$$
$$76 = 12 \times 6\tfrac{1}{3} \qquad\qquad 12 = 12$$

L'élévation, nous l'avons déjà vu, est calculée à l'aide du nombre 7.

Il est inutile, je crois, de pousser plus loin l'analyse du monument pour se convaincre des intentions à la fois mathématiques et mystiques qui ont présidé au tracé de ses lignes principales.

G. Petite église qui servait sans doute de chapelle privée à la communauté établie dans les vastes bâtiments claustraux disposés au sud-est de la grande basilique.

H. Grande salle du couvent, occupant en hauteur deux étages.

L. Couloir intérieur mettant en communication toutes les chambres d'habitation.

M. Magnifique portique à trois étages superposés qui décorait la façade d'une maison d'habitation, sans doute celle du supérieur de l'établissement.

m. Bloc de rocher taillé, avec une plate-forme et un petit escalier pour l'atteindre ; il a servi de chaire pour haranguer des foules ou peut-être de résidence à un stylite.

o. Rocher taillé qui a servi de base à la colonne de Saint-Siméon ; la plate-forme supérieure a environ 2 mètres ou 6ᴾ en tous sens ; la hauteur primitive est dissimulée par les débris accumulés ; elle devait être de 5ᴾ environ ; le croquis ci-joint, calqué sur une photographie, reproduit la forme actuelle du bloc et montre en même temps le seul fragment qui subsiste de la célèbre colonne. C'est l'extrémité du tambour inférieur, laquelle s'est détachée lorsque la colonne a été renversée et est restée appuyée d'une part contre le bord de la plate-forme du rocher taillé et soutenue de l'autre par les débris qui jonchaient le sol. Ce fragment de tambour a été l'objet de mutilations pieuses qui ont absolument détruit sa forme primitive, si ce n'est du côté qui reposait autrefois sur la plate-forme ; l'ancienne face aplanie est encore intacte, comme le montre notre dessin, mais très-diminuée sur sa circonférence. La colonne, au dire des biographes de saint Siméon Stylite, avait 30 coudées ou 45ᴾ de hauteur, ce qui, en adoptant les proportions usitées dans le pays, suppose un diamètre moyen de 5ᵖ au moins; ces dimensions s'accordent parfaitement avec notre base de rocher, dont la plate-forme a 6ᵖ en tous sens; elles supposent un chapiteau dont l'abaque présentait aussi une aire de 6ᵖ de côté, soit environ 4 mè-

45. — Restes de la colonne de Saint-Siméon.

tres carrés, surface qui suffit à la rigueur pour qu'un homme puisse s'y tenir, non-seulement debout, mais couché.

Cette hauteur totale de 45 ou de 50 pieds (suivant que l'on comprend ou non dans son évaluation la hauteur de la base du rocher) coïncide sensiblement avec la hauteur de 49ᵖ, adoptée par l'architecte pour l'élévation de sa construction, et suffit peut-être à expliquer le choix de cette dimension.

P. Porte d'entrée : voûtée, accompagnée d'un logement de portier, elle s'appuie d'un côté sur le mur d'enceinte, flanqué de tours, qui entoure toutes les parties accessibles du couvent, et de l'autre sur le mur de soutènement qui borde la haute terrasse occidentale. Quand on avait franchi cette porte, on trouvait une cour sur laquelle s'ouvrait la façade principale de l'église ; puis une maison d'habitation, sans communication avec l'intérieur du couvent, et qui était consacrée sans doute au logement des étrangers ; entre cette maison et l'église s'ouvrait la porte *p*, entrée du couvent proprement dite.

S. Grande sacristie, *diaconicum magnum*, *sacrarium*, de l'église : *ss*, petites sacristies ; l'une d'elles, d'un accès difficile, protégée par les deux sanctuaires, était sans doute le « trésor », *gazophylacium*.

T. Tombeau, dont toute la partie inférieure est taillée dans le roc; la partie supérieure est construite en maçonnerie avec toit de charpente.

tt. Tombeaux disposés dans de petites constructions accolées après coup à la grande église, devant des portes latérales, sans doute à l'époque où fut construit le mur qui isolait la branche A et enlevait au reste du monument le caractère de sanctuaire proprement dit. On sait que les lois primitives interdisaient l'ensevelissement des morts dans l'intérieur des églises.

Planche 141. Élévation du portail méridional. L'étage supérieur correspond à la *claire-voie* de la nef et reproduit sa disposition ; on retrouve le même bandeau, les

mêmes fenêtres, le même ordre de colonnettes posées en encorbellement ; les fûts de
ces colonnettes sont tombés.

Nous avons déjà signalé les deux grandes portes jumelles qui s'ouvrent dans la nef
centrale ; leur hauteur totale est de 21ᵖ ; la ligne supérieure des chambranles régnait
donc avec le sommet des chapiteaux de la nef, et les arcs de décharge qui les surmontent
continuaient, sur le mur de fond, les arcades qui reliaient les colonnes de la nef.

Le trait particulier de cette façade est le grand porche qui précède l'entrée de l'église
(marquée F sur le plan). Ses trois baies inégales sont surmontées de frontons triangulaires, dont les points de jonction reposaient sur des colonnettes portées elles-mêmes par
des pilastres saillants, véritables contre-forts ; trois toits en charpente à double égout
recouvraient cette construction ; l'ornementation, que nous reproduisons plus loin (pl. 146),
est encore de style presque antique, mais les détails en sont originaux comme la composition elle-même, qui n'a rien d'antique ; tout l'ajustement général des lignes dénote un
art tout nouveau ; il est impossible de ne pas reconnaître que cette construction renferme
en germe tous les éléments du portail de nos églises romanes.

Planches 142-143. Cette même réflexion s'applique à la composition de l'abside qui,
malgré le souffle antique dont elle est inspirée, n'en constitue pas moins le prototype des
absides rhénanes et françaises du douzième siècle. Ainsi que nous l'avons fait remarquer
plus haut, il suffit que les deux colonnes superposées se fondent en une seule, qu'une ou
plusieurs bagues remplacent, en la rappelant, l'interruption primitive, que les éléments
de la corniche se rapetissent et se multiplient, pour que la transition d'un style à l'autre
soit effectuée ; il est difficile de contester cette filiation, surtout si l'on songe à l'état des
arts en Occident pendant que s'élevait l'église de Saint-Siméon et à l'influence que dut
nécessairement exercer, sur la société barbare, une école d'architecture d'une supériorité
évidente. L'abside de Saint-Siméon Stylite est une œuvre remarquable ; la bonne tradition
grecque y revit, ou plutôt s'y continue, sinon dans les formes, du moins dans les principes ; aucun artifice de construction, stabilité absolue de tous les éléments, gros blocs
appareillés sans ciment, fonction de chaque membre nettement accusée, profils élégants,
appropriés à la destination de chaque bandeau, tels sont ses principaux caractères ; les
deux ordres superposés sont dans le rapport des ordres grecs ; le contour de la colonne
supérieure n'est que le prolongement des lignes de la colonne inférieure ; la longueur
des fûts est dans la proportion de 4 à 5 ; l'un a 8ᵖ, l'autre 10ᵖ ; l'ornementation est
inspirée du corinthien, mais avec des détails très-originaux.

Planche 144. Vue de l'octogone central, prise de l'intérieur de la nef méridionale ; le
grand arc de ce côté est écroulé, il n'en reste qu'un sommier et la colonne qui le supporte ;
on voit que ce sommier repose directement sur le chapiteau ; l'esprit logique des architectes de cette école a supprimé les éléments d'architrave qu'un architecte romain n'aurait
pas manqué d'interposer entre l'arc et la colonne ; les chapiteaux sont à feuilles retournées comme celles du porche méridional décrites plus loin.

Planche 145. Vue à vol d'oiseau, prise du côté du nord ; quelques pierres ont été
remises en place pour mieux faire saisir la disposition du monument.

Planche 146. 1° Détails du porche méridional, marqué F sur le plan. Le faire est
absolument antique, quoique un peu sec et découpé, mais la disposition des feuillages

est très-originale ; cette direction oblique donnée au *retour* des feuilles a été très-usitée depuis dans l'architecture byzantine ; je citerai les chapiteaux de Saint-Apollinare in Classe, à Ravenne, et ceux qui ont été employés par les Croisés pour la porte principale de l'église du Saint-Sépulcre [1].

2° Profil d'un bandeau.

3° Corniche qui couronne le chambranle des deux portes jumelles percées dans le mur de la façade méridionale. (Voir pl. 141.)

4° Soubassement et base des pilastres d'angle de la façade septentrionale.

Planche 147. 1° Base des colonnettes d'angle posées en encorbellement à l'étage supérieur de la cour octogonale.

2° Archivoltes dans le bas-côté oriental de la branche méridionale de la croix.

3° Bases placées sous celles figurées n° 1 et posées sur le chapiteau des piliers d'angle de la cour octogonale (voir pl. 144). Il est difficile de déterminer leur emploi : si elles portaient une colonnette, celle-ci à son tour ne portait rien, car le bandeau (fig. 4) qui contourne les grands arcs de l'octogone, immédiatement sous la console n° 1, a une saillie beaucoup plus faible, et n'est aucunement interrompu au droit des bases ; portaient-elles des vases semblables aux douze vases d'argent qu'Eusèbe a vus à Jérusalem autour de l'autel de la basilique de Constantin ? Auraient-elles été destinées à recevoir des statues ? ce serait bien contraire aux notions répandues sur la prohibition dont les figures sculptées étaient l'objet à cette époque.

4° Bandeau qui contourne les archivoltes des grands arcs de la cour octogonale.

5° Base des colonnes des quatre grandes nefs reproduite à une échelle moitié plus faible que les autres figures de la même planche ; nous avons déjà signalé plus haut (p. 144) les dimensions de ces bases.

6° Bandeau extérieur du bas-côté oriental de la branche méridionale B.

Planche 148. Détails de l'extrémité orientale de la branche A. A droite absidiole latérale, au milieu pilastre et arc de la nef, à gauche naissance de l'arcade de la grande abside. Mélange de procédés antiques et de formes nouvelles ; les larges feuilles lisses à crochets annoncent le moyen âge ; le gros boudin à rinceaux profondément découpés est celui que nous avons déjà souvent rencontré et rapproché de l'ornementation de la porte Dorée à Jérusalem ; l'exécution est remarquable, la pierre est taillée avec une fermeté, une régularité, qui rappellent les bons temps de la sculpture classique ; il y a pourtant dans les feuilles refendues une absence de souplesse, une manière de cerner par un contour profondément découpé les pointes aiguës du feuillage qui font pressentir l'école des sculptures de Sainte-Sophie de Constantinople.

Dans la description qui précède, et dans toutes celles que nous avons consacrées aux monuments de la Syrie centrale, nous n'avons rien dit de la décoration intérieure des édifices. Nous avons craint de nous égarer dans le champ des hypothèses. Il est certain,

---

1 *Églises de la Terre Sainte*, pl. XII.

pourtant, que la plupart des maisons et des églises dont nous avons relevé les ruines possédaient une décoration intérieure en rapport avec leur structure savante et avec les habitudes élégantes de leurs habitants. Les détails de mœurs, puisés dans les historiens du Bas-Empire, suffisent à démontrer que ce côté de l'art architectural n'était pas moins cultivé que ceux qui touchent à la construction proprement dite : la peinture, le stuc, le marbre, la mosaïque, les bois travaillés étaient mis en œuvre pour recouvrir et orner la surface des murs, des plafonds, des planchers. Les plafonds des basiliques étaient l'objet d'un soin particulier; les pièces de la charpente servaient de bases à des combinaisons de menuiserie, compartiments, caissons, *lacunaria, luquearia,* dont les parties saillantes étaient sculptées, les fonds peints de couleurs variées, les moulures rehaussées de dorures. Eusèbe nous a laissé du plafond de la basilique de Jérusalem une description qui peut s'appliquer à toutes les basiliques de la Syrie. Celles de Kalat-Sem'an avaient certainement des plafonds à caissons. Un détail encore conservé vient en aide à l'analogie pour nous le démontrer. J'ai déjà dit (Voy. ci-dessus p. 145) que l'ordre de colonnettes qui décorait la claire-voie des quatre grandes nefs se continuait sur la face intérieure du mur supérieur des façades : cette disposition est encore visible au-dessus de la grande entrée méridionale; les colonnettes sont tombées, mais les consoles qui les couronnaient sont encore en place et, au-dessus de chacune d'elles, se voient des encastrements de poutres comme ceux que nous avons figurés à la page 144; il est donc évident que sur ces supports venaient s'appuyer des solives qui, coupant à angle droit les maîtresses poutres de la nef, formaient avec elles des compartiments rectangulaires. Ces caissons étaient certainement sculptés, peints et dorés.

Quant à la décoration des murs, elle a partout disparu, si ce n'est à Kalat-Sema'n, où nous avons retrouvé un fragment de corniche peinte. Nous donnons à la planche 151 ce curieux et unique débris de peinture murale. Il procède de l'art antique et suffit à nous faire comprendre quel était le système de coloration adopté par les architectes syriens du sixième siècle. La couleur est directement appliquée sur la pierre.

Je ne crois pas que la mosaïque à fond d'or et en cubes de verres, ce procédé d'un effet si puissant et d'un usage si répandu dans l'Orient byzantin, ait été très-employée dans nos monuments syriens. La seule partie de ces édifices qui se prêtât à ce genre de décoration est le chœur. Dans les basiliques que nous avons étudiées, aucune abside ne paraît avoir été ainsi ornée : les pierres lisses et bien dressées ne portent aucune trace de préparation; la finesse des arêtes qui terminent et continuent la surface des voûtes en cul-de-four, le peu de saillie des bandeaux qui l'interrompent, empêchent de penser que cette surface ait jamais reçu l'épais enduit nécessaire à la pose d'une mosaïque. A Kalat-Sem'an surtout cette impossibilité est manifeste; mais nous avons trouvé dans les ruines de cette grande église un assez grand nombre de petits morceaux de marbre de couleur taillés qui prouvent que le sol du monument était recouvert d'un pavage en mosaïque de marbre à dessins géométriques du genre connu sous le nom d'*opus Alexandrinum.* C'est à ces quelques détails que se réduisent les renseignements que nous avons pu recueillir sur la décoration intérieure des monuments de la Syrie centrale.

ÉGLISE OCTOGONALE OU BAPTISTÈRE.

Le groupe reproduit sur les planches 149 et 150 se trouve sur le plateau de Kalat-Sem'an, dans l'enceinte de Saint-Siméon, à 200 mètres environ au sud de l'entrée principale; il appartenait au même ensemble. Il se compose en premier lieu d'un édifice A, carré à l'extérieur et octogonal à l'intérieur; le carré a 60ᵖ de côté; le bas-côté G a 12ᵖ de largeur dans œuvre, et la salle centrale a la forme d'un octogone régulier circonscrit à un cercle de 24ᵖ de diamètre; le principe que nous avons constaté dans les basiliques, d'une nef centrale double des bas-côtés, reçoit ici son application sous une autre forme. Le principe des trois absides du côté de l'orient est également représenté par trois niches disposées sur trois des faces de l'octogone; le second étage, percé de fenêtres et décoré, à l'intérieur comme à l'extérieur, de colonnettes en encorbellement, était recouvert par un toit conique en charpente qui a disparu; les bas-côtés étaient couverts en basse goutte.

La planche 150 donne l'élévation extérieure de ce monument dans son état actuel; la coupe de la planche 149 est légèrement restaurée dans les assises supérieures, de sorte que la hauteur totale n'est pas absolument certaine; je la crois pourtant égale à 45ᵖ : le mur du bas-côté a 18ᵖ de haut, l'étage inférieur de l'octogone, bandeau compris, a 31ᵖ; l'inclinaison du toit des bas-côtés est celle de l'hypoténuse du triangle « parfait »; les points principaux de la façade sont donnés par l'intersection de lignes parallèles à cette inclinaison; la section du toit en charpente devait évidemment avoir le même angle, d'où il résulte que tout le tracé de l'édifice peut se ramener à une combinaison géométrique dont les principaux éléments sont empruntés au nombre 3, à ses multiples 12 et 15, c'est-à-dire aux trois facteurs du triangle « parfait ».

Si, comme tout porte à le croire, cet édifice était moins une église qu'un baptistère, ce symbolisme mathématique pourrait ne pas être étranger à l'ensemble de croyances et de mystères qui se groupent autour du baptême, sacrement administré au nom de la Sainte-Trinité et destiné à conférer la plénitude de la perfection chrétienne.

A côté de ce baptistère est une petite église B, basilique semblable à toutes celles que nous avons décrites, avec cette différence que l'abside est plus basse, qu'elle n'est percée que de deux fenêtres, et qu'elle est flanquée de deux tours M et N. Le vaisseau proprement dit a 60ᵖ de longueur totale sur 45ᵖ de large; la nef centrale a 18ᵖ entre les colonnes et chaque bas-côté mesure 9ᵖ dans œuvre. Il est impossible de ne pas être frappé par ce choix de nombres et par leurs rapports.

Une grande maison d'habitation, bâtie sur la terrasse T, qui surplombe le versant oriental du plateau, complète cet établissement, annexe de l'immense ensemble architectural qui conserve dans ces solitudes abandonnées le souvenir du saint stylite, et nous a offert le plus frappant exemple de l'état des arts au cinquième siècle dans la Syrie centrale.

PEINTURES.

J'ai réuni sur cette planche les seuls exemples de décoration peinte que nous ayons rencontrés dans les monuments de la Syrie centrale.

La figure 1 représente la porte du tombeau daté de l'an 418 de notre ère, que j'ai déjà décrit à la page 109. Toute la décoration sculptée était rehaussée de couleurs; il ne reste de certain que les traits rouges que nous avons reproduits; on distingue encore un vase en forme de cornet, avec un pied carré, duquel s'échappe une branche de vigne. La tige qui fait pendant, à gauche, à la grappe principale, est sans doute une tige de blé dont les épis auront disparu. Le blé et la vigne, le pain et le vin, sont des symboles trop connus pour que j'insiste sur leur signification. Tracés sur la porte d'un tombeau, ils affirmaient, en face de la mort, la croyance à la vie éternelle et la foi dans le sacrement auguste qui en est le gage.

La figure 2 représente le *graffito* tracé sur la paroi du vestibule d'un tombeau à Deïr Sanbil, *graffito* dont j'ai déjà parlé plusieurs fois. (Voy. pl. 81.)

La figure 3 provient de Kalat-Sem'an. J'ai déjà fait allusion, à la page 152, à ce morceau de peinture, le seul qui puisse nous donner une idée de la décoration intérieure des édifices que nous avons décrits. La forme des ornements et le choix des tons procèdent de l'antique, comme tout le système de la construction. Le rouge, le vert, le noir et le blanc sont les seules couleurs employées dans ce fragment : elles sont associées avec une certaine entente des lois de l'harmonie.

TABLE DES MATIÈRES

PREMIÈRE PARTIE. — RÉGION DU CENTRE.

SECONDE PARTIE. — RÉGION DU NORD.

TABLE ALPHABÉTIQUE DES NOMS DE LIEUX

TRENTIÈME LIVRAISON

COMPLÉMENT

Titre du tome I.
Feuilles 1 à 20.
Faux-titre « Planches », et Table des Planches du tome I.
Titre du tome II.
Faux-titre « Planches (*suite*) », et Table des Planches du tome II.
Pl. 151.
Carte d'ensemble.
Carte « Région du centre ».
Carte « Région du nord ».
Couvertures des tomes I et II.

Nota. — Supprimer l'ancien titre sans tomaison, et l'ancien avant-propos qui sont remplacés par les nouveaux.

LA

SYRIE CENTRALE

PAR

M. DE VOGÜÉ ET W. H. WADDINGTON

IMPRIMERIE J. CLAYE

RUE SAINT-BENOIT 7

PARIS

SYRIE CENTRALE

ARCHITECTURE

CIVILE ET RELIGIEUSE

DU Iᴱᴿ AU VIIᴱ SIÈCLE

PAR

Le Comte MELCHIOR DE VOGÜÉ

MEMBRE DE LA SOCIÉTÉ IMPÉRIALE DES ANTIQUAIRES DE FRANCE,

CORRESPONDANT DE L'INSTITUT ARCHÉOLOGIQUE DE ROME, DE L'INSTITUT ROYAL DES ARCHITECTES BRITANNIQUES,

ETC., ETC.

PARIS

NOBLET ET BAUDRY, LIBRAIRES-ÉDITEURS

RUE DES SAINTS-PÈRES, 45

ET A LIÈGE, MÊME MAISON, PLACE SAINT-PAUL, 6

1865

AVANT-PROPOS.

Nous avons donné le nom de *Syrie centrale* à la région qui s'étend du nord au sud, depuis les frontières de l'Asie Mineure jusqu'à l'extrémité septentrionale de la mer Morte, et qui est comprise entre les montagnes du littoral de la Méditerranée et le grand désert.

Géographiquement et politiquement, cette région se distingue par des caractères spéciaux.

La Syrie est coupée par des chaînes de montagnes, dont la direction générale est nord et sud, et qui laissent entre elles des vallées intermédiaires. Cette formation occupe un espace dont la largeur moyenne est de trente lieues et qui, sur un grand nombre de points, est borné du côté de l'orient par une chaîne de volcans éteints. Aussitôt après, commencent les grands plateaux qui s'étendent du côté de l'est jusqu'à l'Euphrate et au golfe Persique.

Les montagnes du littoral et les premières vallées sont habitées par une population assez nombreuse, industrieuse et agricole, soumise, au moins de nom, à la domination ottomane, accessible au commerce et à l'influence de l'Europe; la région extrême, au contraire, livrée à la vaine pâture et à la barbarie, n'est habitée que par les tribus errantes et insoumises des Bédouins : c'est le désert.

La région intermédiaire, celle qui nous occupe, participe à la fois de la nature des deux régions qui l'enserrent : elle est formée de montagnes

1

parallèles à la mer et de plaines fertiles; ses habitants sont à la fois sédentaires et nomades, cultivateurs et pâtres, indépendants et soumis, suivant
les alternatives de paix ou d'anarchie, de tyrannie ou de faiblesse de la
part du gouvernement, de crainte ou de hardiesse de la part des Arabes du
désert. Les limites de cette zone ne sont donc pas rigoureusement déterminées;
elles dépendent de la politique plus que de la géographie, surtout du côté de
l'orient, car le désert, que nous avons indiqué comme étant sa frontière
orientale, est une expression plus économique que géographique. Le désert de
Syrie n'est pas nécessairement une plaine aride et sablonneuse dépourvue de
végétation et impropre à la culture; c'est, à proprement parler, l'espace parcouru par le nomade et dévasté par ses troupeaux. Quand, par suite de l'incurie
et de la faiblesse du gouvernement turc, les tribus envahissent le territoire
cultivé, la population et la culture disparaissent, les villages abandonnés
tombent en ruine, les champs se couvrent d'une végétation parasite, le désert
gagne : le jour où un pouvoir plus fort et plus soucieux de ses véritables
intérêts aura succédé à l'administration actuelle, le désert reculera devant la
civilisation.

De ces trois zones, qui se partagent la Syrie, la plus connue et la mieux
étudiée est celle qui occupe le bord de la Méditerranée; le littoral, depuis
Alexandrette jusqu'à Ascalon, les montagnes du Liban, de la Galilée et de la
Judée, la plaine de la Célésyrie et la vallée du Jourdain ont été parcourus et
décrits par de nombreux voyageurs. La zone centrale, au contraire, est très-
peu visitée; certains points, certaines grandes villes, comme Damas ou Palmyre,
sont connus; mais au nord et au sud, le champ est pour ainsi dire inexploré;
les voyageurs qui l'ont traversé se comptent. Au sud, ce sont Burkhardt,
Seetzen, MM. de Laborde, Wetzstein et Guillaume Rey; leurs travaux, excellents sous beaucoup de rapports, sont loin d'avoir épuisé la matière. Au nord,
excepté quelques lignes de Pococke et de M. Porter, il n'a rien été écrit sur
une des contrées les plus riches qui existent en monuments antiques de toute
nature.

Cet abandon s'explique par la situation même du pays; le courant des
voyageurs européens n'était pas attiré vers des régions réputées dangereuses
ou inaccessibles et qui sont comme abandonnées par leurs propres habitants;
une population clair-semée dispute à ses ennemis les maigres récoltes d'un
sol mal cultivé; sans cesse exposée aux exactions des pachas ou aux déprédations des nomades, elle ne fonde rien de durable; elle s'installe provisoirement dans les ruines antiques, sans rien planter ni construire qui puisse la
retenir ou l'attacher au sol, le jour où il faudra fuir devant un envahisseur.

Cet état de choses dure presque depuis l'invasion musulmane. S'il est pénible pour l'observateur chrétien et civilisé, il offre à l'archéologue des bonnes fortunes inespérées; l'antiquaire oublie pour un instant les misères du présent en contemplant les splendeurs du passé, sans renoncer à demander aux ruines un enseignement pour l'avenir, et comme le secret des grandeurs déchues et des prospérités écroulées.

En effet, tandis que sur le littoral et dans les grands centres de l'intérieur les monuments antiques, utilisés comme carrières, ont été livrés à une destruction d'autant plus active que la prospérité était plus grande, dans la région centrale, au contraire, les édifices ont été sauvés de la ruine par l'abandon et la misère. Restés debout quand tout disparaissait dans les autres parties de la Syrie, ils nous font connaître l'état de cette province pendant les premiers siècles de notre ère, comme ces témoins géologiques qui nous indiquent l'état du globe terrestre avant les révolutions qui en ont modifié la surface. Sur certains points, leur état de conservation est vraiment remarquable; la main du temps, moins destructive que celle de l'homme dans ces beaux climats, les effleurant à peine, a, par des accidents de détail, ajouté le charme du pittoresque à l'intérêt scientifique; sans les secousses des tremblements de terre qui ont ébranlé les murs, il ne manquerait souvent aux édifices que les toits et les charpentes, et nous aurions pu contempler souvent le spectacle presque inaltéré d'une ville syrienne du viiᵉ siècle.

Deux contrées surtout offrent le phénomène archéologique que nous venons de signaler, et se font remarquer par le nombre et la conservation des monuments; l'une au nord, l'autre au sud, aux deux extrémités de la région centrale que nous nous sommes proposé d'étudier.

Celle du sud est le Haouran, nom moderne sous lequel nous désignerons, pour abréger, les anciennes provinces d'Auranitide, de Batanée, de Trachonitide et une partie de l'Iturée, provinces dont les limites seront tracées dans le travail de géographie antique dont M. Waddington s'est chargé.

Celle du nord est le groupe de montagnes situé dans un grand triangle, dont les villes d'Antioche, d'Alep et d'Apamée occupent les sommets; elle correspond à une partie des provinces antiques de Séleucide, d'Antiochène, de Chalcidène.

C'est sur ces deux contrées que nous concentrerons notre attention, avec d'autant plus d'intérêt et de profit que, par une heureuse circonstance, l'enchaînement des faits matériels est tel qu'il nous permet de préciser, avec une rigueur mathématique, la date des édifices qui couvrent le sol.

L'espace de temps pendant lequel ont été construits les monuments que

nous étudierons s'étend du Ier au VIIe siècle de notre ère. Dans les deux groupes
spéciaux du nord et du sud, nous n'avons pas rencontré de constructions plus
anciennes[1]; soit que les édifices antérieurs aient disparu dans la grande fièvre
de reconstruction qui suivit l'établissement de l'empire romain, soit qu'avant
cette époque une civilisation peu avancée n'ait produit, dans ces contrées, que
des monuments peu durables. Cette dernière hypothèse est la plus probable; les
mœurs du désert ont toujours été les mêmes, elles sont de nos jours ce qu'elles
étaient à l'époque d'Abraham ou d'Alexandre; nous pouvons donc juger, par
le spectacle d'aujourd'hui, des conditions dans lesquelles la civilisation a pu se
développer sur la limite du désert. Or, la première de ces conditions est la
sécurité, la protection du pays contre les déprédations des nomades, c'est-à-dire
l'existence d'un pouvoir fort et respecté, qui sache tenir les Bédouins à distance
et leur défendre l'accès des terres cultivées. Or je doute que cette condition ait
été remplie avant l'intervention des Romains dans les affaires de Syrie. L'administration grecque, établie par les successeurs d'Alexandre, était elle-même
impuissante à une certaine distance des côtes de la mer; les Romains, au
contraire, soit directement, soit par leurs tributaires, surent faire la police
du désert; je n'en veux pour preuve que cette ligne de postes fortifiés dont
ils couvrirent leur frontière orientale, et dont nous avons nous-même constaté
l'existence sur plusieurs points parfaitement choisis pour obliger les Bédouins
à la soumission; ils se trouvent aujourd'hui au milieu du désert, à plusieurs
journées de marche de la limite des terres cultivées.

Une preuve plus directe, pour le groupe du Haouran, de la barbarie qui
précéda l'empire romain, est le fragment de décret retrouvé par M. Waddington à Qennawât (l'ancienne Qanatha), et dans lequel le roi Agrippa, reprochant aux habitants leur vie sauvage, semble les appeler à la vie civilisée.

Ce décret est le point de départ de l'histoire architecturale du pays; et,
en effet, le plus ancien monument de tout le groupe est le temple de Siah,
bâti précisément à la porte de Qanatha, sous les deux Agrippa; édifice d'un
style étrange, dans lequel sont confondus les enseignements de l'art grec et le
reflet des traditions orientales.

L'impulsion, une fois donnée, se propagea rapidement; dès la fin du premier siècle, le pays se peupla et se bâtit, et quand, en 105 après J.-C., il

---

1. Les autres régions de la Syrie centrale en renferment, mais ils sont peu nombreux; tel est le
monument d'Araq-el-Émir que nous avons décrit ailleurs (*Temple de Jérusalem*, chap. IV), et qui a été
bâti 176 ans avant J.-C. Telles sont les grandes substructions de Baalbeck, qui mériteraient une étude
spéciale, et quelques ruines disséminées dans l'Anti-Liban et la vallée de l'Oronte.

eut été réduit en province romaine, l'introduction de l'administration impériale, la création de colonies, la permanence des légions, la sécurité rétablie imprimèrent au mouvement architectural une activité qui ne se ralentit plus. De tous côtés s'élevèrent maisons, palais, bains, temples, théâtres, aqueducs, arcs de triomphe; des villes sortirent de terre en quelques années avec cette disposition régulière, ces colonnades symétriques qui signalent les villes sans passé, et sont comme l'uniforme obligé de toutes les cités construites en Syrie pendant l'époque impériale. Le style de tous ces édifices est le style bien connu des colonies romaines, c'est-à-dire le style grec modifié par certaines influences locales, par le souvenir des arts antérieurs ou la nature des matériaux employés. Le trait particulier de l'architecture du Haouran, c'est que la pierre est le seul élément de la construction. Le pays ne produit pas de bois, et la seule roche utilisable est un basalte très-dur et très-difficile à tailler. Réduits à cette seule matière, les architectes surent en tirer un parti extraordinaire et satisfaire à tous les besoins d'une civilisation avancée. Par d'ingénieuses combinaisons que nous étudierons en grand détail, ils surent construire des temples, des édifices publics et privés, dans lesquels tout est de pierre, les murs, les solivages, les portes, les fenêtres, les armoires. Cette nécessité toute matérielle, en exerçant leur sagacité et leur savoir, leur fit trouver des principes nouveaux. Ainsi, l'arc, seule combinaison capable de relier à l'aide de pierres deux supports éloignés, devint le principal élément de la construction; des séries d'arcs parallèles supportant les dalles du plafond servirent à couvrir la plupart des salles; quand l'espace à couvrir était trop grand pour la longueur des dalles ordinaires, on eut recours à la coupole. On conçoit les profondes modifications que l'introduction de ces éléments apporta dans l'art de bâtir; les arcs, par leur poussée, appelèrent des contre-forts extérieurs destinés à en contre-balancer l'effet; il en résulta que l'ensemble des arcs, des dalles et des contre-forts forma comme une ossature qui, dans beaucoup de cas, réduisit les murs latéraux au simple rôle de murs de remplissage, et permit de donner une grande indépendance aux diverses parties d'une même construction. Dans un pays soumis aux terribles chances des tremblements de terre, cette combinaison était excellente. Elle se retrouve plusieurs siècles plus tard, avec les perfectionnements apportés par l'expérience et l'art, dans les principes gothiques de nos cathédrales françaises. De même la nécessité de poser une coupole sur un plan carré amena les architectes à trouver la forme des pendentifs sphériques, trait particulier au style dit byzantin; mais ils ne surent pas y arriver du premier coup et y parvinrent par une série de tâtonnements intéressants à étudier. Ici encore, c'est le Haouran qui nous donnera la clef et l'histoire de ces curieux essais.

C'est sous le haut empire romain, et pour les besoins d'une société païenne,
que ce mouvement fécond et original prit naissance. Quand cette société et
l'empire lui-même furent devenus chrétiens, le mouvement, loin de s'arrêter, se
continua et se développa. Non-seulement on transforma en sanctuaires chrétiens les sanctuaires du paganisme, mais on éleva des églises nouvelles appropriées au culte nouveau; on construisit des maisons, des palais, des tombeaux;
on fonda même des villes entières. Mais, pour mieux étudier cet art rajeuni
par le christianisme, il nous faut quitter le Haouran et nous transporter dans
la région du Nord, au milieu de ce groupe de monuments dont nous avons
signalé l'existence entre Antioche, Alep et Apamée. Ce groupe est plus intéressant encore que le groupe du Sud, car il est plus homogène, mieux conservé,
et appartient à une époque moins connue. Il est essentiellement chrétien, les
monuments antérieurs au ɪvᵉ siècle y sont fort rares : la plupart ont été démolis
pour servir à la construction des édifices chrétiens; ceux-ci, au contraire, sont
innombrables.

Je ne crois pas qu'il existe dans toute la Syrie un ensemble que l'on puisse
comparer à celui que présentent les ruines de ces contrées. Je serais presque
tenté de refuser le nom de ruines à une série de villes presque intactes, ou,
du moins, dont tous les éléments se retrouvent, renversés quelquefois, jamais
dispersés, dont la vue transporte le voyageur au milieu d'une civilisation perdue,
et lui en révèle, pour ainsi dire, tous les secrets; en parcourant ces rues désertes, ces cours abandonnées, ces portiques où la vigne s'enroule autour des
colonnes mutilées, on ressent une impression analogue à celle que l'on éprouve
à Pompéi, moins complète, car le climat de la Syrie n'a pas défendu ses
trésors comme les cendres du Vésuve, mais plus nouvelle, car la civilisation
que l'on contemple est moins connue que celle du siècle d'Auguste. En effet,
toutes ces cités, qui sont au nombre de plus de cent sur un espace de trente
à quarante lieues, forment un ensemble dont il est impossible de rien détacher, où tout se lie, s'enchaîne, appartient au même style, au même système,
à la même époque enfin, et cette époque est l'époque chrétienne primitive, et
la plus inconnue jusqu'à présent au point de vue de l'art, celle qui s'étend du
ɪvᵉ au vɪɪᵉ siècle de notre ère. On est transporté au milieu de la société chrétienne; on surprend sa vie, non pas la vie cachée des catacombes, ni l'existence humiliée, timide, souffrante, qu'on se représente généralement, mais une
vie large, opulente, artistique, dans de grandes maisons bâties en grosses
pierres de taille, parfaitement aménagées, avec galeries et balcons couverts,
beaux jardins plantés de vigne, pressoirs pour faire le vin, caves et tonneaux
de pierre pour le conserver, larges cuisines souterraines, écuries pour les

chevaux; — belles places bordées de portiques, bains élégants, magnifiques églises à colonnes, flanquées de tours, entourées de splendides tombeaux. Des croix, des monogrammes du Christ, sont sculptés en relief sur la plupart des portes, de nombreuses inscriptions se lisent sur les monuments; par un sentiment d'humilité chrétienne qui contraste avec la vaniteuse emphase des inscriptions païennes, elles ne renferment presque pas de noms propres : mais des sentences pieuses, des passages de l'Écriture, des symboles, des dates; le choix des textes indique une époque voisine du triomphe de l'Église : il y règne un accent de victoire qui relève encore l'humilité de l'individu et qui anime la moindre ligne, depuis le verset du Psalmiste, gravé en belles lettres rouges sur un linteau chargé de sculptures, jusqu'au *graffito* d'un peintre obscur qui, décorant un tombeau, a, pour essayer son pinceau, tracé sur la paroi du rocher des monogrammes du Christ, et, dans son enthousiasme de chrétien émancipé, écrit, en paraphrasant le labarum : Τοῦτο νικᾷ. « Ceci triomphe! »

Par un de ces phénomènes dont l'Orient offre de fréquents exemples, toutes ces villes chrétiennes ont été abandonnées le même jour, probablement à l'époque de l'invasion musulmane, et, depuis lors, elles n'ont pas été touchées. Sans les tremblements de terre qui ont jeté par terre beaucoup de murs et de colonnes, il ne manquerait rien que les charpentes et les planchers des édifices.

Je n'ai pas à étudier ici les causes politiques et économiques qui amenèrent et favorisèrent cet essor architectural, tantôt sur un point de la Syrie, tantôt sur un autre. Je n'ai même pas à analyser dans leur détail les caractères artistiques et archéologiques, les questions d'origine et d'histoire. Ces considérations seront mieux placées à mesure que nous décrirons les monuments, lorsque nous pourrons appuyer nos arguments d'exemples pris sur nature; nous tâcherons alors de faire la part de chacune des institutions et des races qui ont influé sur le développement et les modifications de l'art : nous essayerons de déterminer ce qui revient aux Grecs, les maîtres et les principaux auteurs de ce mouvement; au système impérial, soit au point de vue de la centralisation administrative, soit au point de vue de l'initiative municipale; à l'église chrétienne par la tournure nouvelle qu'elle imprima aux idées et à la forme de la société. Nous rechercherons aussi quelles ont pu être les influences purement orientales, comme, par exemple, celle de la dynastie nabathéenne qui au Iᵉʳ siècle de notre ère régnait de Damas à Pétra. Nous aurons aussi à déterminer le rôle des migrations sabéennes qui, dès la même époque, vinrent occuper la même région : la plus considérable est celle des Djefnides qui quittèrent le Yemen vers l'an 104 de notre ère, après la rupture des digues de Ma'reb, et vinrent fonder dans la

Syrie centrale l'importante dynastie des Ghassanides. Bien différents des Arabes nomades, ils étaient agriculteurs et habitaient des villes de pierre ; les traditions, les historiens et les inscriptions leur attribuent la construction de nombreux monuments ; ils ont donc exercé sur l'art local une influence dont nous essayerons de fixer la nature et les limites. Pour le moment, nous avons une autre tâche à remplir ; après avoir rapidement indiqué les limites de région et d'époque dans lesquelles se renfermera notre étude, il nous reste à donner les preuves de la vérité de nos attributions, à établir, par quelques faits, la légitimité de la classification chronologique que nous avons adoptée.

La date des constructions de l'époque romaine est donnée non-seulement par le style de l'architecture, mais par des inscriptions en nombre considérable qui forment une chaîne presque continue depuis le Ier siècle jusqu'au IVe. C'est dans le groupe du Haouran que se trouve cette précieuse collection épigraphique : le texte le plus intéressant au point de vue de l'architecture est celui de la *Kalybé* d'Omm-ez-Zeitoun. Les inscriptions désignent, sous le nom de *Kalybé,* une sorte de chapelle très-fréquente dans le Haouran et qui se compose d'une chambre carrée, ouverte d'un côté par une grande arcade et flanquée de deux murs percés de niches : on arrive à l'arcade centrale par un perron ; la chambre carrée, trop grande pour être couverte à l'aide de dalles de pierre, l'est par une coupole de blocage. Nous avons déjà signalé les curieux tâtonnements par lesquels les architectes, voulant poser une coupole sur un plan carré, passèrent avant de trouver les pendentifs sphériques : la coupole d'Omm-ez-Zeitoun est le plus ancien exemple daté de ces tâtonnements, et elle est assez bien conservée pour que tout le système de la construction puisse être observé. Or, d'après une inscription gravée sur la façade du monument, elle a été achevée dans la septième année du règne de l'empereur Probus, c'est-à-dire dans l'été de l'année 282 après J.-C. (Planche 6.)

Le grand palais de Chaqqa, désigné par les Arabes sous le nom de Qaisarieh, est le plus beau monument à coupole de l'époque impériale ; aucune inscription ne l'accompagne, néanmoins il porte sa date en lui-même. Sa coupole était construite dans le même système que la précédente, de plus un fait tout matériel prouve qu'il est antérieur au IVe siècle : les symboles païens qui décoraient une fenêtre et une porte extérieures ont été martelés par les chrétiens et transformés par eux en symboles chrétiens grossièrement réservés dans la masse. (Planche 10.)

Ainsi, quand les inscriptions nous font défaut, les circonstances matérielles et la comparaison des édifices avec les monuments datés, nous permettent d'arriver à une grande certitude ; il en est de même des monuments chrétiens du

Haouran. La collection des inscriptions chrétiennes, relevée par M. Waddington dans cette région, est au moins aussi riche que celle des inscriptions antérieures à Constantin ; presque toutes sont relatives à la construction ou à la réparation d'édifices religieux ; elles témoignent du grand mouvement architectural qui suivit le triomphe de l'Église, et dura jusqu'à l'invasion musulmane; elles nous permettent de classer chronologiquement les monuments, soit directement, soit par analogie. Les premières églises sont bâties dans le système des basiliques païennes du pays ; les dernières, au contraire, dérivent de la coupole et font déjà pressentir la forme des grandes églises byzantines de Constantinople. Les deux plus intéressants monuments de cette série sont la grande cathédrale de Bosra et Saint-Georges d'Ezra ; leur date est certaine ; une grande inscription gravée sur le linteau de la porte principale l'indique d'une manière positive : l'une est de 510 et l'autre de 512 après J.-C. (Planches 21-23.)

Le groupe du Nord offre un enchaînement de dates non moins remarquable. A la rigueur, une seule suffirait, car, ainsi que je l'ai déjà fait remarquer, ce groupe est d'une telle homogénéité qu'on n'en peut rien détacher ; l'uniformité du style, des procédés, des profils, l'enchaînement logique des formes architecturales, tout concourt à démontrer que ces monuments ont été construits pendant une période assez courte : en connaissant la date d'un seul, il serait facile de déterminer celle de tous les autres. Or c'est plus de trente dates que nous avons relevées sur les édifices : des dates claires, précises, ne laissant aucune place à l'équivoque ni au doute ; de plus, l'abondance des symboles chrétiens, dont chaque maison, pour ainsi dire, est signée, la forme des édifices religieux qui n'ont jamais pu être et n'ont été que des églises chrétiennes, cent autres preuves qu'il est inutile de citer, viennent ajouter leur autorité à celle des inscriptions et nous placent dans cette situation, rare en archéologie, où l'esprit se repose dans une certitude absolue.

Les monuments païens, nous l'avons déjà dit, sont fort rares dans cette région; les restes dispersés et réemployés d'un temple, quelques tombeaux creusés dans le roc, c'est tout. Les dates de ces tombeaux vont depuis le 6 avril 130 jusqu'au 3 mars 324. L'année suivante, se tenait le concile de Nicée qui, par la condamnation d'Arius et la promulgation du symbole, assurait le triomphe de la religion nouvelle; toute trace de paganisme disparaît alors dans la région qui nous occupe. L'an 331, dans le bourg de Rfadi, un chrétien, nommé Thalasis, se bâtit une maison, et, sur la porte, il grave sa profession de foi : « Christ, aie pitié de nous, il n'y a qu'un seul Dieu! » Χρίστε βοήθει, εἷς θεὸς μόνος. Cette maison et celles qui s'élèvent alors de toutes parts sont bâties en pierre, suivant un système qui ressemble beaucoup

2

à celui du Haouran, avec cette seule différence que les toits sont en charpente. La proximité des forêts du mont Amanus rendait inutiles les efforts faits par les architectes du Sud pour suppléer à l'absence des bois. Néanmoins, comme le transport de ces bois coûtait probablement assez cher, on s'en servait le moins possible; on les réservait pour les toits, quelquefois pour les planchers; le reste était construit en pierre. C'étaient de hardis et habiles tailleurs de pierre que les architectes de ce temps et de ce pays; rarement, si ce n'est en Égypte et dans les civilisations primitives de l'Orient, on a vu attaquer le rocher avec cette vigueur. Une maison était-elle à bâtir, on creusait l'étage inférieur dans la roche vive, l'étage supérieur était construit avec les matériaux extraits de cette carrière improvisée; le plus souvent, pour ne pas perdre de temps, chaque bloc était employé avec les dimensions que lui donnaient les hasards de l'extraction, d'où il résulte que l'appareil est très-irrégulier, qu'il offre des décrochements nombreux, souvent même des joints polygonaux qui rappellent, à s'y tromper, les formes compliquées des constructions cyclopéennes. On taillait, pour les colonnes, les piliers, les architraves, de puissants monolithes qui atteignent souvent une longueur de cinq mètres. De pareils ouvriers ne reculaient devant aucune difficulté de ce genre. Aussi, tous les tombeaux de quelque importance sont-ils creusés dans le roc. Nous avons là de ces hypogées qu'ailleurs on s'est trop hâté d'attribuer à des époques très-reculées, avec des salles souterraines entourées de sarcophages, précédées de portiques réservés dans la masse du rocher, fermées à l'aide de portes en basalte. Ici le doute n'est pas permis; ces vantaux de basalte sont ornés de monogrammes chrétiens, la croix paraît dans tous les éléments de la décoration; enfin les inscriptions sont positives et donnent des dates précises.

On lit au-dessus de l'entrée d'un hypogée à Hâss : « Ceci a été achevé (ἐτελειώθη) par les soins d'Agrippa et de sa femme le 5 Artemisius de l'année 689 » (de l'ère des Séleucides, c'est-à-dire le 5 mai 378 après J.-C.), et, plus bas, la formule chrétienne : « Il n'y a qu'un seul Dieu! »

Les beaux tombeaux de Deïr-Sambil à portes de basalte sont du 24 août 399, de l'an 409 et du mois de juillet 420. Celui de Kherbet-Hâss, si bien conservé, a été achevé le 20 avril 430, la 13ᵉ indiction. (Planches 81-83.)

Les dates de construction de maisons ne sont pas moins précises; on en trouve du ivᵉ, du vᵉ et du viᵉ siècle; quelquefois même l'architecte a signé son œuvre en se qualifiant de τεχνίτης. Nous trouvons ainsi un Damas le 29 janvier 378, un Domnos le 1ᵉʳ août 431, un Airamis le 13 août 510.

Par une circonstance assez particulière, les églises ne portent ni date, ni nom propre, comme si un sentiment d'humilité chrétienne avait porté les architectes à effacer toute trace de personnalité humaine devant la majesté du saint lieu. Mais par la comparaison de ces monuments avec les édifices datés qui les entourent, nous pourrons arriver à une classification rigoureuse. Les monuments religieux sont nombreux et variés; quelques-uns, comme les églises de Qalb-Louzé, de Tourmanin, de Kalat-Sema'n, sont des chefs-d'œuvre que les architectes de nos jours pourront étudier avec profit. Ils ont été élevés entre le ıv⁰ et le vıı⁰ siècle de notre ère.

La dernière date inscrite sur un monument est de l'année 565. Peu après, tout s'arrête, non-seulement on ne bâtit plus, mais la population elle-même paraît avoir brusquement abandonné ces montagnes pour se concentrer dans quelques villes. Cette révolution subite ne peut avoir été amenée que par l'invasion musulmane. L'islamisme, ici comme partout, nous apparaît comme un fléau qui tarit les sources de la vie intellectuelle et morale, et jette toute une société hors de ses voies naturelles.

Nous nous arrêterons à cette date fatale, limite imposée par l'histoire à notre sujet. Nous quitterons tous ces beaux monuments avec leurs habitants, après avoir essayé d'y vivre avec eux; après avoir recherché sur la pierre leurs traces à peine effacées par le temps et avoir tenté, à l'aide de ces vestiges du passé, de pénétrer dans la vie intime de la société polie et élégante qui excita si souvent les saintes colères de saint Jean Chrysostome.

Au point de vue de l'art et de l'archéologie, cette étude offrira un intérêt tout particulier; car, dans la région du nord comme dans celle du sud, nous signalerons l'apparition de principes nouveaux, dont l'effet a été de transformer profondément l'architecture gréco-romaine et de préparer les voies à l'art du moyen âge; sans anticiper sur les résultats de ce travail, nous pouvons déjà indiquer la principale de ces modifications.

Dans l'architecture antique, toute la disposition d'un monument était subordonnée à un système de proportions, à une formule qui variait peu, quels que fussent les dimensions ou les matériaux employés; les plans d'un petit temple pouvaient servir pour un grand, il suffisait de diminuer l'échelle : tout grandissait à la fois, les colonnes, les moulures, jusqu'aux portes et aux fenêtres; une fois un ordre adopté, on en appliquait aveuglément tous les détails, même inutiles, même en opposition avec la fonction à laquelle ils étaient assujettis. C'est ainsi que dans les monuments romains on voit des fragments d'architrave s'interposer entre les arcs et le chapiteau des colonnes, des corniches très-saillantes se profiler à l'intérieur des édifices.

Les architectes gréco-syriens qui bâtirent les monuments qui nous occupent procédèrent tout autrement; tout en adoptant les éléments des ordres gréco-romains, ils les employèrent avec une grande logique, retranchant les membres inutiles et subordonnant leurs dimensions non plus à une règle uniforme de proportion, mais à la dimension et à la nature des matériaux mis à leur disposition et au programme qu'ils avaient à remplir; ne voulant se servir pour les supports que de monolithes, ils n'excédaient jamais une certaine hauteur, et donnaient à leurs ouvertures des dimensions presque invariables, quelle que fût d'ailleurs la grandeur de l'édifice. Si la colonne n'était pas assez haute pour le but proposé, ils la plaçaient sur un piédestal ou surhaussaient l'arc qu'elle était destinée à porter; quant aux arcs eux-mêmes, ils les appuyaient directement et sans intermédiaire sur le chapiteau; si la portée excédait la longueur de leurs dalles ou de leurs poutres, ils la diminuaient par l'emploi de corbeaux, ou par des combinaisons de corbeaux et de colonnettes hardiment posées en encorbellement. Ils déterminaient la saillie et le profil des corniches extérieures non plus d'après des modèles consacrés, mais d'après l'inclinaison des toits, l'écoulement des eaux, ou toute autre condition pratique. Enfin ils faisaient de la bonne et solide architecture, dans laquelle chaque membre était appelé par une fonction franchement accusée, dont la décoration était sobre et originale, et qui, essentiellement logique et raisonnée, ne manquait ni d'élégance ni de fermeté.

Ainsi, tandis qu'en Occident le sentiment de l'art s'éteignait peu à peu sous la rude étreinte des barbares, en Orient, en Syrie du moins, il existait une école intelligente qui maintenait les bonnes traditions et les rajeunissait par d'heureuses innovations. Dans quelles limites s'exerça l'influence de cette école? dans quelle mesure ses enseignements ou ses exemples contribuèrent-ils à la renaissance occidentale du xiᵉ siècle? quelle part enfin l'Orient byzantin eut-il dans la formation de notre art français du moyen âge? Nous ne prétendons pas résoudre définitivement ces problèmes; on trouvera du moins dans nos dessins les principaux éléments de la solution. Dès aujourd'hui, nous pouvons dire que l'influence orientale, soit directe, soit indirecte, a été plus grande que nous n'étions jusqu'à présent disposé à l'admettre; l'opinion soutenue à cet égard par M. Vitet, presque seul contre tous, et puisée par lui dans d'ingénieuses inductions, recevra des monuments une éclatante confirmation.

www.ingramcontent.com/pod-product-compliance
Lightning Source LLC
Chambersburg PA
CBHW072038080426
42733CB00010B/1933